Sociology

会 工 作 人 才 建 设 丛 书

社区治理

主 编 程 勇 张 洁
副主编 马 丹 周球路 曾 薇 刘旭君

WUHAN UNIVERSITY PRESS
武汉大学出版社

图书在版编目(CIP)数据

社区治理/程勇,张洁主编.—武汉：武汉大学出版社,2020.6
社会工作人才建设丛书
ISBN 978-7-307-21387-6

Ⅰ.社…　Ⅱ.①程…　②张…　Ⅲ.社区管理—中国　Ⅳ.D669.3

中国版本图书馆 CIP 数据核字(2019)第 295074 号

责任编辑:韩秋婷　　责任校对:李孟潇　　版式设计:马　佳

出版发行：**武汉大学出版社**　(430072　武昌　珞珈山)
(电子邮箱：cbs22@ whu.edu.cn　网址：www.wdp. com.cn)
印刷:湖北恒泰印务有限公司
开本:720×1000　1/16　印张:12.5　字数:222 千字　插页:1
版次:2020 年 6 月第 1 版　2020 年 6 月第 1 次印刷
ISBN 978-7-307-21387-6　定价:36.00 元

前　言

我国社会治理，即社会领域的治理，与国家治理相对应。社会治理是一项系统工程，是新时代我国治理体系的重要组成部分，直接或间接地对其他各领域治理产生重要影响，其重要性、基础性、复杂性、可持续性决定了其在整个治理体系中的地位和作用。社会治理是随着社会变迁发展而逐步探索完善的过程。中华人民共和国成立后我国社会治理经历了社会管制、社会管理到社会治理的阶段，即从“熟人社会”到“陌生人社会”的转变，由国家权力推行横向到边、纵向到底的行政管理体系，随着改革开放的进一步发展，社会管理迅速被打破，国家面临着社会治理创新的巨大压力；市场配置资源能力进一步加强，改变着人们的社会生活，市场机制推动着社会治理的有效转变，以及社会力量的逐渐壮大，对社会治理的参与度不断提升，促使政府必须寻求建构与市场合作的治理模式。2004 年，党的十六届四中全会明确提出了“社会管理”概念，并指出“加强社会建设和管理、推进社会管理体制创新”；2006 年，党的十六届六中全会强调“必须创新社会管理体制，整合社会管理资源，提高社会管理水平，健全党委领导、政府负责、社会协同、公众参与的社会管理格局，在服务中实施管理，在管理中体现服务”。2012 年党的十八大报告沿用了“社会管理”概念，不同的是，内涵发生了变化，不仅体现为将“法治保障”纳入社会管理格局，将“四位一体”的社会管理格局变更为“五位一体”的社会管理体制，提出“要围绕构建中国特色社会主义社会管理体系，加快形成党委领导、政府负责、社会协同、公众参与、法治保障的社会管理体制”；在 2013 年 11 月 9 日至 13 日召开的党的十八届三中全会报告中，“社会管理”被“社会治理”所取代，具体要求是“创新社会治理体制，提高社会治理水平”，“坚持系统治理、依法治理、综合治理、源头治理”。习近平总书记指出：“治理和管理一字之差，体现的是系统治理、依法治理、源头治理、综合施策。"① 党的十八届四中全会进一步凸显了法治在社会治理中的重要作用，提出"推进多层次多领域依法治理，坚持系统治理、依法治理、综合治理、源头治理，提高社会治理法治化水平"。十八届五中全会进一步提出"构建全民共建共享的社会治理格局"。2017 年 10 月 18 至 24 日召开的党的十九大提出："加强和创新社会治理"，十九大会议审议通过了《中国共产党章程（修正案）》，将"加强和创新社会管理"修改为"加强和创新社会治理"。在推动社会管理转型到社会治理的同时，中央对于新时代社会治理的现代化提出了四方面部署和要求：一是社会治理的社会化，二是社会治理的法治化，三是社会治理的智能化，四是社会治理的专业化。社会治理新思想、新动能实践与成效必须依赖和服务于社区。

社区是现代社会的基本组成部分，是社会治理的重要载体。社区及社区治理研究是社会学研究的传统与热点课题。20 世纪 80 年代恢复社会学研究后，费孝通等老一辈社会学家对社会治理的研究从社区开始。我国城市社区建设是在社区服务发展的基础上开展的，从 1985 年开始，民政部门开始倡导和推动社区服务工作，第一次把社区概念引入实际生活与实践，1987 年社区服务开始在全国推广，由民政部主导，所以社区服务最初以民政对象为服务主体。20 世纪 90 年代初，学术界与民政部借鉴国外"社区发展"概念，提出了"社区建设"的目标。自此，"社区服务"的提法延伸扩展为"社区建设"，而"社区建设"基本等同于国际社会流行的"社区发展"概念。社区建设全面展开，社区建设面临的背景涵盖了很多内容，以此重构基层社会结构，解决城市与农村社区中居民遇到的实际问题。2000 年，中央办公厅、国务院办公厅发出通知，转发民政部意见《在全国大力推进城市社区建设》（中办发〔2000〕23 号），各地社区建设得到了前所未有的发展，社区建设开始逐步走向规范化和纵深化，突破了社区服务内容界限，朝着更深层次的社区居民自治的方向发展。2004 年 10 月《中共中央办公厅转发中组部善于进一步加强和改革街道社区党的建设工作意见》（中办发〔2004〕25 号），标志着社区建设从民政部主导的以社区服务工作为主要内容，上升到基层政权建设的高度。至此，社区建设实际上已经转化为以服务于政权建设为主要目标，并已成为国家加强基层社会管理的重要方式。社区治理研究内容非常广泛，包括社区研究方法、中外社区理论、社区组织与管理体制、社区环境与资源、社区服务、社区问题、社区

① 习近平关于全面建设小康社会论述摘编［M］. 北京：中央文献出版社，2016：142.

发展、社区价值观与社区文化等。而其中制约着社区治理最基础、最核心的就是社会工作者的数量与专业背景。因为我国社会工作起步较晚，2004 年 7 月社会工作者才被正式定为我国新职业；据民政部统计，目前我国在职在岗的社会工作人员数量大约为 100 万人。2008 年 6 月，我国首次举行了助理社会工作师、社会工作师资格考试，截至 2018 年，有 32.6 万余人通过考试取得了社会工作者职业资格证书，这些专业人才分布于社区服务、社会救助、社会福利、公益慈善、防灾减灾、心理健康、矫治帮教、职工帮扶、青少年事务等多个与社会服务和社会治理密切相关的领域，他们在促进完善社会服务体系、创新基层社会治理、引领社会向上向善等方面发挥了重要作用。民政部工作司司长王金华在接受采访时表示，我国社会工作专业人才仅占全国总人口数的 0.29‰，与国外发达国家和地区 2‰左右的比例相比仍有差距。按照《社会工作专业人才队伍建设中长期规划（2011—2020 年）》的要求，到 2020 年，我国社会工作专业人才总量要达到 145 万人，目前距离这个目标仍有 100 万左右的缺口。

高校是专业社会工作者培养主渠道。据民政部统计，目前全国有 310 所高校招收社会工作专业本科学生，70 余所高职高专学校招收社会工作专科学生，104 所高校（研究机构）招收社会工作专业硕士学生，每年社会工作专业毕业学生近 3 万人。这些高校都根据社会需求开开设社会工作专业，根据社会工作人才目标设置课程体系，将能力培养与职业标准统一，个性发展与兴趣爱好统一。根据教育部高等学校教学指导委员会拟定的《普通高等学校本科专业类教学质量国家标准》，在课程体系设置中需设社会管理/社会治理、社区工作等课程。根据社会工作专业性质及社工人才的培养规格要求，非常需要一本以操作化见长的《社区治理》教材。因此，笔者根据近 20 年社会工作人才培养的经验、社区实务及社区项目实践的经验总结，组织专业教师编写了这样一部以社区实务为主要内容的社会工作专业教材，本教材体系主要具有如下特点：

一是理论与实务的有机结合，突出社区治理的实务技巧与方法。教材第一、二章以理论，涉及社区基本概念、要素、价值与功能、历史发展及社区治理等理论。第三、四、五章针对社区治理的体制、模式方法、主体、社区治理主要内容方法与技巧进行分析，形成社区治理实务内容。第六章阐释社区治理的展望。

二是社区治理的技能与方法的结合。本教材全面介绍社区治理的基本理论，突出技能与方法，吸收了学术界研究和相关学科理论，涉及社区治理的实务成果。同时，尽可能深入浅出，使用通俗语言进行叙述与介绍，通过此教材能更好理解社区治理理论、价值、模式与工作方法，以及社区治理实务与社区理论教育的关联思维。

三是案例与普适性问题的结合。本教材各章针对社会区治理的实务问题开展研究，教学以案例为切入点，通过案例引出理论与社区治理的技巧方法。

我们编写这本教材一方面希望为高校及社会提供一本以实务为主的社区治理图书，为社会工作人才培养及社会治理推进尽绵薄之力；另一方面希望引起同行专家的共鸣，一起参加到社区治理人才的培养之中，丰富发展教学内容，帮助和引导学生健康成长。

目　录

第1章 社区及社区治理概念

内容提要

人类总是合群而居的。人们在社会中以一定的物质生产活动为基础，相互联系而形成人类生活共同体。任何人类群体，都离不开一定的地理区域。社区是进行一定的社会活动，具有某种互动关系和共同文化维系力的人类群体及其活动区域。在社区治理现代化背景下，社区具有了更多的功能，形成了多样化的社区治理模式。面对城镇化社区的快速发展，社区建设、治理问题逐渐突出，应积极应对“个性化”“个体化”以及居民需求的“多元化”发展，不断创新探索，才能最终实现协商共治，建设美好社区。

引导案例

李克强：依托社区　发展以居家为基础的多样化养老服务①

“居家养老既符合中国人的传统养老习惯，也符合我国现阶段的发展水平。”李克强总理在8月21日国务院常务会议上说，“眼下我国绝大多数老年人仍是以社区为依托居家养老为主，要在此基础上进一步拓展多元化养老服务。”

当天会议部署扩大养老服务供给促进养老服务消费。李克强指出，以需求为导向发展养老服务，是应对老龄化、提升老年人生活质量的重要举措。

当天会议决定，要依托社区发展以居家为基础的多样化养老服务，为老年人提供助餐、助医、助行、助洁等便捷服务。新建小区和老旧小区改造要把养老服务作为重要配套。

---

① 李克强．依托社区　发展以居家养老为基础的多样化养老服务［EB/OL］.［2019-08-23］. http：//www. gov. cn/xinwen/2019-08/23/content_5423774. htm.

李克强说，我外出调研时发现，地方政府和社会资本对此也有意愿。调动社会力量多方参与是扩大养老服务供给的关键，要多措并举发展适合老年人消费的旅游、养生等服务。鼓励企业研发生产优质适用的老年用品，加强社区养老服务设施建设和改造，大规模培养养老院长、护理员、社工等。这既能满足群众期盼、激发城市活力，又有利于扩大有效投资、拓展消费空间，可谓一举多得。

当天会议还决定，要支持发展商业养老保险，建立保险、福利和救助相衔接的长期照护保障制度，加大对经济困难高龄、失能老人的长期照护补贴。要加强养老产品和服务质量监测，严肃查处侵害老年人权益的行为。

◎ **讨论：**

1. 为什么要依托“社区”开展养老服务？
2. 社区的主要功能有哪些？

1.1 社区

“社区是我们的家，家园的幸福靠我们共同努力，坚持中国特色，更要认识社区特色，立德树人，以人为本。一方面做好社区日常工作，一方面积极主动为社区居民谋幸福，打主动战，打进攻战，办实事，讲实效，把党的十九大精神落到社区工作实处，谱写社区工作新篇章。”① 习近平总书记十九大工作报告中关于“社区”的提及，为基层工作的开展指明了方向。社区是社会的一个缩影，作为我国社会基层一个重要的结构单元，社区的建设要突出体现人民当家做主、居民参与民主管理的要旨，越来越多、越来越繁重的社会管理职能逐渐由社区承担起来。而要把社区建设好，调动居民的积极性非常重要。社区作为我国社会治理的重要载体，是党和政府发挥职能服务群众的重要阵地。社区的稳定决定了整个社会的稳定，它能使社会有序运行；同时，社区也是“小社会”，包含了社会的各方面内容，做好社区的建设与治理工作，关系着

---

① 金丽军．贯彻十九大习近平总书记工作报告，研究新时期社区工作特点［EB/OL］．［2017-12-14］．http：//sh.people.com.cn/n2/2017/1214/c375986-31033138.html.

人民幸福安康，有助于促进社会和谐稳定发展。

1.1.1　社区的含义

社区是社会的细胞，直接关系整个社会的发展。“社区”一词源于拉丁语，本意是关系密切的伙伴和共同体。首次将“社区”一词用于社会学研究的是德国著名社会学家斐迪南·滕尼斯（Ferdinand Tonnies，也译费迪南德·滕尼斯，1855—1936）。他在其经典著作《社区与社会》（*Community and Society*）中，提出社区是一种建立在家庭、宗族、信仰基础之上的结合类型，以自然形成的血缘关系、地缘关系和统一意向为纽带，维系着一种持久共同生活的群体，即认为社区就是基于血缘关系、地缘关系等而结成的一种社会联合。他所认为的“社会”就是人们根据契约关系形成的，依据“理性的”意志而存在的社会联合，这是人们按照自己的意愿选择决定的。他将社区与社会进行全面对比分析后提出，社区和社会是社会结构中的两种理想类型。社区内的社会关系是紧密的、合作的和富有人情味的。英国社会学家麦基文进一步发挥了滕尼斯的学说，他把社区界定为“共同生活的任何领域”，例如村庄、城镇、地区、国家，乃至更为广大的地区。麦基文认为，所有的社区都是一个程度问题，一个社区可以被视为一个更大社区的组成部分。美国芝加哥学派代表罗伯特·帕克，把社区作为一种空间现象或区域单位来研究，认为每个社区都是一个社会，但每个社会并非只是一个社区。社区不仅是人的聚集，也是组织制度的汇集。社区还指人类社会群集之间形成的共生关系，即群体关系中的个体相互独立又相互依存的关系。① 国外学者希拉利从 1955 年收集的资料中发现，已有的 94 个社区定义中，有 69 个定义承认社区包括地域、共同关系、社会互动的含义。英国社会学家马林诺斯基和布朗，从功能主义学派的视角通过共同研究提出“社区由许多部分组成，各部分发挥着不同作用，相互之间又关系紧密、相互依赖，利用各自的作用影响社区的功能”。

在美国的社会工作教育界，沃伦（Warren）所著的《美国的社区》中对“社区”的定义受到推崇，认为社区是“履行主要社会功能的社会单位和体系的结合体”，社区在地方层面上满足人们的需求，“社区可能有或没有具体的范畴”；认为社区的组成要素有：空间、人群、共享的价值观和制度、互动、权力的分配、社会体系等。国外学者费林的“社区”概念也被美国的社会工

---

① ［美］R. E. 帕克，E. N. 伯吉斯，等. 城市社会学［M］. 宋峻岭，等，译. 北京：华夏出版社，1987：63-77.

作界所吸收，认为社区是“满足生计需要的功能性空间单元”，“一个模式化互动的单元”和“集体认同的象征单元”。

美国人认为，社团和社区涉及一个共同生活的地域、共同生活的人之间的关系；一个社团和社区必定存在各种利益的团体和个人，在不同利益发生冲突时，除了涉及法律的问题，美国人习惯采取自己解决问题的方法，即按社区多数成员之意志行事。①

在我国，对于社区概念的理解呈现“表述不同，实质相同”的特点。费孝通在其论文《二十年来之中国社区研究》中说，“最初 Community 这个字介绍到中国来的时候，那时的翻法是用‘地方社会’，而不是‘社区’。当我们翻译 Park 的 Community 和 Society 两个不同的概念时……感到‘地方社会’一词不恰当。大家谈到如何找一个贴切的翻法。偶然间，我就想到了‘社区’这么两个字样，后来大家采用了，慢慢流行”②。费孝通对社区的表达是：“社区是若干个社会群体或社会组织聚集在某一地域里形成的一个在生活上相互关联的大集体。”③ 吴文藻与费孝通观点相似，也认为社区研究的是在一个特殊社区之内、社会生活的各个方面的相互联系。费孝通和吴文藻都把社区看作是有边界的具体的实体，认为只有在一个边界明晰、自成一体的社会单位里，才能研究整体文化中各个因素的功能。丁元竹从区域与社区的角度去界定社区的定义，指出社区的精华一方面是其‘地方’意义，另一方面是其一定的‘居住的集体人口的活动’。④ 社会学家郑杭生认为，社区是进行一定活动、具有某种互动关系和共同文化维系力的人类生活群体及其活动区域。北京大学出版社出版、王思斌主编的《社会学教程》认为社区是某一地域空间中的人群生活共同体。方明在他的《社区新论》一书中指出，社区是指聚集在一定地域范围内的社会群体和社会组织，根据一套规范和制度结合而成的社会实体，是一个地域社会生活共同体。所以，可以看出社会学家们更多地从一定地域社会关系的角度来研究社区，概念离不开具有一定社会生活

① 谢芳．美国社区［M］．北京：中国社会出版社，2004：2.

② 费孝通．费孝通全集（第6卷1948—1949）［M］．呼和浩特：内蒙古人民出版社，2009：296.

③ 李增元．村民自治到社区自治　农村基层民主治理的现代转型［M］．济南：山东人民出版社，2014：205.

④ 李慧凤．社区治理与社会管理体制创新［D］．浙江大学，2011.

的共同体。

2000 年 11 月，中共中央办公厅、国务院办公厅转发的《民政部关于在全国推进城市社区建设的意见》，对社区的定义做了界定："社区是指聚居在一定地域范围内的人们所组成的社会生活共同体"，并指出城市社区是社区居委会的行政管辖范畴。这是中国本土性社会工作对"社区"进行的界定，与中国社会学意义上的"社区"概念相比，弱化了文化认同、归属感等核心特征。

徐永祥教授给社区下了一个更广泛的定义。他认为，所谓社区，是指一定数量居民组成的、具有内在互动关系和文化维系力的地域性的生活共同体。地域、人口、组织结构和文化是社区构成的基本要素。①

童星认为，在我国社会工作事业下理解"社区"的涵义，应该把它当作相对于"单位"的社区和相对于"政府"的社区。社会工作视野下的"社区"的概念与人类学、社会学关于"社区"的概念界定是有一定区别的。前者既遵循了一定的学术传统但又突出了社会工作的实践性和实用性；既继承了中国社会学派关于"社区"的结构、功能和文化要素的强调，又突破了当前中国民政部等部门界定的行政辖区的地域限制；既强调遵守学术的伦理和规范，又强调对社会工作实务和对人的重视。

王巍在《社区治理结构变迁中的国家与社会》一书中提出，"除了具备特定功能的社区（如大学、企业）之外，社区一般就是城市政府按照面积和人口数量的双重标准进行拆分、组合后按照有利于施加管理规制和提供公共服务的目标加以划定的城区管理单位。"

综上，本书认为社区是聚居在一定地域中且成员有归属感和认同感的人群的生活共同体。不难发现，在人文社会科学中，很多重要的概念在研究者们看来其含义界定是非常严谨的。研究者们会从各自的研究领域、研究视角、理论基础以及要解决的实际问题，对一个概念进行不同的解释和演绎。

1.1.2　社区构成要素

社区是社会的基本构成单位，是人们生活的社会共同体。不管是什么人，不管从事什么工作，他最终要回归社区。理解社区的构成要素，对于社区定义以及社区治理的主要内容都具有重要意义。从国内外学者的概念中，我们可以看到，关于社区构成要素，主要包括地域、人口、组织结构、心理和文化五个

① 徐永祥. 社区工作 [M]. 北京：高等教育出版社，2004：8.

方面。

1.1.2.1 地域要素

社区是地域性社会，也就是说社区具有一定的边界。这是社区存在和发展的前提，也是决定社区变迁的重要条件。就自然地理条件而言，包括社区所处的方位、范围、空间形状、地貌特征以及其拥有的自然资源等；从人文自然条件而言，包括社区的人文景观、公共设施、交通、建筑等地域是社区的地理环境要件。它决定了社区成员活动的场所和具体情况，更是社区成员生产生活赖以依靠的资源。由于社区地理、自然环境，地域差异的不同，社区生产的物质生活资料也有较大差异，同时影响人们的生活方式、文化和心理状态。所以，“从这个意义上说，社区是人类与自然环境的统一体。”① 目前我国政府把社区定位在调整规模以后的居委会辖区，根据实际情况进行划分，有的社区大，有的社区小。但是，学术界对于社区地域的界定，总的原则是，社区的地域界线没有严格的规定，应根据研究的实际需要而定。

1.1.2.2 人口要素

任何人类社会的第一前提是人类群体的存在。社区同样如此。一定数量和质量的人群也是社区存在的第一前提。因此，构成社区要素的人口也不是孤零零的一个人，它包括人口数量、人口构成和人口分布。人口数量，是指居住在社区内居民人口的数量。包括原住民和外来人口、流动人口等。人口构成是指社区内各个类型居民人口的数量比例关系，如人口的婚姻状况、家庭组成、职业类型、教育消费水平等；人口分布就是某一社区体系中人口的自然或地理分布，包括人口的密度、距离、相互交往等。人口流动是指社区内的居民在空间分布上的变化以及数量的增减。这是构成社区的主体要件。作为社区工作者，应用社区人口分析的方法，了解社区居民的实际情况，如性别比例、受教育程度、职业收入等，才能更好地分析共同的需求，解决社区问题，促进社区和谐发展。

1.1.2.3 组织结构要素

社区的形成和产生，具备了一个有组织、有秩序的社会实体，它需要解决其中存在的许多人际关系和民间纠纷问题，公共事务问题等，需要各个组织、管理机构去处理和解决。社区内的群体和组织一般包括家庭、邻里、生产经营

---

① 奚从清．社区研究——社区建设与社区发展［M］．北京：华夏出版社，1996：3.

部门、商业服务部门、学校、医院、党政机关、村委会和居委会等。还有社区中的群众性团体，比如舞蹈队、足球队等文化、体育活动的群众性社团以及各种志愿者队伍。组织结构是居民生活和社区整合得以实现的客观机制。如果一个社区各种社会群体与组织处于良好的互动关系状态中，那么说明该社区的整合程度较高，居民的生活也相对有序。

1.1.2.4　心理要素

社区心理要素是指社区居民在情感和心理上对自己所属社区产生的一种归属感和认同感。社区心理是促进社区整合和发展的内在动力机制。不同社区的不同结构、文化模式会对社区成员心理和行为产生影响，人们对自己所生活的社区会因为共同的经历、事件产生自豪感或羞耻感，形成归属。在流动性较大的现代社会中，一个人把与他人互动，把自己看成是社区的成员并承担着一定的义务，这就是社区的认同感。

1.1.2.5　文化要素

社区文化是指社区居民在长期的共同生活和工作中形成的各种规范和观念的总和，一般包括语言、信仰、社区风俗与习惯等方面内容。文化是居民互动和整合的精神要件，各要素之间相互协调、相互影响，不同层次、不同类型的社区，由于各要素之间存在差异，从而形成了独具特色的社区。中国农村有句俗话“十里不同俗”，意思就是，即使是相距很近的不同社区也有自己的文化特色。在当前社区治理背景下，社区营造工作的开展就主要依靠的是社区文化的建设和创造。不同社区的居民拥有共同的记忆或共同经历，具有特殊的文化模式，也因此成为共同的情感纽带。

社区各要素之间有机结合构成了一个个真实而功能强大的社区。但是，应该明确的是，第一，不同层次、不同类型的社区，在诸要素的形成程度和发展水平有明显差异。例如，在现代化大型城市社区，公共的生活服务设施、社会保障、整体文化程度多方面相当发达且比较完善，社区资源丰富，但是在内地较落后的城镇社区，各方面的设施、文化程度等比较落后，社区所拥有的资源也非常有限。第二，社区各要素之间的关系是否协调，对社区发展有重要影响。借用结构功能主义学者的观点来看社区各要素的构成，我们不难发现，社区构成要素比较多，在社会变迁不断加剧、诸多社会问题凸显的社区，各要素的变化和调整直接相互要素之间的关系，以及诸要素总和。比如，社区人口数量超过社区资源承载力，或教育设施不能满足适龄儿童的需要，等等，就会阻碍社区的持续发展和良性运行。因此，始终保持社区诸要素的协调发展是社区工作的一个基本原则。

1.1.3 社区的类型

按照现在对社区的研究来看，我们可以对社区类型进行多种划分。

（1）按照地域性社区划分

①根据社区状态，可以分为自然社区和法定社区。自然社区是按照居民聚居地自然而形成的，其划分常常以河流、山丘、建筑群落为界。例如农村中的自然村落，城市中新建的住宅小区或生活小区。法定社区就是国家行政机关按照行政管理的需要，通过行政区划的规定，用法律的形式固定下来。如农村中的行政村，城市中的街道办事处，居委会辖区等。

②根据生产方式，可以分为农村社区、集镇社区和城市社区。城市，是一种经济规模大，人口密度高的非农产业活动在一定地域空间的集聚形式。当一个国家进入工业化阶段以后，城市社区就会成为人们最重要、影响力最大的一种居住地或生活共同体。① 城市社区中的主业是第二、第三产业，居民从事的职业以非农业为主，生产过程分工较细，对技术要求高；人口数量多，规模大，异质性强；社会组织机构齐全，类型结构复杂化；多元文化互存，心理特质表现更为开放性。集镇社区介于城乡之间，也称城镇社区。费孝通认为，它是一种“比农村社区高一层次的社会实体的存在，这种社会实体是以一批并不从事农业生产劳动的人口为主体组成的社区。无论从地域、人口、经济、环境等因素看，它们既有与农村社区相异的特点，又都与周围的农村保持着不可缺少的联系”②。如，沿海集镇、内地集镇、边远集镇等，人们不从事主要生产劳动，居民受教育程度和文化素质优于农村，并达到一定规模。农村社区，在美国早期历史上，“农村”一词指的是人口稀少，绝对面积不大，比较隔绝、以农业为主要经济基础，人民生活基本相似而与社会其他部分特别是城市有所不同的地方。农村社区人口密度相对较低，主业仍以农业为主，社区形态和规模受自然环境影响较大，居民生活方式比较单调，社会组织结构简单，社区居民乡土观念较浓，心理趋于保守型和情感型。

（2）根据功能型社区划分

这种划分方法在第二次世界大战以后欧美一些学者以及当今我国部分学者

---

① 徐永祥：社区工作［M］. 北京：高等教育出版社，2004：14.

② 徐永祥：社区工作［M］. 北京：高等教育出版社，2004：15.

中比较流行。主要侧重于社区的某些功能来进行分类，例如城市中的很多高新区，属于经济功能较强的社区；很多城市老旧区，属于文化功能较强的社区；还可以将经济型社区分为农业型社区、林业型社区、牧业型社区等；依据不同文化层次、文化内涵等，将文化型社区划分为高尚社区、棚户区、农耕文化社区、都市文化社区、旅游文化社区等，根据各自不同的功能来开展社区工作。

1.1.4　社区的功能

随着社会的不断变迁和国家政策改革变化，社区具有了极其丰富的社会功能。我们通常把社区功能分为一般功能（包括经济功能、政治功能、教育功能、卫生功能、福利和服务功能、娱乐功能、宗教功能）和本质功能（包括社会化功能、社会控制功能、社会参与功能、社会互动功能）两个方面。本书主要关注的是在社区治理背景下社区主要体现的功能有哪些。

1.1.4.1　自治功能

社区自治，在西方国家兴起于“二战”之后。是指社区居民对社区事务的自我管理，以及在社区生活和社会交往中的自我教育、自我服务。这是社区的一项基础功能。社区中个体（社区居民）或者集体（社区组织）通过自我教育、自我管理、自我服务，能够加强对社区公共事务和公益事业的管理与服务。在社区治理过程中，能够实现良好自治状态，对社区治理工作是有极大促进作用的。比如，社区居民的志愿服务活动开展，就是居民们自发组织、自愿参与、自我管理的社区活动。

1.1.4.2　整合功能

社区是包含了多个部分的一个整体，整合每个部分，使其发挥最大的功能，则多个部分之和大于整体。社区从空间来看有大小之分，从资源来看有多少之分。在社区治理过程中，人是主体，分属不同的群体和各阶层的社区成员，由于各种原因相互联系起来，将社区结构中的各个部分联结在一起，为社区整合提供了可能。社区治理由于主体多元，其权责复杂，更需要整合社区各项资源，满足社区不同群体需求，融洽社区和谐的人际关系。

1.1.4.3　服务功能

社区服务是现代社区最基础、最重要的功能。它可以分为专业服务和非专业服务两类。专业服务是指有专业人士参与，例如，社会工作者、医护工作者、法律工作者等用其专业知识、方法和技能向社区提供专业化服务；非专业服务就是指社区内一些社会组织和志愿者提供的大众化的助人服务活动。社区服务功能标准如何，已经成为居民选择社区居住的一个重要标志。这也是社区治理工作创新的主要内容之一。如何加强社区服务功能，快捷、高效地开展服务，获得更多社区居民的认可和满意，也是现在社区治理工作所探索的路径。

1.1.4.4 教育文化功能

这里包括社区思想政治教育和社区文化建设两个方面。社区可以通过海报宣传、入户调查、开会宣讲、发布互联网信息等多种路径，加强对社区居民的思想政治教育，宣传、推广和普及先进的思想文化，在教育中不断加深自我身份认同；同时，营造积极、健康、向上的社区文化，健全能够满足不同阶层及年龄所需的社区文化设施，鼓励、支持居民自治组织参与各项文娱活动，形成有特色的社区文化环境。

1.1.4.5 社会参与功能

社区是人们认识社会、参加社会生活的第一场所。社区为居民提供参与经济、政治、教育、康乐和福利等方面活动的机会，使居民对社区有更多的投入和更强的认同感，增进居民相互间的关怀和情感交流；同时，这也更能发掘和发挥居民自身的潜能，增强居民对政府的信任和支持。

1.1.5 中国社区建设的历程

中华人民共和国成立以后，党和国家的工作重点从农村转向城市。一直到改革开放后，中国构建起区、街道、居委会三级城市基层政权组织体系。城市居民委员会是基层的群众性自治组织，具有居民自我管理、自我教育、自我服务的功能。居委会的设置，加强了群众和政府的沟通，逐渐开展了公共福利、治安保卫、调解纠纷等工作，为社区建设的产生奠定了基础。1991 年，民政部提出“在城市调动社会各方面的力量，共同开展社区建设”的工作思路，正式推出“社区建设”这一概念。直到 20 世纪 90 年代后期，当城市中贫困、社会秩序等社会问题日益增多，政府希望社区在解决社会问题方面发挥更多作用的时候，社区建设的概念才受到政府主要领导和社会的高度重视。① 根据不

① 张勇．同构性与非平衡性：我国城市社区建设模式反思［D］．华中师范大学，2011.

同阶段社区的建设内容及特点，向德平教授和他的博士生华汛子将社区建设历程分为以下几个阶段：

①社区服务阶段（20 世纪 80 年代中后期—1990 年）。这一阶段，社区建设以为社区人民服务为核心。1986 年民政部首次把“社区”概念引入城市管理，提出要在城市中开展社区服务工作。1987 年，民政部在武汉召开“全国城市社区服务工作座谈会”，集中讨论了社区服务问题，提出城市社区服务应从老人服务、残疾人服务、优抚对象服务、困难户服务、儿童服务、家庭服务以及其他便民服务做起。1989 年 9 月，民政部在杭州召开“全国城市社区服务工作会议”，要求在全国普遍开展社区服务工作。这一时期，中国的社区建设以社区服务为主，以民政服务为重点。中国在开展社区服务的过程中，不断扩大服务对象、扩展服务内容，社区服务对象由民政对象扩大到全体居民，社区服务内容也不再局限于民政服务。

②社区建设试验探索阶段（1991—1999 年）。这一阶段，中国政府提出社会建设的概念，并开始进行社区建设。1991 年，时任民政部部长崔乃夫指出：“社区建设是健全、完善和发挥城市基层政权组织职能的具体举措，是建立‘小政府、大社会’的基础工程。”1998 年，民政部“基层政权建设司”变更为“基层政权与社区建设司”，社区建设被纳入国家行政职能范围。1999 年，民政部制定《全国社区建设试验区工作实施方案》，明确了社区建设的总体要求、基本原则、工作步骤以及工作内容。这一时期中国社区建设突破了社区服务的范畴，具有了更丰富的内涵与内容。上海、青岛、南京、杭州等城市积极探索社区建设的路径，初步积累了社区建设的经验。

③社区建设全面深化阶段（2000—2009 年）。这一阶段，社区建设在全国范围内正式推广，社区建设的核心工作为创新社区管理体制、构建新的社区组织体系。2000 年 11 月，中央办公厅、国务院办公厅转发《关于在全国推进城市社区建设的意见》，明确“社区建设是指在党和政府的领导下，依靠社区力量，利用社区资源，强化社区功能，解决社区问题，促进社区政治、经济、文化、环境协调和健康发展，不断提高社区成员生活水平和生活质量的过程”，推动各地区将社区建设纳入国民经济与社会发展计划。2001 年，社区建设被列入国家“十五”计划发展纲要。2006 年，党的十六届六中全会第一次提出了“农村社区”概念，开始在全国范围内推进农村社区建设。2009 年，民政部发布《关于进一步推进和谐社区建设工作的意见》，确定“建设管理有序、服务完善、文明祥和的社会生活共同体”的目标，统筹推进城乡社区建设。同年，民政部授予 500 个社区为“全国和谐社区建设示范单位”。

④社区治理阶段（2010年至今）。这一阶段，社区建设的重点在于构建城乡社区治理体系，提升城乡社区治理能力，打造共建共治共享的治理格局。社区治理是社区建设的新阶段，是国家治理的重要组成部分。2012年11月，党的十八大报告指出："要健全基层党组织领导的充满活力的基层群众自治机制。"2015年7月，中共中央办公厅、国务院办公厅印发《关于加强城乡社区协商的意见》，明确要"开展形式多样的基层协商，推进城乡社区协商制度化、规范化和程序化"。2017年6月，《中共中央国务院关于加强和完善城乡社区治理的意见》指出，"完善城乡社区治理体制，努力把城乡社区建设成为和谐有序、绿色文明、创新包容、共建共享的幸福家园"。2017年10月，党的十九大报告提出，"加强社区治理体系建设，推动社会治理重心向基层下移，发挥社会组织作用，实现政府治理和社会调节、居民自治良性互动"。①

中国在社区建设中不断进行探索，寻找适合社会发展所需的社区建设理论和成功模式，更多人倾向于权力不集中在少数人手中，让更多群体拥有一定权力资源、社会资源，同时能够调动大家的积极性，使其有认同感和责任感，共同筹划，和谐发展。

1.2 社区治理

1.2.1 社区治理的由来

"治理"这个概念由世界银行在1989年于《撒哈拉以南非洲：从危机到可持续增长》报告中首次提出，该报告主要阐述了什么是"治理危机"，各国政府对其产生了高度关注，并将"治理"这一概念作为参考对象引入各自国内进行研究。

对于治理概念的分析和理解，国内外学者有着不同的解读，但在丰富多彩的定义中，全球治理委员会1995年发表的一份《我们的全球伙伴关系》研究报告中提出的对治理的解读，从目前来看是极具参考价值和权威性的，该委员会认为："治理是或公或私的个人和机构经营管理相同事务的诸多方式的总和。它是使相互冲突或不同的利益得以调和并且采取联合行动的持续的过

① 向德平，华汛子．中国社区建设的历程、演进与展望［J］．中共中央党校（国家行政学院）学报，2019（5）：106-113.

程。”① 作为一个动态的和持续互动的过程，治理强调协调合作而非控制。不同利益体之间的矛盾可以通过治理逐渐得到解决。他们认为治理具有以下几个特点：首先，治理的过程需要漫长的时间，不是一蹴而就的，它会伴随着城市的发展而持续下去；其次，治理所涵盖的内容、对象越来越广泛，几乎包括了所有社会问题和社区中的人和机构；再次，治理不应被政府强行干预，它的核心在于协商合作，多元主体共同参与、协商共事；最后，治理具有极强的灵活性，不受旧有的框架所约束，需要我们打破传统，才能让治理真正适应现代社会需求。而社区治理的定义，则是治理理念在社区层面的应用和升华。

改革开放以来，我国城市基层社会管理体制改革经历了从“单位管理模式”向“社区治理模式”的转变。原来的“单位制”被打破，单位不再是解决问题的最终机构，更多的困难群体、特殊群体被聚集到社区，很多社会公共事务和社会管理实务都安排到了社区，社区为居民带去方便，社区居民也会向社区反映自身生活需求，社区逐渐在社会发展的需要中成为社会建设的着力点和党基层建设的支撑点。社区治理成为社会治理的重要组成部分，更是国家治理体系的基础。社区治理体系的建设，推进治理能力现代化不断发展，有利于实现我国全面深化改革的战略目标。

党的十八大明确将社会管理与民生并列为社会建设的重要内容，提出“加快形成党委领导、政府负责、社会协同、公众参与、法治保障的社会管理体制，加快形成政府主导、覆盖城乡、可持续的基本公共服务体系，加快形成政社分开、权责明确、依法自治的现代社会组织体制”②。党的十八届三中全会通过的《中共中央关于全面深化改革若干重大问题的决定》，提出了“治理”这一概念，把人们熟知的“社会管理”变成了“社会治理”，由“管理”转向“治理”，尽管只是一字之变，含义却大不相同。所谓社会治理，是指在多元主体的背景下，包括政府、社会组织、社区、企事业单位以及个人等诸行为者，通过平等、协助、合作的伙伴关系，依法对公共事务、社会问题、社会组织和社会生活进行规范和管理，最终实现最大利益的过程。与社会管理相比，治理是一种良性、多主体、更优的管理，是对社会建设思考中的一种提升，其内涵更加全面。社会治理的主体是多元的，任何一个单一主体都不能完全规范和管理，需要相互协作、共同参与的实践过程。多主体行为之间是合作互动关系，鼓励参与者自主表达，协商对话。这就形成了从国家治理、社会治

① 俞可平．治理与善治［M］．北京：社会科学文献出版社，2000：270.

② 仲景，孙燕．着力推进社区治理现代化［J］．群众，2014（9）：53.

理到社区治理一体贯通、一脉相承的治理体系，为推进社区治理创新提供了方向。

案例

让居民生活得更美好——北京市朝阳区团结湖街道智慧社区①

随着信息化时代迅猛发展和智慧城市建设的逐步推进，为了响应党中央提出的“人民对美好生活的向往就是我们的奋斗目标”的要求，朝阳区团结湖街道办事处将智慧街道建设作为社会服务管理创新的着力点及解决传统工作方式与当前社会发展不相适应带来矛盾的突破口，结合街道实际，创新智慧化为民服务机制，逐步实现居民的“智慧家园梦”。

2012年初，团结湖社区通过“一刻钟社区服务圈”建设，形成了“一线、一网、一平台”的社会服务体系，让辖区居民享受到本地化、响应快、类型多、品质高的服务，切实提高了社区居民的幸福感和满意度。团结湖社区紧紧围绕打造“和谐、宜居、智慧、幸福”的建设理念，结合街道实际，着力探索服务管理与信息技术应用相结合，坚持以人为本，创新为民服务机制，深入推进“智慧街道建设”，方便居民生活出行，加强居民对社区的认同感、归属感和幸福感，使老旧小区焕发了新的活力。具体有：

1. 智慧社区便民通。以图、文、视频等多媒体形式，将距离较远的政府办事机构搬到老百姓面前，通过多方视频互动交流，提高办事效率。

2. “智慧团结湖”手机平台。覆盖政务服务、公共服务、公益服务、便利服务、特色服务等内容，契合移动互联网发展，促进年轻群体参与社区管理，推进诚信的邻里文化和熟人社区建设。

3. “微博、微信、微群”三微一体服务平台。率先实现以微博方式回复网格案件。便捷地与辖区居民、社会单位进行文字、图片、语音、视频交流；定时更新辖区内各项活动信息、便民信息。

4. 一键通电话，可实现一键拨打街道社区服务热线、设定的亲情号码、一刻钟便民服务电话。

5. 智慧网络与交通综合管理平台。在街道易拥堵路段和区域投入电

---

① 高盼．打造智慧　宜居社区让居民生活得更美好——北京市朝阳区团结湖街道智慧社区解析［J］．中国信息界，2014（5）：62-64.

子感应监测设备疏导社区交通，并通过人脸识别比对功能促进社区安全。

6. 智慧安防系统。可随时监控监测辖区安防情况，并与公安、应急等部门做到信息联动。

7. “一号定位”系统。将辖区内线杆、电杆标号、与视频监控系统连接，居民可根据标号位置信息报警或者获取基于精确位置的服务。

8. 物联网垃圾分类系统。垃圾桶底座带有数据终端，采集居民倒垃圾的时间、频率和清运次数，环卫部门可根据数据调整垃圾清运。

9. “3D团结湖智慧家园”平台。以居民、文体队伍文化交流、辖区人口文化展览、街道整体风貌展示为主，全面覆盖居民吃、住、行、游、购、娱、健七大需求。

10. “智慧居家养老”平台，通过智慧养老方案的定制和智能设备的研制，解决空巢老人、独居老人的居家养老问题，使老人享受安全、便捷、幸福生活。

通过建设，实现促进了社区居民自治，加速建设熟人社区，培育诚信邻里文化。主要体现在：

首先，居民借助“掌上团结湖”手机应用平台的移动社交应用功能熟悉身边邻里朋友，拉近邻里关系，增进彼此信赖，居民自发地组织为老、助残、环保等各类公益志愿活动。

其次，整合辖区文化资源，破解物理空间受限、拓展了辖区文化生活的服务形式。通过科技与文化相融合，改变了辖区传统文化服务方式的限制，以及简单的平面展示手段。

再次，建设智慧网格与交通综合管理平台，缓解老旧小区交通拥堵难题。

最后，研发多种便民终端，满足辖区不同群体需求。

“智慧团结湖”的社会效益：

一是创新了社区治理模式，群众凝聚力不断加强。二是提高了社会管理效率，群众安全感日益增强。三是探索了居家养老的新方法，特殊人群服务更加贴心。四是拓展了公共文化服务空间，居民群众文化生活日渐丰富。

1.2.2　社区治理的含义

社区所开展的治理相关内容即社区治理的内涵。有学者提出，在一定区域范围内政府、社区组织以及社区公民按照一定的科学原则、理论和方式方法，共同对社区公共事务开展管理的活动即为社区治理，因而社区事务的管理模式与治理手段也是公共管理的重要研究内容。社区治理是促进社区有序运行和实现自我管理和自我发展的重要手段，其最终目的在于满足社区居民在物质和精神层面上的各类需求。魏娜认为社区治理离不开居民、政府以及社区组织的共同参与，它需要政府的行政监管，也需要社区利益体之间建立良好的协商机制，没有这些，社区治理将无法高效便捷地处理各种复杂的公共事务问题。

社区治理是指政府、社区组织、居民及辖区单位、营利组织、非营利组织等基于市场原则、公共利益和社区认同，协调合作，有效供给社区公共物品，满足社区需求，优化社区秩序的过程和机制。社区治理手段包括静态方面，如各类社区资源的有效运用和协同整合，动态方面如推进社区发展的全面协调可持续，动静结合，从而达到社区治理的目的。综合而言，社区治理是以整个社会发展作为背景的一个重要管理模式或手段，对于社区乃至整个社会的秩序维持都有很大的意义。

从含义中，我们可以看到，社区治理的结构就是指“政府、社区组织、其他非营利组织、辖区单位、居民合作供给社区公共产品，优化社区秩序，推进社区持续发展的制度和运作机制”。是一种多主体式的治理结构，同时也就形成了多元主体权力在场的格局，当前地方政府仍拥有较大的权力，社区自治组织、社会组织等其他主体权力正在逐渐凸显。

1.2.3 社区治理与相关概念的区别

社区治理是一种新型的社区管理模式，是社区工作中的重要内容，推动着社区整体建设和发展。

(1) 社区治理与社区管理的区别

如表1-1所示，社区治理与我国过去的基层社区管理相比，主要特征在于：①就主体而言，由单一化转变为多元化。我国过去在对基层社会的管理中，管理主体单一化，只能以政府为主体。而在社区治理中，主体的多元化是必然要求，除了国家（政府）主体之外，还有居民、社区自治组织、非营利非政府组织、辖区单位等。因此，社区的公共事务需要多元主体的参与和决策，政府与社区之间要形成积极而有成效的合作信任关系，以善治（即良好的治理，就是使公共利益最大化的社会管理过程）为目标，达至社区公共利益的最大化。① ②就过程而言，从强调行政控制到强调居民参与。我国过去的

① 何菲．博弈视角下的社区治理［J］．山东理工大学学报（社会科学版），2006（7）：49-52.

基层社会管理，不论是单位体制，还是街居体制，行政功能都非常突出，命令式的上下级科层色彩浓厚。政府与单位之间、单位与职工之间都是服从与被服从的行政命令关系。市区政府、街道办事处和居委会之间的互动关系也都按照行政命令模式运行。而社区治理则强调居民参与，要求社区发展的各项规划、社区建设的实施以及社区事务的处理等都必须体现社区居民的广泛参与，与居民的要求相适应。① 居民不再依附于单位或街居组织，更不受它们的庇护，而是彼此形成平等互惠的关系。③就结构而言，由垂直科层结构转变为横向网络互动结构。我国过去的街居体制结构是从上级政府到街道办事处，再到居委会，最后到居民，单位体制结构是从上级单位到下级单位，再到居民，只有垂直的关系，没有横向的联系。② 而在社区治理结构中，社区主体具有多元性，街道与居委会之间、社会组织与居民之间、居民与政府之间，政府与社会组织之间等关系由单向运行转变为双向互动；居民和政府之间不再是单一的沟通渠道，沟通路径多样性，从而将社区中行政力量、自治力量和社会力量构筑成横向的网状结构。④治理内容扩大化。社区治理的内容已涉及社区成员社会生活的多个方面，还在不断扩大，事关社区成员的切身利益，居民参与度越来越高。相对于社区管理而言更全面。⑤参与性、互动性更强。政府部门、居民们、社会组织、社区居委会、社区内企事业联合互动起来对社区公共事务进行良好的治理。

表 1-1　**社区管理与社区治理的区别**

	社区管理	社区治理
主体	政府	政府、企业、非政府组织、私人机构等
权威性	来自政府	不全是政府，合作式权威
权力向度	自上而下	上下互动
社会参与度	完全服从	鼓励参与
实现方式	控制、管制、法制	服务、协调、回应

（2）社区治理与社区工作的区别

社区工作有广义和狭义之分。广义社区工作是指在社区内开展的以提高社

① 唐朝．居委会自治发展的研究：协同机制视角［D］．上海交通大学，2009.

② 金津．城市社区治理结构研究［D］．安徽大学，2007.

区福利、促进社区和社会协调发展的社会服务或社会管理。所以，只要在社区内从事的助人活动和服务，不论个人和集体，都可视为社区工作。狭义的社区工作是指社区社会工作，是专业社会工作机构及社会工作者关于社区工作的理论、方法、技能及其应用过程，是社会工作的一种介入方法。所以，社区工作既是一项社会服务，又是一种专业方法。社区工作的主要内容之一是社区治理，社区治理的内容又包含社区工作。两者相互包含，相互影响。满足社区需要是社区工作目标的核心内容，也是社区治理的主要目标。

(3) 社区治理与社区自治的区别

社区自治又称为城市社区基层民主自治，建立在社区居民的意愿基础之上，是社区治理的一种模式表现。在社区自治中更加强调和突出非营利组织、市场组织和居民等传统中的非政府机构即公民社会的作用和地位，国家、政府不占主导地位而起引导和服务的作用。其目的是维持社区民主生活、生活环境，向社区居民提供广泛、公正和优质的服务。结合社区治理来理解社区自治的概念，社区自治即是指不需要外部力量的强制性干预，社区以公民社会为主导，公民社会的各种利益相关者习惯于通过民主协商来合作处理社区公共事务，并使社区进入自我教育、自我管理、自我服务、自我约束秩序的过程。① 可见，社区自治是一种“自律”的行为模式。从运行机制来说，社区自治是一种成本低和收益高的协调机制。它体现了在既定的互动空间范围内，利益相关者不需要外部力量的介入就能够通过面对面协商消除分歧，取得基本共识，采取合作行为。实际上，社区自治就是社区领域“自组织”的自我协调的具体表现。从需求和供给角度来说，社区自治是一个持续的供需过程。这是因为社区需求、社区公共产品、社区公共问题三者之间存在高度的关联性。这也是社区治理的主要内容。如果社区公共产品的供给与需求处于不平衡状态，不能满足社区需求，社区成员、社区环境就会发生变化，产生不稳定因素，影响社区治安以及社区整体经济发展。

综上所述，在对比社区管理、社区工作、社区自治等相关概念的基础上，可以从以下四个方面理解社区治理的含义：

第一，社区治理的主体核心已经发生了变化，政府虽然依旧在社区治理中占据重要作用，但是，它从过去的主导地位和直接干预，已经逐渐转向社区自治，最终需要建立的是一套由政府、居民和社区组织共同协商的合作机制，为社区治理的发展打下了良好的基础。

---

① 汪菲．我国城市社区自治中存在的问题及其对策研究［D］．苏州大学，2012.

第二，社区治理的首要任务是完成社会经济发展目标，与此同时，兼顾其他基本要素的发展（矛盾冲突、居民参与、文化营造、法规制度建设等）。

第三，社区治理的主体内容较为广泛。医疗、卫生和安保等方面都在它的体系范围之内，若想高效便捷地将这些服务有机地结合在一起，必须要对各种资源，比如人力、物力、财力等资源进行分类和整合，使其发挥更大的作用。

第四，与传统行政管理相比，社区治理具有自身的独特性，其指导核心是以“合作和协商”为主，这颠覆了传统行政管理的执行传统，提高了社区居民的认可度，同时也提升了社区治理者的权威，因此，在社区治理中要充分认识“协商”的重要性，并以此作为化解矛盾的基础，尽可能地获得社区全体成员的理解和支持。

1.2.4　新时代社区治理的重要意义

进入新时代以来，习近平总书记和党中央秉持“人民对美好生活的向往，就是我们奋斗的目标”的宗旨，强调从解决人民群众最关心、最直接、最现实的利益问题入手，建设具有中国特色的社会主义社会治理体系，不断加强和改善民生，并在十九大报告中明确提出“打造共建共治共享的社会治理格局”，要求“推动社会治理重心向基层下移”。加强社区治理不仅是现代国家建构的重要内容，更是社会发展的必然要求。新时代社区治理的重要意义主要表现在以下几个方面：

（1）这是践行党的执政宗旨的必然要求

党的十九大强调“带领人民创造美好生活，是我们党始终不渝的奋斗目标”。① “要求必须始终把人民利益摆在至高无上的地位，让改革发展成果更多更公平惠及全体人民，朝着实现全体人民共同富裕不断迈进。”② 通过加强社区治理，从与人民群众生活息息相关的基层着手统筹做好社区工作，有利于不断提升服务居民水平，及时发现和回应人民群众对美好生活的需求，有利于充分尊重群众主体地位，保证居民群众平等参与、平等发展权利，从而更好地促进社会公平正义，让居民群众共享改革发展成果。

（2）这是完善创新社会治理新格局

习近平总书记在党的十九大报告中从统筹推进“五位一体”总体布局和协调推进“四个全面”战略布局的高度，明确提出要加强社会治理制度建设，

① 迟成勇．论习近平新时代伦理观与创造美好生活［J］．攀登，2019（3）：13.

② 李世泽．提高保障和改善民生水平的几点建议［J］．广西经济，2017（11）：47.

完善党委领导、政府负责、社会协同、公众参与、法治保障的社会治理体制，提高社会治理社会化、法治化、智能化、专业化水平，打造共建共治共享的社会治理新格局。社区是社会治理的基本单元，也是社会的缩影，加强和推进社区治理，创建完善的治理体系，有助于社区各主体之间关系的动态平衡，在职权分明的同时，尽可能多地调动社会组织（集体）、居民（个人）的参与性和积极性，与时俱进，利用“互联网+”模式、“党建+”“三社联动”模式等创新社区治理方法和手段，及时解决社区存在的问题，为社会治理提供多元化解决路径，形成社会治理新格局。

（3）这是社区共建共治共享的重要助推器

党的十八届五中全会提出，要构建全民共建共享的社会治理格局。党的十九大报告进一步提出，要打造共建共治共享的社会治理格局。在共建共享基础上增加了共治，这是根据国家实际情况，对社会治理发展提出的新要求。社会治理必须以社区治理为支撑，在处理好多元主体关系，解决社区中经常出现的环境卫生、政务服务、矛盾纠纷等诸多社区生活事宜，联管、联建、联调、联处弥补公共服务有限的困境，提升服务水平，构建多元主体资源共享、优势互补、无缝联动的社区共治格局。社区治理已经成为社会治理在基层中的着力点，打造共建共治共享的社区治理格局已经成为一种趋势。

1.3 国内外社区治理模式比较

社区治理的实践模式是对社区治理实践规律与社区工作本质特征的理论概括，既源自社区治理实践，又指导社区治理实践。

1.3.1 国外社区治理主要模式

社区治理随着社会治理的需求不断发展。各个国家由于各自所处地域、国情的不同，社会治理理念、方式、人员参与等都存在较大差异，也有可相互借鉴之处。所以，在各国和各地区开展社区治理工作过程中，各自也逐渐形成了较为成熟的治理模式或特点，其中较有特色的有美国社区“议行分设”管理体制模式、新加坡社区的层级管理模式、日本社区的综合管理模式等。相关治理经验以及形成的成熟化治理模式对我国社区治理研究具有重要的参考意义。

（1）美国社区“议行分设”治理模式

在美国，政府并不直接参与到城市社区的管理之中，而主要是通过提供各种资助来实现社区管理。政府提供给社区的资助包括资金支持和教育支持，其中资金支持主要是对一些社会组织和公益性组织提供资金，在国家财政预算体系中纳入相关计划，直接推动社区管理的建设；教育支持则直接给予社区的教育工作分拨资金和经费，引导社区的教育发展。而其他方面的政府主导或干预明显较少。

从市政管理体制的角度来看，美国的“议行分设”制度是其特点。在对于社区的管理中，地方政府事实上权力很大，但是主要权力运用到了社区的发展战略和规划设计、环境保护、居民就业率和收入提高等，以及前述的资金提供等方面。城市的市长在社区管理方面具有代表性作用，主要权力在于协调“多头管理”，从而平衡与社区有关的各方面利益。但是究其始终，美国的地方政府并不会直接参与到社区的管理之中。

我国国情与美国存在很大的差别，因而不可否认的是直接照搬照抄美国经验是不适合的，但是在管理方式和做法上却是可以有所借鉴的，特别是某些社区治理实践中存在权责划分不明确、多头管理等问题。在我国的社区治理中，首先应通过法律或制度的规定来确认政府与社区各有关组织机构的权责划分；其次，各组织机构应在各自的权责范围内开展各项事务；最后，根据我国国情，应有效建立起政府“越位”或“缺位”的监督和管理机制，更好地发挥社区各组织的作用和优势，自主开展治理工作。

（2）新加坡社区政府层级治理模式

新加坡的治国以及开展公共管理的理念都是坚持政府主导，因而在社区治理方面，政府是核心。在新加坡，政府与社区之间是长期的密切合作和相互依赖的关系，政府对于社区在治理方面的支持主要是提供自身优势资源，同时在社区的建设中发挥主要和核心的作用。

新加坡的社区治理在多个方面体现政府主导意志，特别是在社区治理的组织架构、人员以及行政区域划分等方面。首先，社区组织的人员架构由政府予以划分并任命相应人员。在新加坡的社区中，主要领导人具有很强的政治色彩，从而政府力量在社区的治理中发挥很突出。其次，通过政府开展直接的管理，新加坡的社区治理实现了区域的层次划分，例如根据地域不同划分为东西南北中五个区域，每个区域设立社区发展委员会，总领社区工作。① 社区发展委员会又下设公民咨询会，负责具体的社区治理工作和事务。公民咨询委员会再下设基层组织即居民委员会和邻里委员会，每个基层社区组织的管理宽度为1500~2500人。

① 董婉秋．成都市武侯区社区管理体制改革研究［D］．西南交通大学，2017.

新加坡的社区层级管理模式与我国的社区管理模式有相似之处，但也存在一定的差别。从社区治理实践可以看到，我国社区治理工作并不如新加坡模式采取较为严格的政府管理，而是具有较强的灵活性和基层的能动性，即基层社区组织能够根据实际治理情况开展相应的工作，甚至在社区治理主体方面，我国政府也并没有如新加坡政府实施较为细致严格的社区管理和治理，政府介入强度明显较小。这一方面可以避免一些行政管理和计划式管理的先天不足，另一方面也会带来基层社区组织专业度较差所形成的问题。从社区治理实践中可以看到，新加坡模式对于政府管理的加强具有很好的借鉴意义。

（3）日本社区的综合治理模式

相对于美国和新加坡的模式和经验，日本在社区治理方面体现出综合性强的特点，即在社区治理方面结合了美国和新加坡两种模式，既有政府的主导介入，又有社区居民的共同参与治理，从而尽可能发挥政府、社区、各类基层组织、居民的各自优势，努力实现协同治理，提升社区发展的效益。其中，政府在社区治理方面的主要优势在于做好宏观的规划工作，并且提供必需的资源支持，如提供资金、管理人员等。社区以及各类组织、居民则充分发挥自治优势，针对社区有可能存在的各类问题提供支持和帮助，共同推进社区发展。

日本社区的管理组织结构中，有类似于我国居民委员会的自治机构，即所谓的“町会联合会”和“町会”这两个组织。这两个机构承担了日本最大量的社区管理工作，对社区的安全、卫生、健康、医疗、教育等问题都要承担相应的责任，是政策直接落地的执行者。

为了发挥社区治理的自治优势，日本社区治理方面一个最大的特点是社区开展“露天办公”。在日本的多数社区中，管理机构不设保卫处，没有护栏，社区内的所有居民都可自由进入、自由出行。办公室没有屏障，相对集中，所有的工作人员在一个场地集合办公，没有单独的办公间，没有职位的区别。社区居民只要在生活当中遇到问题就可以向管理机构反映，这种办公方式极大地方便了社区居民，同时也有利于化区居民对办公人员的监督，有利于清廉办公的实现。① 此外，日本社区还通过建立健全各类法律体系以实现社区治理维护，对于日本城市社区的发展规划和路径，发展过程中存在的所有问题，法律制度都有明确规定，这就很大程度上引领了日本社区管理体制的改革与发展，实现了法治化、规范化。

日本社区的治理模式对于我国社区的治理实践显然具有较大的指引和支持

① 董婉秋．成都市武侯区社区管理体制改革研究［D］．西南交通大学，2017.

作用。目前的社区治理工作中，面临的一个较大问题便是缺乏关键的创新从而能够很好实现社区自治，而类似于日本社区所开展的“露天办公”便是一类很好的创新内容。而同时也应看到，日本社区的治理模式也存在其弱点，在一些社区内部往往存在结构设置不规范不完善、管理方式相对滞后等问题，可以看出日本社区治理尽管综合性较强，但显然更加偏重于社区自治，因而便会产生一些系统性不足或专业性不强的管理问题。①

1.3.2　国内社区治理主要模式

自 20 世纪 90 年代中后期开始，在不断学习西方社区治理经验的同时，全国各地社区掀起了社区建设的热潮，各个社区都在探索和发展适合本土社区的治理模式。社区治理主体从传统的“一元治理”转向“多元治理”，治理方式从传统的“自上而下”转为“双向互动”“多元互动”，形成了各种因地制宜的社区治理模式。比较突出的有“上海模式”“沈阳模式”“江汉模式”“青岛模式”。

(1) 上海模式

上海模式是指在上海市进行城市社区管理体制改革中所探讨出的一种富有创造性的模式。上海市是我国人口最多的城市，1999 年城市常住人口已达到 1474 万人，它的城市化水平（市区人口占全市人口的 82%）、人口密度（每平方千米 2071 人）、人口老龄化水平（60 岁以上占老年人口的 18%）等也排在全国的首位。上海市作为我国经济最发达的城市之一，一直处在改革的最前沿，近年来，在社区建设和治理方面也进行了许多新的尝试和探索，取得了不少的经验，主要有：

①建立了良好的社区服务体系。优良的社区服务是社区居民对社区产生认同感的主要基础，早在 20 世纪 80 年代，上海市民政部门就根据“社会福利社会办”的精神，着手组建市、区、街道、居委会“四个层次一条龙”的福利服务网络，通过整合各类资源，发动群众参与，丰富社区服务内容，扩大社区服务的覆盖面。经过近 20 年的努力发展，上海建立了以街道为中心，居委会为基础，社区内单位和居民积极参与的系列化、网络化、规范化的社区服务工作机制，形成了老有所养、幼有所教、残有所助、孤有所靠、病有所医、贫有所济、难有所帮的社区居民自我服务的社区环境。

②创建了“两级政府、三级管理”的社区管理体制。面对当前日益复杂

① 董婉秋．成都市武侯区社区管理体制改革研究［D］．西南交通大学，2017.

和不断增加的社会事务，原有的“条块分割”体制已经越来越难胜任强化城市管理的任务。为了从根本上探索和形成城市现代化管理的新体制和新机制，上海市从1995年起，在市区的十个街道分别开展“两级政府、三级管理”的试点工作。“两级政府”即市级和区级政府，“三级管理”即市级、区级和街道一级的管理体制。理顺关系，各司其职，增强街道的实际管理能力。根据市委、市政府的文件精神，在当前街道党工委、办事处作为区委、区政府派出机关性质不变的情况下，依法对辖区内的城区管理、社会服务、社会治安、综合治理行使组织领导、综合协调、监督检查等全面性的工作责任。各试点的街道成立城区或者社区管理委员会，由街道干部和区职能部门派出机构负责人组成，作为不同部门之间沟通情况、协调关系，规划指导地区性城市管理事务的重要载体。委员会下设不同的专业委员会或者其他一些派出机构如工商所、房管所、环卫所等，这些人员的任免街道可“一票否决”。

③创造出了一套有效的工作运行机制。积极推行政务公开，完善行政执法制度以及对行政执法的监督。为了推行政务公开，各街道实行了街道、居委会两级的公开办公制度，同时印制了《政务公开指南》发放到社区居民手里，公开公布政务活动的内容，工作人员持证上岗。引进适度的竞争作业体制。在扶持各专业性服务公司发展的基础上，实行引进招标制度，由街道办公室就一些具体的服务项目统一发包，打破单位和部门的垄断。实行了责权明确的考核机制，使考核工作规范化、制度化。街道一级由区政府实施综合政绩考核，减少了原来由各职能部门分别考核带来的工作压力和重复劳动。

总之，上海模式将社区建设与“两级政府、三级管理、四级网络”的城市管理体制改革结合起来，将社区定位于街道，形成街道社区，并强调依靠行政的力量，在街居联动的过程中发展社区各项事业。它具有鲜明的行政导向，强化了基层政府的功能，强调运用政府及所控制的资源进行自上而下的社会整合，以构建“新政府、新社区”。①

（2）沈阳模式

沈阳市的社区工作始于1999年。沈阳模式的最大特点在于：借鉴我国国家政权机构的设置，创造性地在社区设立了社区成员代表大会、社区协商议事委员会和社区居民委员会作为社区自治的主体组织，同时借鉴国家层面政权机构之间的权利义务关系，通过建章建制，明确了三个自治主体组织之间的关系、社区党支部的地位与作用。沈阳模式的创新体现在以下几个方面：①社区

---

① 裴蓉．中外城市社区治理模式比较研究［D］．电子科技大学，2006.

成员代表大会（居民代表会议）与社区居委会之间的关系得到了明确，解决了《居委会组织法》对二者关系界定不明确的问题；②在社区内初步架设起自治组织的整体性结构框架，为社区居委会向自治方向迈进提供了组织载体；③增设社区协商议事会作为监督层，使得监督议事机制健全起来并正常化、规范化。

此外，沈阳模式还在以下诸方面进行了创新：①科学调整社区规模，明确地将社区定位在小于街道，大于原居委会的层面上，按照有利于社区自治、管理资源利用，有利于提高工作效能原则组建新的社区①；②将单位纳入社区，使社区有相对完整的管辖面积，成为完整的治理单位；③采取公开招聘方式提高社区居委会成员素质；④率先提出要转变政府职能，使社区真正享有自治的权利；⑤在社区设立专业组织，使得社区组织架构更进一步趋于完善；⑥尝试人大代表与社区定位联系工作的方式，促进了基层民主政治建设的落实。就推广的程度和地域而言，沈阳模式的影响面最大，目前借鉴沈阳模式的除了辽宁全省，在全国范围内还有海口、哈尔滨、西安、合肥等地。

（3）江汉模式

在全国 26 个国家级社区建设实验区中，武汉市江汉区是唯一一个以城区命名的。江汉区的社区工作从 2000 年 2 月正式启动，在 9 月底的经验总结会上，被确定为江汉模式。江汉模式包括以下五个方面的内容。第一，明确提出转变政府职能，提升社区自治功能，建立政府行政调控机制与社区自治机制相结合，政府管理功能与社区自治功能互补的新型城市基层管理体制。第二，以体制创新为重点，推进政府职能转变，其内容包括：明确居委会与街道办事处、居委会与政府职能部门“指导与协助、服务与监督”的关系；明确政府职能部门、居委会各自的职能，居委会负责社区公共事务、福利保障等自治事务，只协助政府部门履行职能，不能承担行政性任务指标。第三，政府部门面向社区、转变职能、工作重心下移至江汉区，推行“五个到社区”：人员配置到社区、工作重心到社区、服务承诺到社区、考评监督到社区、工作经费到社区。第四，费随事转，责权利配套。对于确需社区配合的工作，在与社区协商后，按照“权随责走，费随事转”的原则，由职能部门与社区共同完成。第五，建立评议考核监督机制。通过一整套评议指标体系，由社区工作者和社区成员模仿我国民主选举的基本程序，对政府部门和工作人员进行评议，不合格者受到相应处理。

---

① 黄燕．我国城市社区管理模式研究［D］．电子科技大学，2006.

江汉模式更着眼于培育社区治理的自主性。首先是理顺关系、下放权力，将本该由社区支配而不适当集中到政府手中的权力下放给社区。其次是建立“权随责走，费随事转，责权利配套”的工作机制，改变过去只做事而无权、更无费用的被动状态，从而创造出城市政府行政调控机制与社区自治机制相结合的社区治理模式。另外，江汉模式自我革命，主动转变政府职能，明确关系，对全国社区治理模式是个重大突破，真正从行动上开始探索社区自治，并着重在体制创新方面思考和解决问题，是一大创新。①

（4）青岛模式

建立区、街道、居委会三级组织机构，市委市政府、区委区政府分别成立市社区建设工作委员会，区社区建设指导委员会，负责市、区两级社区建设与发展的指导、协调等，街道办事处党政领导及与居民生活相关的有关部门成立各街道社区建设协调委员会，研究部署街道范围内的社区工作。其特色是赋予社区更多管理与服务内容，强化了社区服务功能。建立了区、街道、居委会三级社区服务中心，形成社区便民利民、社会福利、社会救助、优抚安置、慈善事业、老年人服务、残疾人服务等九大服务系列。它赋予社区更多的管理职能和服务内容，大大强化了社区服务功能，寓社区治理于社区服务之中。青岛市强调，抓社区治理，一定要以社区服务为重点。这种做法优势在于，不需要大量的财政投入，不需要增加太多的人员编制。积极探索社区服务产业化运作，2000 年 4 月，青岛市市南区成立了全省第一家社区服务有限公司——青岛市乐万家社区服务有限公司，按照市场化、产业化方式运作，取得了很好的社会效益和经济效益，如公司下设的乐万家老年公寓入住率达 100%，年创利润 16 万元②；进行了社区服务股份制试点，“好帮手”家政服务社是市北区第一个实行股份制的社区服务实体，服务项目以家政服务、医院陪护为主，并以医院陪护为特色，该社不仅在山东省内建有陪护人员培训基地，拥有经过岗前培训、具有较高素质的陪护人员 800 余名，而且在成立后的一年时间里（2001 年），就为包括国外人士在内的万余名病人提供了优质陪护服务，取得了社会效益和经济效益的双丰收。

青岛社区治理的特色还有：第一，将社区治理作为一把手工程来抓，市区街居四个层级，各级一把手分级管理，层层负责。由于市委书记亲自抓，所以力度很大，这在其他城市是绝无仅有的。第二，形成规模效应和联动效应。市

① 杨楠．论我国城市社区建设中的政府职能转变［D］．吉林大学，2009.

② 王瑜．城市社区治理研究［D］．重庆大学，2007.

内四个区在市里的统一部署下，统一战略、统一行动、集团作战、形成联动，在青岛掀起社区治理的热潮，这在其他地方也是少有的。第三，选聘社区助理是一条新的思路，直接启发了以后沈阳、江汉等地的社区工作者的职业化。第四，社区直选，使得居民参与空前广泛。第五，社区民主政治生活内容丰富，广泛开展“民评官、民评政、民评民”的活动，开展万户居民社区服务需要情况调查，敢于罢免不称职的居委会负责人。从 2006 年开始，青岛市委市政府在全市范围内开展电话民意调查活动，俗称“民考官”，项目覆盖全市 800 万人口。首创的多样化民考官，通过打电话、做答卷给政府工作绩效打分并提意见，第六，选派区直机关干部到社区蹲点，促进了政府职能的转变，推动了社区治理的发展。①

近些年来，全国各地都在国家宏观政策指导下，积极探索社区治理新模式，但是不难发现，很多地区创新出来的治理模式并不能很好地复制到其他地区或社区。我们需要从基层社区的具体情况出发，因地制宜，结合城市或农村的特点和资源优势，才能使社区治理走向可持续性发展的道路。

案例

邻里义集，锦绣家园②

锦绣社区位于成都市跳蹬河街道原东郊老工业企业聚集区的核心区域，社区内的小区类型多样，包括商业楼盘、惠民工程和拆迁院落。

锦绣社区在 2018 年被确定为成都市成华区社区发展治理示范社区打造点之一，社区内已培育出了关爱社区内的老年人的“蒋姐姐公益助老服务队”、调解小区内的纠纷、开展全国法制日普法活动的“我来说法”评审团等比较成功的自组织。

在之前良好的社区治理基础上，锦绣社区积极探索社区发展新模式，培育社会企业，“邻里义集”是新模式下较为成功的项目。

锦绣社区离菜市场比较远，居民们购买食材非常不方便，为了让居民们在家门口也能买菜，锦绣社区居委会引进一家专做睦邻文化、邻里集市的社会企业，通过吸纳各类农副产品提供方参与集市售卖，为居民们提供

① 娄成武，孙萍．社区管理学［M］．北京：高等教育出版社，2012：71-74.

② 全国优秀社区治理案例集［EB/OL］．［2019-06-30］．http：//www.shehuigongzuozhe.net/zonhenengli/shequgongzuofangfa/13394.html.

优惠又有质量保证的农副产品。

截至2018年12月9日，“邻里义集”已成功举办了7次集市活动，居民们都十分满意这样便利的集市，并形成了一支“邻里义集”商居邻里互助队为民服务，获得居民们的好评。

像“邻里义集”这样联合社区内的自组织开创的“社企+社团”的社区治理模式，能够充分利用社会企业的资源解决社区内的民生问题，社区自组织也在社会企业开展活动时提供志愿服务，协助活动顺利进行，让各种力量汇聚在一起，为锦绣社区添砖加瓦。

思考与练习

1. 社区与社会的区别与联系有哪些？

2. 近年来，随着互联网的发展，出现了“虚拟社区”，可以将其称为社区吗？为什么？

3. 试论述社区的五大基本要素。

4. 社区的主要功能有哪些？

5. 试述国内外社区治理模式。

6. 通过学习，你认为哪一种社区治理模式适合你目前所在的社区，为什么？

推荐读物

1. 费孝通：《人的研究在中国》，天津人民出版社1993年版。

推荐理由：“各美其美，美人之美，美美与共，天下大同”是费孝通先生就“人的研究在中国——个人的经历”主题进行演讲时，总结出的极具美感的十六字箴言。

他说：“如果我学人类学的志愿是了解中国，最终目的是改造中国，我们采取在个别小社区里进行深入的微型观察和调查的方法，果真能达到这个目的么？个别入手果真能获得概括性的了解么？”“解剖一个农村本身是有意义的，所以是有趣的。但我必须老实说，我的旨趣并不仅限于了解这个农村。我确有了解中国全部农民生活，甚至整个中国人民生活的雄心。调查江村这个小村子只是我整个旅程的开端。”

2. 王青山、刘继同：《中国社区建设模式研究》，中国社会科学出版社2004年版。

推荐理由：这本书介绍了国内外社区建设模式的基本理论，并对中国目前涌现的几种社区建设模式——沈阳模式、上海模式、江汉模式、四平模式等的制度创新及实践经验作了深入研究，提出了具有普遍意义的社区建设模式的初步设想。该书作者深入一线调查研究，资料翔实可靠，见解新颖，所述所论在社区建设研究中具有较高的价值。

3. 项飚：《跨越边界的社区：北京“浙江村”的生活史》，三联书店 2000 年版。

推荐理由：所谓“浙江村”，指的是从 20 世纪 80 年代早期开始，以浙江温州地区为主的流动人口在北京城南南苑地区附近形成的聚居区。20 世纪 90 年代，温州人项飙花了 6 年时间深入探访浙江村，观察并描绘其中人们的日常生活细节，记录汇成该书。项飚说：“我希望通过充分的细节来说服读者：自下而上的社会变化是可能的，由此形成的社会自主性是应该被允许甚至得到鼓励的。”

4. 杨蓓蕾：《发展质量视角下的城市社区建设模式研究：以上海市为例》，同济大学出版社 2010 年版。

推荐理由：这本书透过发展质量的视角，以我国现行社区建设模式为切入点，按发展理念、治理结构、运作方式三维分析框架，在剖析“街—居”模式的基础上，着重对现行社区建设模式的成就和问题进行历史分析和绩效测量研究发现，治理模式的变革，推动社区建设模式替代“街—居”模式较之于“街—居”模式，社区建设模式带来了居民满意度的明显提高，但其直线式权力运行方式制约了居民满意度的进一步上升。随着未来治理模式的进一步变革，网络治理模式将取代社区建设模式，引领社区走上高质量的发展之路。该书的结论是，单纯的物质增长不能带来居民更多的需求满足和更高品质的生活，唯有转变发展理念，完善治理结构，变革运作方式，方能实现社区可持续发展。

第2章　社区治理的历程及相关理论基础

内容提要

我国的社会治理是在“党委领导、政府负责、社会协同、公众参与、法治保障”的总体格局下运行的中国特色社会主义社会管理。社区是社会的基层单位，社区治理更是社会治理的重要组成部分，是政府落实民生政策的“最后一公里”，同时也是国家基层治理创新的重要环节。

早在20世纪20年代，西方社会便开始对社区治理理论进行了研究，经过上百年的发展，研究者们得出的理论观点可以总结为三种类型。首先是社会精英型理论，他们认为如果社会管理权在社会精英手中，将会对地方政策的制定起到至关重要的作用，F. 亨特是代表人物之一。其次是社会公民理论，他们认为公民的重要性要高于国家，公民应享受绝对自主的民主自由，政府不能强迫公民参与到各项政治事务当中。最后是治理理论，这一派的学者认为在治理的过程中，如何对社会资源进行合理的配置是至关重要的，这不但需要市场的引导，还需要治理的各层级主体之间的协商与合作，这其中政府不能过度干预，它只应该站在社会发展的大方向上进行战略上的指引，具体的参与和实施应该由公民来控制和管理。

了解掌握社区治理发展历程，不同阶段的理论知识，才能更好地将理论知识与现实情况相结合，指导实践工作。

引导案例

四社联动，多元对接　激发基层社会治理新活力①

近年来，西宁市城西区古城台街道办事处始终坚持党建引领，以社区建设、社会组织培育、社会工作者和社区志愿服务“四驾马车”齐驱，

---

①　四社联动，多元对接　激发基层社会治理新活力［EB/OL］.　［2019-07-30］. http：//www. cncn. org. cn/content/2019-08/156687489553840. html.

形成“四社联动”的服务机制，通过街道牵头、社区主抓、辖区单位共建、小区楼院共治、党员群众共享“五级服务”，积极推动社会治理重心向基层下移，不断推动高质量发展，为群众打造高品质生活。

古城台街道成立社会组织孵化基地，由专人负责社会组织培育、社会资源对接、社会组织人才交流等；依托市民服务中心，为社会组织免费提供办公活动场地，结合政府购买服务等方式，开展老年人文化娱乐活动、居家养老服务、残疾人康复服务、青少年心理健康教育等各类服务活动。截至目前，街道已培育社会组织 2 个，有 18 支各类文艺团队入驻街道市民服务中心，街区凝聚力、吸引力不断提升。不断健全自治法治德治相结合的治理体系，激发群众作为基层治理的主体作用，让“警城联勤”机制落地见效，认真办好中央环保督查“回头看”督办案件。以小区党组织为依托，切实发挥小区党组织在排查和处置矛盾纠纷第一线的优势，达到小区党建基础水平“双提升”。全面推行网格化管理，推进街道社区、单位、行业相互融合，一网兜起区域大小事。

◎ **讨论**：

“四社”联动社区治理模式受到了哪些理论的影响？

2.1　社区理论的发展历程

德国社会学家斐迪南·滕尼斯是公认的最早开始研究社区的学者，在他 1887 年出版的《社区与社会》一书中对“社区”进行了深入阐释与研究。他使人们第一次知道了“社区”这个概念。由此学者们便开始了对社区的进一步研究。社区理论主要经历了初始发展阶段—徘徊倒退阶段—回归阶段三个历程。

（1）社区理论的初始发展阶段

1921 年美国芝加哥学派学者帕克基于社会区位的基础将社区视为一种空间现象或者单位来研究创立了人文区位理论。该理论注重研究空间结构、空间组织以及社区区位的互动，关注对都市中空间组织和城市成长中的区位研究。它关注地理、生态等地域环境与人文环境，对于社区区位的研究着眼于实际情况。1922 年英国功能主义学派代表马林诺夫斯基从功能主义理论视角对社区进行研究，分析和研究社区的功能，认为社区由许多小部分构成，这些部分各自发挥的功能和作用不同，它们和社区有着密切的关系，任何一个小部分的变动都可能影响社区功能的发挥。1924 年美国社会学家林德夫妇通过对美国印第安纳州的一个美丽小镇——中镇的研究创造了一种叫作“社区综合研究”的研究形式，主要在描述社区生活各个部门的基础上解释它们之间的相互关系。他们所著的《中镇》开创了社区综合研究的先河。

（2）社区理论的徘徊倒退阶段

进入 20 世纪，人类社会的两次全球性战争，使得各个学科研究遭受了重大影响，学者们的研究倾向也有所变化，并带有消极情绪。这一时期产生的主要理论有三种。第一，社区失落理论。1938 年社会学家沃斯发表的《作为一种生活方式的都市生活》一文提出，随着人口的增加，“社会裂化”和人际冲突将带来现代城市和社区的消亡。第二，社区续存理论。该理论以美国学者刘易斯为主要代表，他对社区消亡论提出质疑，认为社区的交往和社区干扰是社区继续存在的重要保证。第三，社区冲突理论。该理论代表人物是科尔曼，他认为社区由众多民众所组成，因此社区内民众利益的不平等将造成社区冲突。

（3）社区理论的回归阶段

真正开始使社区理论研究回归并关注社区治理研究的是美国民主社会主义学者桑德斯。他在 1958 年出版的《社区》一书中提出社区体系理论：即作为一个整体系统的社区，包含的主要体系有家庭、政治、经济、社会、教育等，而在每一主要体系之中，又包含若干个次体系，例如政治体系之中就有政党、警察等次体系。他和学者伯纳德将社区定义为居住于特定范围内的人口，是以地域为界、具有整合功能的社会系统，以及具有地方性自治自决的行动单位等。他们把社区看作一个个人、全体和组织之间相互交往作用的网络，是相互依赖发展共荣的社会体系，有时变迁的体系，必须做好处理分工与合作、新生与衰亡、分化与整合的动态平衡工作，如此才能使社区保持基本稳定。此后，美国社会学者 E. O. 莫依明确提出了作为社会体系的社区的 3 个重要特点：①社区是一个由诸体系组成的体系；②在结构与功能上，社区不如正规组织那样集中；③作为社会体系，社区的明确性不如正规组织。与此同时，随着行为主义政治学的兴起，当代精英理论在西方社会发展起来，其主要代表人物有政治学家 H. D. 拉斯韦尔、社会学家 C. W. 米尔斯、经济学家 J. 熊彼特等。20 世纪 50 年代兴起的新精英理论的基本思想与早期精英理论虽然是一致的，但当代的学者们既重视政治精英在社会关系及社区治理中的地位和作用，也注意到其他社会精英甚至公民在社会关系中的存在和意义；认为精英并非只能产生于社会上层，也可能从下层产生，既可以产生于政治领域，也可以产生于其他社会领域；公民可以通过各种形式的政治参与来表达利益诉求，以此对统治者施加影响，迫使他们做出有利于大多数人的决策；精英一旦失去领导能力和大众的信任，就有被代替的可能性。另外，随着 20 世纪 60 年代西方发达国家经济发展放缓，亚洲新兴国家崛起，社区公共事务出现复杂化趋势，由此前南斯拉夫领导人铁托和卡德尔创立了社区自治理论。该理论深受共产主义中的马列著作影响，其吸收了马克思主义经典著作中的“劳动解放理论”“自治生产联合体”等思想，以此作为建立自治制度的理论依据。该理论认为居民是社区的主人，社区应该依靠居民自身的力量去建设和管理，而非由党和国家包办。具体做法是国家将经济、教育、文化等管理职能移交于社会团体，建立自治体制，试行社会所有制。该理论在前南斯拉夫的成功应用使南联盟人们生活水平不断提高，但其也存在权力分散、过分授权所导致的问题。①

2.2　我国社区治理的历史

社区治理在我国经历的时间不长，是基于社会利益复杂化的要求而提出的有别于社区管理的新概念，强调的是主体的多元化，不再是仅仅依靠“全能型”的政府管理，而是要发挥社区其他主体协同作用，是一个社区成员之间合作互动的过程。国外学者对社区治理的理解可能更多地从治理理论方面去解释，更强调社区居民、自治组织等的主体地位；而在国内，根据宪法法律的规定，社区的范围依托的是行政规划，所以对社区治理的现实理解一直未能摆脱政府为主体的色彩，不过随着利益复杂化的发展，国内学者对社区治理的概念的理解也更突出自治和自治组织的重要性。

1949 年中华人民共和国成立以后，在沿海发达地区开始建立以单位制为基础的基层社会和以街居制为辅的城市社区管理体制。“单位”是一种极具封闭性、行政性、单一性的组织体系。改革开放以后，我国的经济体制由社会主义计划经济体制逐步转变为社会主义市场经济体制，全国工业化进程加快和社会的流动性逐渐加剧，“单位制”的组织形式已不适应社会管理需要，进而逐步产生了城市基层社会管理理念和方法的城市社区制。

我国城市社区治理模式的形成，大致经历了单位制、街居制和社区自治三个阶段。

---

① 寇晓东．从碎片化到网络化：城市社区治理转型的驱动模式研究［D］．上海师范大学，2015.

（1）单位制阶段

中华人民共和国成立初期，国家物资匮乏，经济发展落后，随后国家在“一五”计划期间确定了将以单位制进行管理。单位制具有集政治、社会和经济于一体的功能，其最大特征为行政性、单一性和封闭性。

中华人民共和国成立初期，单位制在推动社会发展，尤其是推动社会资源的整合方面提供了很大的帮助。单位就是当时个体的归属。公社、集体、工作等，人们的归属感比较强，凡事找单位，单位会解决和处理问题。不过由于政府在其中扮演的角色过于强大，导致体制内的人员在思想态度上产生了惰性和依赖性，民间俗话说“有单位就是铁饭碗”，一辈子就由单位养着。对于那些没有单位的人呢？这不利于“社区意识”的形成，同时也阻碍了社区的健康发展。

（2）街居制阶段

20 世纪 80 年代以后，我国经济体制发生改革，逐渐由计划经济转向了市场经济。由此也造成了许多单位制之外的组织解体，大量的单位因承担不起过重的福利纷纷破产，这造成了大批的人员流失，单位制也逐渐解体。1986 年，我国民政部开始推行城市基层社会福利工作制度改革，为鼓励更多社会力量参与和创办社会福利事业，推出了“城市社区”体制，并将这次改革称为“城市社区服务”。社会组织从而继承了一部分原先由政府承担的社会服务职能，公民也逐渐接纳了“社区”的理念。

到了 20 世纪 90 年代，中国的经济得到了快速发展，社区的建设也随之达到了一个新高度，但是单位制却因不符合时代的发展，逐渐走向了尽头，随之而来的便是解体。之后，街道办虽然承担了单位制的部分职能，但始终没获得法律的认可，这也使得它在社区治理的方方面面受到了掣肘，无法有效地为社区治理提供服务。这一阶段称为街居制阶段。

（3）社区制阶段

《关于听取对“社区建设”思路意见》出台后，各街道办获得了政府在社区建设上的首肯，从而加快了社区建设的步伐。这期间，华东沿海地区最先提出了社区建设改革方案，即“两级政府、三级管理”的社区治理模式，即在市、区两级政府的基础上，形成市、区、街道办事处三级纵向管理体系。

自党的十六大以来，党和政府逐步加强对社区治理的战略部署，不断强化社区建设和完善社区治理。越来越多的学者开始致力于社区管理和公共服务等方面的研究，为社区治理提供了有力的理论保障。我国学者潘小娟认为：“社区建设需要处理好政府、社区、社会组织以及居民之间的统筹协调关系，科学划分各自的职能和角色定位，使其相互之间良性互动，减少越位、错位等问题的发生，避免导致制度性缺陷和矛盾”①。

冯玲和李志远侧重对我国社区治理结构变迁过程的研究，他们认为：“资源配置结构是社区治理形成的一个关键变量。”② 资源分配应多元化，鼓励更多主体全面参与到社区治理和社区服务中来。

向德平和申可君两位学者则认为：“社区治理模式的重构不仅可以提高基层社区的自治能力和自治水平，也是提高居民参与能力、创造参与条件和完善参与机制的重手段。”③ 通过研究分析他们还提出：社区治理还需要实现治理主体由单一转为多元、治理手段由简单转为复合、自治目标由行政管理转向民主自治三个转变。

魏娜认为社区治理需要通过政府、社区组织、社区居民的协作和努力，来实现改善社区环境、促进社区经济发展、提高社区居民生活质量这三个层面的转变，进而促进社区乃至全社会的稳定团结与和谐发展。1998 年，为推动城市社区建设全面发展，我国开始设立基层政权和城市社区建设司。在 2000 年 11 月以后，开始逐步推进城市社区建设。

综上所述，我国社区治理机制改革经历了以下几种模式④：

①行政型的城市社区治理机制。其特点主要有三点。一是城市社区居委会没有被纳入到政府体系当中，而是被定义为社区居民群众的自治组织，其自治性、独立性受到限制。在经济发达地区城市，作为党委政府派出机构的街道办事处，不仅指导社区居委会，而且对社区居委会的民主选举、工作经费和工作任务等都起到决定性的作用，对社区居委会做出具体的指标考核。二是城市基层政府的服务和基本职责是满足社区居民的需要，预防和解决基层矛盾与冲突，通过行政手段，控制城市社区资源，实现城市社区治理，对社区社会组织参与社区管理起监督作用，限制社会组织的发展。三是社区居民在参与城市社区管理和公共服务时的主动性、积极性偏低，社区居民过分依赖于政府，对社区的人、事和物不太关心。

---

① 刘磊．武侯区实施“三社联动”社区治理案例研究［D］．电子科技大学，2018.

② 冯玲，李志远．中国城市社区治理结构变迁的过程分析［J］．人文杂志，2003（1）：136.

③ 向德平，申可君．社区自治与基层社会治理模式的重构［J］．甘肃社会科学，2013（2）：127-130.

④ 吴茵樱．我国经济发达地区城市社区治理体制优化的研究——以深圳市罗湖区为例［D］．湘潭大学，2016.

②合作型的城市社区治理机制。其主要特点有：一是城市社区组织和城市社区自治组织扩展为城市社区治理的主体，政府通过将权力下放给城市各类社会组织和自治组织来行使城市社区治理职能，能够进一步加强政府职能转变和城市社区组织职能转变；二是通过赋予城市社区自治组织相关治理权利，进一步加强社区自治组织在选举、教育、医疗等方面的职能和服务；三是逐步引入社会资源投入，并支持各类社会化的社区资源投入到社区，为社区居民提供多样化、个性化和专业化的服务。同时社区居民主动参与社区治理的主动性和积极性大大提高。

③自治型的城市社区治理机制。这种模式具有以下一些特点：一是社区自治组织不断增多，政府逐步出台了相关的政策法规，明确其权利和职能，各种社区自治组织开始承担社区管理和服务职能；二是政府和社区组织共同成为资源、公共服务和社区居民需求的提供者。政府对待社区组织的态度从开始的引导逐渐变为支持，在人、财、物等各方面给予支持；三是社区居民直接参与民主选举和民主决策等，并可以直接参与社区的建设和管理，更大范围地创新民主政治体制。

④多元化治理机制。通过厘清城市社区多元主体的职责，围绕社区发展总体目标，各类社会主体分别承担不同的社区管理和公共服务职能，通过相互协作、资源共享、优势互补推动社区建设和发展，提升社区治理综合水平。一是治理的主体需要多元化。在社区管理和公共服务中，单靠政府的力量是远远不够的，还需要社会组织、机构和专业社工等市场化主体参与到社区的管理和服务中，共同承担社区治理的职能和责任。二是治理的方式需要多样化。围绕政府统一指导和管理，以社区居民自治和城市社区主体协调配合为主要手段，通过建立社区居民会议、社区工作评估会议、社区矛盾调解委员会等方式来拓宽社区治理渠道，扩大政府了解民情社意的广度和深度，激发社区多方力量参与治理的热情和活力。三是治理的目标需要多元化。随着我国经济体制由计划经济向市场经济的转变，政府逐渐追求公共利益的最大化和居民自治水平的提高，推动社区管理由行政管理、公共服务转变为注重民生服务、公益性服务，社会组织、社工等社会化主体提供的服务更加专业化、多样化和科学化，其服务范围也逐步覆盖了整个社区公共服务。

但是，多元化的社区治理需要政府、市场与社会三者之间的友好沟通、资源共享和协同合作，更需要各社会化多元治理主体之间的协同合作、优势互补和资源共享，最后实现共治善治、互惠互赢。在发达城市，社区自治还存在管理制度不规范、社会参与不足等问题，需要鼓励多元主体共同参与社区治理，以便更好地整合各类社会资源和满足居民需求，并化解基层的矛盾冲突。

在当前社会治理主体多元化和社会化的背景下，社区治理更加需要政府与多元的社会治理主体共同开展社区管理和提供公共服务。李春杰在《城市社区治理中的五种理念》中总结出，目前城市社区治理理念主要包括生活共同体、党建引领、精细化治理、社区营造、网格化管理理念等。各大城市的社区社会组织发展迅速，同时居民的维权意识、法律意识和追求服务多样化的意识不断增强，完全依赖政府的社区治理模式已不复存在，在社区治理中需要把更多的责任和义务转移到社会组织和专业社工等第三方治理主体身上。

2.3　社区治理的相关理论

20 世纪 90 年代，随着全球化的发展，治理理论兴起。此后，受到各领域的学者关注，地方治理、社区治理、社会治理等方面成为研究热点、社会焦点。治理理论一经引入中国，就引起了中国学者的高度兴趣。同时，中国学者并没有对这一理论进行机械化理解和运用，而是结合中国实际情况进行了理论重塑。

2.3.1　早期的精英论和多元论

第一个严格意义上将精英理论运用于城市研究的人是美国政治社会学家 F. 亨特（Floyd Hunter），他以亚特兰大为研究对象，采用“声望法”，即通过揭示那些具有声望行使权力的人来研究精英问题。他在研究中认为，社区治理的权力掌握在少数精英们的手中。首先他通过与居民交谈和其他一些调查，开列了一个 175 人的名单，然后，他将名单交给对地方政治熟悉的专家，由他们鉴定圈选那些地方上重要的精英人物，从这些圈选名单中，他整理出票数最多的 40 人名单，接着，他对这 40 人进行访谈，请他们指出其中被认为是此区中最有领袖地位的人。最后，他又从中得到了一个中选率最高的 12 人名单，他发现这 12 人是 40 人权力精英的核心。而在 12 人名单中，一个政府官员也没有。① 亨特通过研究发现，亚特兰大的权力结构由两部分构成，即政策决定者

① 王澍源．资源型城市善治的制度逻辑：一个政府与企业互动的新制度分析［D］．西北师范大学，2011.

和政策制定者。前者居于亚特兰大权力结构的最上层，多数是商业领袖，他们在幕后操纵着城市的未来。后者处于权力的第二层，多数为政府官员和民间领导人，作为政策的执行者，他们常常抛头露面，以便于更好地执行这些政策。总之，在精英论看来，以社会名流为代表的城市精英是城市发展的关键因素。

多元论者的观点与精英论相反，认为城市权力不是由极少数人或一个小群体控制，而是被嵌入多种多样的群体和个人的结合体中，而且每个群体都有自己的权力中心。① 具体来说，多元论的观点主要是指权力由多个群体共同掌握，权力本身与权力资源之间是分开的，相互影响，在权力分配中，不同群体之间的权力并不均衡，权力资源也不对等。多元论的代表人物是美国政治学家达尔（Robert A. dahl），他主张应当用“决策法”来考察谁在重大的城市政策中参与实际决策。达尔认为，在每一个主要领域中，个人的影响力取决于他们在各自领域动员和积聚特殊的权力资源的程度。在他的研究中，他发现城市不存在单一的权力结构，而是存在一个多中心的、分散的权力结构体系。只关注政府的正式决策过程，而忽略了非政府领袖、社会精英的影响。社区治理在城市、国家中仍然存在，权力结构多样、权力资源不对等的情况，更需要厘清权力关系，分析权力资源的多少，探索如何促进社区治理和谐发展。

2.3.2 公民社会理论

公民社会是一个政治概念，它强调的重点是所有社会成员有权利自由平等地管理自身并参与管理公共事务。作为政治概念，公民社会同时也是一个关系范畴，它强调与政府的关系，要求从这种关系中去揭示和认识公民社会自身的特质。它以个人活动和个人交往为内容，既包括经济关系，也包括言论、结社、迁徙和安全等社会行为关系。它看重的是公民对社会政治生活的参与和对国家权力制约与监督的积极作用。公民社会和国家权力应该是一种相互合作、共助、参与、协调、发展的关系。这一理论体现了“多元主义”“公开性”“开放性”和“法治”原则。

该理论从西方国家引入中国经过了两个阶段。起初，更多研究者将“公民社会”理解为“市民社会”，侧重于去扩展洛克式传统中的“社会先于国家”的市民社会观，同时在“国家与社会”二元分析框架下，强调国家与市民社会两者间的良性互动。到20世纪90年代初，市场经济在日常社会生活中得以普遍确立，人们感受到“社会”已经独立于国家，是一个相对独立于国

① 蔡禾．城市社会学：理论与视野［M］．广州：中山大学出版社，2003：84.

家的和不同于政治组织的实体部分。20世纪90年代末期，市场经济的进一步发展导致经济系统的自主性日益增强，经济系统与社会系统在发展逻辑上的差异不断显现，越来越多的研究者开始意识到之前的理解太过狭隘，认为“公民社会”最重要的精神之一在于鼓励社会共同体成员参与政治生活，尽管每一个公民在其中并不同等地参与。最近几年，公民社会理论有进一步发展，越来越多的学者逐步将公民社会理解为一种接受国家权威，并通过一系列制度路径与现代国家相互合作的社会领域，即在社区居民广泛参与的前提下，努力构建国家与公民社会的各组织的互动合作关系。①

2.3.3　社会系统理论

社会系统理论源自于一般系统理论。一般系统理论的创立者冯·巴特兰菲试图建立一个各学科共同使用的理论，推动不同学科之间（包括自然科学和社会科学）的整合。至20世纪50年代，一般系统理论开始受到关注和运用，被推广应用于团体、家庭和社会等社会系统及生物系统。② 系统理论发展为了解释系统中不同部分的相互作用和影响，同时研究这些不同部分是如何相互作用从而形成一个完整的整体系统的。所有系统都有各自的边界，整体大于各部分总和，系统的整体和各部分是共存共荣的关系，一个系统会间接或直接地受到其他系统的影响，系统和各部分之间是动态关系，在不断发生变迁。基于这些假设，社会系统理论强调不同系统之间的相互作用和相互联系。

社区是社会的一部分，社区的发展需要统筹社会和社区的整体关系，需要整合政府、社会组织、社工和居民等资源，促使相互协作、互补互利、共同发展，从而营造多元主体共同参与社区治理的新型服务格局。社会系统理论为推动社会组织的引进培养、专业社工的培育和和谐社区的创建提供了保障，为“三社联动”社区治理机制的创新发展提供了理论支撑。

2.3.4　无缝隙政府理论及启示

美国公共管理学家拉塞尔·林登在研究总结20世纪90年代美国公共管理部门改革经验之后提出了无缝隙政府理论。无缝隙政府以满足顾客无缝隙的需要为目标，无缝隙政府并不是要全盘推翻现有的行政运行程序，也不以部门职

① 李友梅．社区治理：公民社会的微观基础［J］．社会，2007（2）：159-161.

② 彭华民．人类行为与社会环境（第三版）［M］．北京：高等教育出版社，2016：97.

能或规模数量为导向，而是以顾客、结果、竞争为导向。无缝隙政府理论的突出特点是：第一，强调顾客导向，也就是认为政府的顾客是公众，政府应该重点关注顾客的需要，一切以顾客为导向和中心，以顾客的需求和价值作为政府行政决策的重要基础，要为顾客提供尽可能便捷、高速、无缝隙的服务；第二，无缝隙政府首先要进行政府流程再造，再造的重点在于政府内部打破部门之间的界限，从而协调和整合资源来提供服务，再造中的“以顾客为导向”，不仅是管理流程的变革，而且是政府的社会角色及政府与公民关系的变革。

无缝隙政府理论所倡导的“以顾客为导向”观点，以及流程再造中通过政府的协调与整合为公众更好地提供全面服务，对于社会创新视角下改进政府的城市社会治理和基层社区治理具有一定的启示，尤其体现在目前社区治理中所推行的网格化管理上。网格化管理可以说是受到了无缝隙政府理论的启发，在我国的实践过程中，它甚至在某种程度上超越了无缝隙政府。它在理念上倡导以人为本，把服务群众、实现公共利益最大化作为基本宗旨，致力于为人民群众提供优质、便利、快捷的人性化服务。一方面，网格化管理通过将社区划分为若干“网格”，通过“网格”最大限度地贴近服务对象，也就是社区居民；另一方面，网格化管理利用现代先进信息技术打造的管理信息技术平台，打破了政府内部职能部门之间的边界，实现了信息和资源的快速整合，以及各相关部门的有序协调，从而减少了时间成本等，能向社区居民提供快捷和高质量的服务。虽然网格化管理在我国社区治理中效果明显，但在实践过程中，却也出现了路径依赖问题，有时候过于行政化，忽视了“以群众为取向”，也经常忽略了群众参与，没有很好地发挥公众的作用。

无缝隙政府理论被学术界认为是政府内部的一场变革。它的出现促进了信息资源的整合与共享，从而打破了传统的行业壁垒和机构界限，提高了政府部门在应对公共管理领域中的“合作困境”时的横向协作能力，对我国现阶段的智慧社区建设有着很强的借鉴意义。①

2.3.5 公共治理理论及其启示

20世纪70年代开始，西方发达国家遭遇到种种危机，已有的公共管理理论已经不太适应社会的发展，遭到质疑。与此同时，全球化的兴起，冲击着新的理论的诞生。“治理”概念的提出，逐渐地得到了公共管理、政治学和社会

---

① 杨宏山，皮定均．构建无缝隙社会管理系统：基于北京市朝阳区的实证研究［J］．中国行政管理，2011（5）：20.

学等各领域学者的认同，“治理”理论也成为社会政治流行思潮。公共治理理论是人类在寻求解决社会一致性和有效性问题上所作出的一次深刻的认识转折，它使政治学知识体系的核心由“统治”转向“治理”。公共治理理论的核心观点是“治理”，是一个上下互动的过程，主张通过合作、协商、伙伴关系，确立一方或多方共同认可的目标，从而来实现对公共事务的管理。在治理过程中，它不仅认可政府的重要性，还强调政府以外的各种社会力量。因为在构建“全能型政府”过程中可以发现，即便是这样的政府也不能有效解决一些社会问题，在社会公民权力意识和自我管理能力逐渐突出中，促进了非政府组织或非营利组织的发展，而这些社会力量的参与，能很好地解决这些公共事务的问题。公共治理理论认为：第一，治理需要自下而上的公民参与，这样才能得到公民认可的公共行政；第二，治理的基础是公民社会，治理应该是国家权力向社会的回归，是一个还政于民的过程，应该允许公民组织的发展，鼓励公民参与公共事务；第三，治理是政府与社会力量通过面对面合作方式组成的网状管理系统，是自组织的多中心治理；第四，面对公共问题，政府、非政府组织、公民等多元主体，通过协商、谈判等集体选择来形成共同的治理目标，形成资源共享、相互依赖和合作的组织结构。①

在我国过去的社会管理发展过程中，我们不难发现，面对很多社会治理问题，政府的能力和力量是具有很多局限性的，特别是基层政府。因为政府不可能具备所有的专业性，往往会出现浪费资源、好心办坏事、居民不领情的现象，出于“好意”的资源分配，却得不到居民、群众的认可，这样也会大大地削弱公众对政府的好感和信赖。公共治理理论给我们指明了发展方向，治理主体应该多元化，政府应该扮演好自己的角色，培育、引导其他社会力量、公民个体更好地参与进来，从而形成有序的互动和协商的合作，达到治理的更好效果。② 在创新社会治理过程中，公共治理理论与过去传统的管理理论相比有着突出的优势，所以作为国家治理微观层面的社区治理也应遵循这样的方向。伴随着社区发育的成熟和社区公共事务的日益增多，政府不再是单一的主体和唯一的权力中心，社会组织、居民自治组织、非营利组织等开始与政府共同参

① 张颖颖．社会治理创新视角下城市社区治理研究——以广州市越秀区华乐街道为例［D］．兰州大学，2017.

② 张颖颖．社会治理创新视角下城市社区治理研究——以广州市越秀区华乐街道为例［D］．兰州大学，2017.

与社区公共事务、提供公共服务、培养专业人才，利用不同专业的知识、资源分担公共事务，承担公共服务的责任，更好地从居民需求出发，解决社区问题，促进社区和谐发展。从一定意义上讲，过去的“社区管理”到现在的“社区治理”是公共治理理论运用的一个重要成果。治理理论的兴起促进了社区管理模式的变革，推动着社区管理从单一主体管理模式向社区权力主体多元化模式转变，社区治理手段和方式多样化，社区治理结构网络化，社区治理从鼓励参与向合作治理发展。

2. 3. 6　新公共服务理论

新公共服务理论是在对新公共管理理论反思的基础上，由以罗伯特·B. 登哈特（Robert B. Denhardt）为代表的一批公共行政学者提出的一种新的公共行政理论。新公共服务理论认为，政府的角色主要是掌舵，而非服务，政府应鼓励公民用长远的眼光看待社区中的问题，而非仅仅局限于短期利益。同时，重视公民民主，激发公民社会参与的自豪感和责任感。而公民也应履行相应的义务。通过政府在公民和社会组织间进行利益的协调，三者基于共同的价值观，一同致力于寻找社区中问题的解决办法。新公共服务理论强调社区成员之间存在着广泛的共同利益，在资源有限的情况下，必须集中精力动员多元主体持续参与到社区事务中来。尤其在我国城市化水平快速提升，社区人口流动不断增加的背景下，政府原有的大包大揽式城市社区管理模式已难以适应新的发展形势，社区居民的各类需求难以得到充分满足，政府必须积极动员社会力量，共同参与到社区治理和服务提供中来。基于新公共服务理论，在创新社区治理模式过程中，也应特别注重政府角色的正确发挥，通过政府搭建桥梁，实现社会组织、公民和政府间的多样化合作，推动社区管理从单一化管理模式向主体多元化模式转变。

2. 3. 7　网络治理理论

传统的公共管理在时代飞速发展的背景下迎来了新的挑战。在治理现代化的改革进程中，社会结构调整的步伐已经远远落后于社会经济改革的调整，传统的社会管理和社会治理模式已无法适应新时代发展的要求。网络治理的概念，最早是由美国斯蒂芬·戈德史密斯和威廉·D. 埃格斯两位教授一起阐述的，是一种现代社会治理新模式，政府管理不再是传统的自上而下的管制，管理层级关系越来越弱化，转向社会整合资源，调和各主体转变，趋于多元化。

它为当时复杂的社会治理问题提供了新的应对途径和解决方法。

陈振明教授认为，“随着组织间相互依赖关系的增长，过去单一组织无法解决的事务在网络组织共同利益的强化下，将会出现新的解决可能性。”他随后指出，治理理论体系有三种不同的研究途径，合作网络的途径就是其中一种，“为了实现与增进公共利益，政府部门和非政府部门等众多公共行动主体彼此合作，在相互依存的环境中分享公共权力，共同管理公共事务的过程。”①面对新公共管理所产生的各种碎片化问题，网络治理中的各行为主体，应通过协商、谈判等方式进行充分的交流与互动来应对，从而使各方利益得到最大化。学者石国亮也认为，为提高社会公共利益，网络治理中的每一位参与者的需求都应得到重视，且应被纳入到网格框架中。

由于时代的不断发展和公民意识的不断提升，人们对公共服务的需求也随之改变。较之过去，当下人们的需求更趋向于复杂化、多样化和个性化，作为治理的单一主体，政府很难面对来自社会各界的压力和挑战。现代社区治理理念不单需要政府的纵向参与，还得依靠社会组织、个人和私人组织之间的协助，从而构建起立体化的网状治理架构。社区中的参与者都能通过协商和谈判加强彼此间的合作，增进共识，而且在合作过程中还可以通过社区提供的各种资源动态的调整主体之间的资源分配，从而为更进一步的行动持续提供助力。

思考与练习

1. 请简述社区治理理论发展的历程。
2. 阐述城市社区治理模式产生的三个阶段。
3. 联系实际，说明社会系统理论的适用性。
4. 公共治理理论的主要观点有哪些？
5. 新公共服务理论的主要内容包括哪些？
6. 请结合实际，讨论网络治理理论在社区治理中的应用。

推荐读物

1. ［美］罗伯特·A. 达尔：《谁统治：一个美国城市的民主和权力》，范春辉、张宇，译，江苏人民出版社 2011 年版。

推荐理由：罗伯特·A. 达尔，当代美国著名政治学家，20 世纪 60 年代

① 陈振明．公共管理学——一种不同于传统行政学的研究途径［M］．北京：中国人民大学出版社，2003：86.

美国政治科学行为革命的领导者之一，其以对多元主义民主理论的贡献著称。该书上篇将美国20世纪30年代的一个小城纽黑文的政治图景层层剥开，实证分析了贵族、平民、企业主等各个阶层在城市政治生活中的来源、分布、影响力等；下篇用城市政治的多元主义理论，阐述了城市中的等级制度，解释了“到底是谁在统治”这个问题。

2. 俞可平：《治理与善治》，社会科学文献出版社2000年版。

推荐理由：此书是国内出版的第一本有关治理问题的译著，它的最大价值就是将治理问题的国际思考介绍到中国来，为有兴趣研究治理问题的人提供了有益的参考。

3. 丁元竹：《社区的基本理论与方法》，北京师范大学出版社2009年版。

推荐理由：很多学者试图从哲学的层面把握和理解社区，20世纪八九十年代西方政治哲学兴起的“共同体主义”研究就是从斐南迪·滕尼斯的社区定义开始的。该书从社会学、政治学理论出发，一方面试图阐述社区、社区建设和社区研究的一些基本理论；另一方面还试图分析和说明社区发展、社区建设和社区研究的基本方式和方法。

第 3 章　社区治理的体制、模式与方法

内容提要

社区治理体制是指社区治理的组织体系及其权力配置关系以及各种管理制度。它是社区功能正常发挥的重要保证。也是有效进行社区治理的重要保证。本章重点阐述了单位制形成的背景及功能、造成的后果、崩溃的原因，街居制演变的历程、面临的困境，以及社区制的主要特征及发展趋势。本章还分析了我国社区治理体制改革的必然性、必要性及改革的内容与趋势。

社区治理模式就是指对社区治理实践进行反思和概括得出的具有代表意义的典型形式，或是可以使人参照执行的标准样式。本章对社区治理模式与社区治理模式的构成要素进行了分析，在借鉴国外城市社区治理模式的基础上，探讨了我国社区治理模式的发展趋势。

认识和分析社区是搞好社区工作的重要任务，前提是必须理解和掌握社区治理方法。社区治理方法是社区治理过程中所使用的各种手段、措施的总称。科学的社区治理方法是完成社区任务、实现社区目标不可缺少的重要保证，是提高社区行政效率和社区工作质量的重要途径。本章阐述了社区治理方法的含义与作用、社区行政管理方法的含义与类型、社区治理的具体方法及社区治理工作模式等。

引导案例

中国社区治理发展迅速①

自 1986 年民政部在城市推行社区服务开始，在政府和基层社会双重努力下，我国的社区建设发展迅速。从管理体制上看，单位体制、街居体制逐步让位于社区体制，并积极开展了街道大社区体制探索；从领域上

① 城市社区合作治理对策研究［EB/OL］.［2019-10-14］. https：//www. docin. com/p-1748207659. html.

看，社区建设由城市扩展到城乡结合部的郊区再扩展到广大农村，覆盖城乡基层的整体社区建设格局已经形成；从内容上看，社区建设涉及基层社会的方方面面，社区民主政治、社区文化教育、社区经济、社区环境、社区治安综合治……从特征上看，适应于城乡各地实际、因地制宜的社区建设模式丰富多彩、百花齐放。

3.1 社区治理体制

3.1.1 社区治理体制的含义

学者们对于什么是社区治理体制有各自的观点。陶铁胜认为："社区治理体制是指社区治理的组织体系及运转模式，它要以社区治理基本内容为基础，与社会外在环境和社区发展的方向相适应，是实施管理的组织结构职能权限划分和管理方式、工作方法的总和。"① 同时提出社区治理体制具有综合性、服务性、开放性、科学性和社会性等特点，社区治理体制的构建必须要与中国实际国情相吻合，紧跟改革开放的步伐，坚持理论联系实际，才能使社区治理体制符合现实的要求，保证社区治理能够依法、有效地运行。

徐永祥在《社区发展论》中认为："社区治理体制，亦称社区治理制度，是由社区发展动力、利益主体、权力结构、运行机制和监督机制等多方面内容构成的综合性、系统性的管理制度。"②

要厘清社区治理体制的概念，关键要了解什么是体制。根据《辞海》的解释，体制指国家机关企业和事业单位的机构设置及管理权限划分的制度。所以，社区治理体制是指社区治理的组织体系及其权力配置关系以及各种管理制度。具体来说，社区治理体制包括四个部分，即社区治理的工作体系、社区治理的组织体系、社区治理的权责体系和社区治理的法律制度体系。不同的时代背景会孕育不同的社区治理体制。比如计划体制下，我国社区的管理体制主要是行政性的。组织结构为行政直线型，即市—区（县）—街道（镇）—居（村）民委员会这样一种倒三角形结构。管理职能以政府为主，居民委员会等社区组织成为国家行政管理体系的"末端"。运作方式是行政命令式。旧体制

① 陶铁胜．社区管理概论［M］．上海：上海三联书店，2000：36.

② 徐水祥．社区发展论［M］．上海：华东理工大学出版社，2002：143.

下，单纯利用行政手段难以做到对社区资源的有效配置，以及对各方利益和需求的统筹兼顾，也难以做到真正意义上的依法治理。市场经济条件下的社区治理体制则是社会职能型的。其组织形式将脱离以往的直线型倒三角式结构，转变为多层次、多系统的网络式结构。在管理职能上，依法确立政府与社区组织之间的职责权限，规范政府的角色定位，社区治理职能主要由相对独立的充分体现居民自治原则的管理机构去实现。管理组织将综合运用行政法律和经济等手段，以及引进责任考评机制、市场机制和监督机制等对社区进行管理。

（1）我国社区治理体制的基本架构①

①社区治理的组织体系。社区治理的组织体系是指参与社区治理的各类组织，既包括政府组织，也包括社区自治组织；既包括社区治理工作组织，也包括社区保障监督组织。在结构上应是多层次、多系统的网络式结构，所谓多层次是指由区（县）—街道（镇）—居（村）民委员会—居民代表组成的多级管理体系；所谓多系统是指由政府行政管理系统、社区自治管理系统、社区生活服务管理系统组成的横向管理体系。

基于我国的国情，目前完善我国的社区治理组织结构建设的关键是要理顺关系。理顺纵向的管理体系，保证权力重心下移；理顺横向的部门关系，完善社区服务网络，增强社区职能。另外还要健全社区内部组织管理体系。在机构设置上，逐步完善社区党组织、社区代表大会、社区居民委员会业主委员会等社区治理组织建设；进一步完善工作体系，强化社区服务、社会保障治保调解、环保卫生、文化教育、计划生育等工作。

②社区治理的权责体系。职权划分是指依法确立政府、社区自治组织、社区服务组织的管理职责与权限。依法确立政府在社区治理中的职责权限的关键是加快政府职能转变，本着政府引导、社会广泛参与原则，以及政事政企、政社分开原则，加快社区社会组织的培育与发展，实现“小政府、大社会”的管理框架。在城市社区，要加快理顺街道办事处与社区的职责关系。街道办事处的职能主要包括：全面负责社区发展的规划，履行社区治理中的执法权和监督权。同时应加强社区制度建设，尽快出台《社区自治章程》等相应的管理规定，对社区成员大会、社区议事委员会、社区委员会、社区单位等在社区治理中的职能、工作制度和行为规范以及评价制度进行规范和确认。

③社区治理的法律制度体系。健全的法律体系是加强社区治理的前提。目前我国社区治理的立法工作严重滞后，如现有的有关城市社区街道办事处的法

---

① 娄成武，孙萍．社区管理学［M］．北京：高等教育出版社，2012：32-35.

律规范，是1954年全国人民代表大会常务委员会通过的《城市街道办事处组织条例》。由于该条例不能指导现在的街道办事处工作，又没有新的法律规范，使得街道办事处职能错位、事权脱节、任务繁重，社区各种力量无法形成合力，造成社区工作混乱。作为规范城市社区居民自治组织的《中华人民共和国城市居民委员会组织法》，自1989年12月26日通过至今已有20多年的时间，随着社会主义市场经济的提出和逐步建立，城市建设飞速发展，居民委员会在社区建设中的地位、作用、任务、职能都发生了巨大变化。由于立法滞后，使得居民委员会难以实现自治、权责利不统一、居委会与社区各组织之间矛盾突出，直接影响居委会作用的发挥。

社区治理法律制度体系包括以下三方面内容。一是以法律的形式确立新建立的社区居民委员会等组织的法人地位，赋予其相应的权利和义务，依法划定其与政府行为的边界。二是通过法规和规章，赋予社区各类工作委员会或执行机构一定的权力。如在社区的治安、卫生、公共设施保护等方面，必须使相应的职能机构能行使管理、检查、监督、处罚等权力，使社区组织能有效地发挥应有的作用。三是通过各项制度，确立社区内各类组织的职权范围及其相互关系，建立对各组织机构工作的内外监督制度。

④社区治理的工作体系。社区治理的工作体系主要包括社区治理的内容和工作的方式、方法。现阶段我国社区治理的主要内容包括社区服务、社区卫生管理、社区文化管理、社区体育管理、社区环境管理、社区治安管理和社区社会保障工作。此外，各地区要因地制宜地确定社区治理的内容。也就是说，各地区在加强社区治理的过程中，应根据本地经济和社会发展的水平与现有工作基础，从实际出发，分类指导，从基础工作做起，标准由低到高，项目由少到多，不断丰富内容，力戒形式主义，逐步完善社区治理工作。

在管理方式手段上，社区治理要强化制度规范，开展标准化管理，形成各级党政组织发挥宏观调控作用，运用行政、经济、法律、思想教育手段进行政策调节和提供财力支持，社区自治组织运用组织、发动等具体管理方法进行自治管理的有效的综合机制。

（2）社区治理体制的构建原则①

建立同市场经济和现代社会相适应的社区治理体制必须遵循一系列原则，如重心下移、立足基层的原则，条块结合、以块为主的原则，党政主导、各方参与的原则，以及管理与服务相结合的原则等。

---

① 汪大海．社区管理［M］．北京：中国人民大学出版社，2005：14-15.

①所谓“重心下移、立足基层”，是指把社区治理的重心下移至街道办事处（乡镇政府）、居委会（村委会）层次，立足街道办事处（乡镇政府）、居委会（村委会）开展社区建设与管理工作。这是因为：第一，社区建设要贴近居民，要对居民的多元化需求做出直接、灵敏的反应，而街道办事处（乡镇政府）、居委会（村委会）恰恰具备直接面对居民、直接为他们提供服务和实施管理的明显优势；第二，社区建设内容丰富、任务繁重，大大超出了市、区两级政府所能承受的限度，因此，只有依托街道办事处（乡镇政府）、居委会（村委会），充分调动他们的积极性和创造性，才能有效推进社区建设与管理；第三，计划经济体制下的社区治理是倒金字塔形的，即管理层次越高，机构设置越全，人员配备越强，则管理资源越多；而管理层次越低，机构设置越残缺不全，人员配备越弱，则管理资源越少。显然，这种管理体制无法适应社区建设的需要。

②所谓“条块结合、以块为主”，是指在社区建设的管理体制中，职能部门的专业管理与街道办事处（乡镇政府）的综合管理相结合，以街道办事处（乡镇政府）的综合管理为主。这一原则是由社区建设工作的多样性、复杂性和专业性决定的。社区建设不同于行业或部门工作，它是在一定社区范围内展开的一项内容复杂、涉及面广、专业性强的系统工程，单靠几个职能部门在各自的“条”上展开专业管理工作往往不能形成合力，难以整合社区建设与管理的各种资源。同时，社区建设也离不开各职能部门的专业管理，专业化管理是社区建设的客观要求。因此，在街道办事处（乡镇政府）的辖区内，既要将各职能部门的专业管理与街道办事处（乡镇政府）的综合管理结合起来，以街道办事处（乡镇政府）的综合管理为主；又要统一协调，加强社区内各职能部门的专业化管理，充分发挥职能部门的作用。

③所谓“党政主导、各方参与”，是指我们在构筑社区建设管理体制时，一方面要维护社区党组织的领导核心地位和区政府街道办事处（乡镇政府）的主导地位，另一方面又要充分调动各方面的积极性，吸收社区内各单位和居民代表参与决策和管理过程。社区治理不是单纯的政府行为，也不是单纯的民间活动，而是在党委的领导和政府的指导下整合社区内企事业单位居民群众和社会组织各种力量共同建设社区的过程。

④所谓“管理与服务相结合”，是指对于社区建设来说，服务是宗旨，管理是保证，建设是基础。社区治理和社区服务紧密相关，是一项完整的系统工程。随着人民生活水平的提高，社区治理的水平、社区服务的质量同居民的生活、工作与学习的关系日益密切。因此，必须建立有效的管理机制，将相应的

管理和服务责任落实到市区、街道（乡镇）、居委会（村委会），形成责任清晰、管理有序、服务完善的社区治理体，真正寓管理于服务之中。社区建设实践表明，社区建设的管理体制必须充分体现管理与服务相结合的原则。

3.1.2 社区治理组织

（1）社区治理组织概述

在我国古代，“组织”原指用丝麻织成布帛。在英语中“组织”一词来源于器官，是指自成系统的、具有特定功能的细胞结构，后逐渐演变为专指人的群体和集合体，在社会管理中广泛运用。组织是人类社会最普遍的现象。通过对各种组织的研究，人们发现它们具有一定的共性：①组织是人们在相互交往中形成的一定行为关系的集合；②组织有着某种特定的目标；③组织有一定的结构和行为方式；组织有其内在的精神意识，这种精神意识并非自发形成，而是着意养成的，最终系统化为组织文化；⑤组织是一个开放系统，随着组织环境的变化而有机地发展。①

综上，可将组织定义为：组织是指一定的社会环境中，人们通过相互交往而形成的具有共同心理意识，并为了实现某特定目标而按特定的方式联合起来的有机整体。

现代社会的社区治理，本质上讲是国家和社会公共部门对社区公共事务的社会性管理活动。因此，政府组织是社区治理中发挥主导作用的组织。但是现代社会中，社会职能已高度分化，社区的公共事务涉及国家市场和社会各个领域，社区需要的满足和社区问题的解决绝不可能仅仅依赖于政府部门，也不可能只靠社区自身的努力，因此，这在客观上就要求多种组织参与，共同对社区公共事务进行管理。

所谓社区治理组织，就是指能够对社区事务进行管理的社会组织，具体而言，就是指以居民会议、居民委员会为主体，在社区党组织领导和基层政府组织的指导下，与业主委员会、物业公司、社区社会组织等共同构成的网络体系。

社区治理组织为社区而产生，为社区而发展，是社区存在的具体要求和体现。社区治理组织一般具有以下基本特征：①社区性。所谓社区治理组织的社区性，是强调社区治理组织是为了兴办、维护与实现、管理社区公共事务而存在的。②地域性。所谓社区治理组织的地域性，是指社区治理组织是一种地缘

---

① 竺乾威．公共行政学［M］．上海：复旦大学出版社，2000：136.

关系性质的组织，既不是血缘关系，也不是业缘关系。其活动范围主要在社区，一般不会超越社区范围。③双重性。所谓社区治理组织的双重性，是说社区治理组织的功能具有双重性，社区治理组织既有服务性又兼有管理性。社区治理组织对社区公共事务或社区公共空间首先是提供服务，满足社区服务需求。同时，还负有社区公共事务或公共空间的管理责任。在很多情况下，管理是通过服务实现的，“寓管理于服务”①。

（2）社区治理组织的类型

如果按照各管理组织的性质分，可以分为行政管理系统、社区自治管理系统和社区治理支持系统。行政管理系统包括两个子系统，即街道直属的行政管理系统和外部的职能部门的行政管理系统；社区自治管理系统则包括居民委员会和业主委员会，其职能是提供各类公益性、群众性的服务；社区治理支持系统主要由社区内各企事业单位、人民团体构成。

如果依据权力来源与社区的关系分，社区治理组织可以分为两类：一类是其权力产生于社区，并以社区公共事务为取向的各管理主体，包括居民会议、社区居委会、业主委员会、物业公司、开发商；另一类是指不直接参与社区活动，但对社区内各组织有指导或领导权力的组织，党组织和政府通常是这类权力组织的代表，如街道党委、街道办事处在社区中发挥着组织、管理和整合的作用；同时政府各职能部门也在社区履行自己的职责。

具体而言，社区治理组织主要包括以下几类：

①社区党组织。社区党组织是中国共产党常设在基层社区的组织机构。通常情况下，一个社区居民委员会设一个党支部，即“一居一支”。社区党支部是社区工作的领导核心。社区党支部在街道党工委领导下开展工作。随着我国社会主义市场经济体制的建立和社会体制改革步伐的加快，我们社会生活的大环境发生了重大变化，出现了“四个多样化”（经济成分的多样化、经济利益的多样化、社会生活方式的多样化、社会组织形式的多样化），这对我们开展社区党建，增强社区治理、协调、服务能力提出了更高的要求。因此，许多地方进一步整合社区党建工作资源，增强社区党建工作力量，在社区建立党委。社区党委的成立，将理顺社区党组织与其他各种组织及辖区单位的关系，有利于社区党组织更好地发挥领导核心作用。

②街道办事处（乡镇政府）。街道办事处是区人民政府的派出机关，接受区人民政府领导，依照法律法规的规定，在本辖区内行使相应的政府管理职

① 娄成武，孙萍．社区管理学［M］．北京：高等教育出版社，2012：37-38.

能。街道办事处的设立变更或者撤销，应当根据地域条件和居民分布状况，满足便于联系群众和有效管理的要求。街道办事处的设立、变更或者撤销，要向所在区人民政府提出申请，市民政局审核同意后报市人民政府批准。街道办事处一般设主任一名，副主任若干名。街道办事处主任及副主任由区人民政府任命。街道办事处按照精干、高效原则，下设社会发展市政管理、社会治安综合治理、社会保障财政经济等机构，由街道办事处提出，报请区人民政府批准。街道办事处的行政经费和办公用房，由区人民政府按照国家和本市有关规定负责解决。

在农村地区，乡镇政府作为基层政府组织，由决策管理机构和决策执行机构组成。决策管理机构是乡镇社区治理委员，它下设办公室，具体负责管理社区委员会的日常事务。社区治理委员会和办公室都由村民代表大会选举产生。决策执行机构主要是指乡镇政府各职能部门以及工商、税务、派出所等上级政府的派出机构。

③居民会议（村民大会）。现行的《中华人民共和国城市居民委员会组织法》明确规定了居民会议和居委会是仅有的两个能代表居民的组织机构。该法第九条规定："居民会议由十八周岁以上的居民组成。居民会议可以由全体十八周岁以上的居民或者每户派代表参加，也可以由每个居民小组选举代表二至三人参加。居民会议必须有全体十八周岁以上的居民、户的代表或者居民小组选举的代表的过半数出席，才能举行。会议的决定，由出席人的过半数通过。"

同时，《中华人民共和国城市居民委员会组织法》第十条规定，居民委员会向居民会议负责并报告工作；第十五条规定，居民会议有权制定居民公约；第十六条规定，居民会议可以讨论决定是否集资用于社区公益事业。

《中华人民共和国村民委员会组织法》第二条和第二十二条也明确规定，村民委员会向村民会议、村民代表会议负责并报告工作，村民会议审议村民委员会的年度工作报告，评议村民委员会成员的工作。

因此，居民会议（村民会议）是社区最高权力机构。居民会议（村民会议）可以充分地表达民意，集中多数人的智慧，减少盲目和冲动，这不仅有利于群众对社区居委会（村委会）的监督，也有利于民主决策，保证社区自治。

④居民居委会（村民委员会）。居民居委会和村民委员会，是社区群众性的自治组织，是社区的主体组织和社区成员的法定代表。《中华人民共和国宪法》第一百一十一条规定，城市和农村按居民居住地区设立的居民委员会或

者村民委员会是基层群众性自治组织。《中华人民共和国城市居民委员会组织法》第二条规定，居民委员会是居民自我管理、自我教育、自我服务的基层群众性自治组织。《中华人民共和国村民委员会组织法》第二条也明确指出，村民委员会是村民自我管理、自我教育、自我服务的基层群众性自治组织，实行民主选举、民主决策、民主管理、民主监督。

居民委员会（村民委员会）要根据社区治理要求，建立健全各项制度、章程。根据工作需要，规范工作程序，实现社区自治。

⑤社区社会组织。社区社会组织是社区专项服务的主体，对增强社区凝聚力、提高居民参与意识起着重要作用，要逐步承接从政府部门剥离出来的部分社会职能，承办各类社区服务，满足社区成员的多层次需求。社区社会组织主要是指各类福利性、服务性、中介性组织，如社区福利组织、志愿者组织、慈善组织、社区服务组织或一些行业性组织，如体育协会、舞蹈协会等。

⑥业主大会和业主委员会。业主大会和业主委员会是社区居民参与社区治理的又一种新的组织形式。随着住宅的市场化和商品化，越来越多的居民不再是单位住房的租客，而是房屋物业的所有人。因此，社区的卫生状况、环境质量、配套设施等都与他们的生活息息相关，社区成为居民重大利益所在。业主们开始要求自主地决定社区的事务。在这种情况下，业主大会和业主委员会便应运而生了。物业管理区域内全体业主组成业主大会。业主大会应当代表和维护物业管理区域内全体业主在物业管理活动中的合法权益。业主委员会由业主大会产生，物业管理区域内代表全体业主对物业实施自治管理，是依法成立的群众性自治组织，依据法律法规，有作为诉讼当事人的资格。

1949 年以后中国的房屋管理主要以行政性管理模式为主，管理部门行使业主和管理者的双重权力，担负着业主和管理者的双重角色。自 1978 年以后，随着住房制度改革进程的加速，房屋产权多元化，房屋管理模式也开始发生根本性的变化。1981 年，深圳市第一家专业性的物业管理公司——深圳市物业管理公司挂牌，表明我国房屋管理体制开始发生变化。1994 年 3 月，建设部颁发了《城市新建住宅小区管理办法》（1994 年第 33 号令），是中华人民共和国成立以来我国有关物业管理的第一部法规。1995 年 8 月，青岛召开了第一次全国物业管理工作会议，对推动我国物业管理工作的开展起了重要作用。随着住房制度改革的深入，原来单一公房产权开始向私人产权转化，诞生了以业主（产权人）为中心的物业管理模式。2007 年，国务院依据《中华人民共和国物权法》的有关规定，对 2003 年颁布的《物业管理条例》予以修订。

⑦物业管理公司。物业管理公司是指具备相应资质条件并按照法定程序

成立的从事物业管理服务的经营性企业法人。物业管理公司接受物业所有人的委托，依照国家有关法律法规，按照合同或契约形成管理权，运用现代管理科学和先进维修养护技术，以经济的手段对物业实施多功能、全方位的统一管理，并为业主和物业使用人提供高效周到的服务，使物业发挥最大的使用价值和经济价值，同时构筑一种和谐、健康向上的人文环境，推动整个社会进步。

（3）社区治理组织的功能

社区治理组织的功能是指社区治理组织在社区治理和发展过程中所发挥的效用。一般而言，社区治理组织主要具有以下几种功能。

①满足需求功能。按照马斯洛的需要层次理论，人的社会需要是多种多样的，这种多样化的社会需要，是在社会发展中不断得到满足的。在今天的社会变革中，社区治理组织正逐步成为满足人们需要的社会基本单位。它通过有效的管理和完善的服务满足社区居民的各种需要。

②管理功能。社区治理组织的管理功能主要体现在对与社区居民有关的行政事务和公共事务的管理上。具体包括三个方面：处理社区关系，提供社区服务，维护社区利益。处理社区关系，主要包括社区组织之间、住户之间、社区单位之间的关系，以及社团利益共同体、家庭与外部的关系。提供社区服务，包括提供必要的教育、文化、科技和卫生服务等。伴随着社区建设的不断深入，组织的管理功能将日益彰显。

③组织功能。社区内的居民之间和单位之间以及居民与单位之间的关系是非常松散的，一般不具有内在紧密的社会组织关系。但由于他们居住在同一社区内，就必然有着要求形成社会生活共同体的共同目标。社区治理组织的组织功能主要表现在，将松散的个人和单位组织结成关系相对紧密的群体或团体，形成共同利益的诉求主体。

④协调功能。社区是人们结成的生活共同体，围绕着人们多层次的社会需求，必然存在众多的社区公共事务和公共空间，以及多样化的社区活动。如何化解因此而产生的各种矛盾，统一人们的意志，形成有序的行动，需要充分发挥社区治理组织的协调功能。

⑤稳定功能。社区是社会的基本构成单位，社区治理组织是社区实现各种职能的载体。社区治理组织与社区居民密切相关，它的稳定与否直接影响到社区能否正常运转和社区的稳定，也将会影响社会的发展。因此，在社区的建设与管理过程中，要积极运用社区治理组织的稳定功能，保持社区的正常工作，消除社区内存在的各种矛盾和不稳定因素，维护社区乃至社会的稳定。

3.1.3　我国社区治理体制的历史沿革

中华人民共和国成立后，我国在城市基层社会逐步建立了以单位制为主、以基层地区管理（街居制）为辅的管理体制。国家通过单位这一组织形式管理职工，通过街居体系管理社会闲散人员、民政救济对象和社会优抚对象等，从而实现对城市全体社会成员的控制和整合，达到稳定社会和巩固政权的目的。但是，在我国经济转轨和社会转型之后，单位制逐渐被打破，单位管理模式趋于失效。街居制也由于基层社会的巨大变化而面临很多的现实难题，在管理上陷入困境。因此，城市基层社会迫切需要一种新的组织形态和管理体制来解决社会中出现的问题和各种矛盾，承担起重新整合社会的功能。社区制的出现是一种必然要求，它改变了传统的城市基层社会管理的理念和方法，必将在未来对我国城市社会的发展起到重大的作用。①

(1) 走入历史的单位制

单位制是中华人民共和国成立后社会管理的产物，是适应计划经济体制而设立的一种特殊的组织形式，具有政治、经济与社会三位一体的功能，以行政性、封闭性、单一性为特征。单位制的形成具有历史背景，在当时起到了重要的社会整合作用，但也带来了制度性的后果，造就了总体性社会和依赖性人格。在我国改革开放后，所有制结构出现了变动，社会主义市场经济体制逐步建立，社会流动也迅速加剧，导致单位制渐渐走上崩溃的边缘，逐步走下历史的舞台。

单位制产生的原因主要有如下几点：

首先，中国共产党在实现“从农村包围城市”夺取全国政权之后，工作重点转移到城市，但是我们党没有城市社会管理的经验。面对如何将广大的人民群众组织起来进行社会主义建设的问题，我们党只有从自己过去的军事组织经验中去寻找答案。在战争年代，我们党形成了一套特殊的管理体制，即“公家人”管理，对以中共党员为核心的公职人员，包括党群团体、军队、政治机构和公营企事业中的成员，一律实行供给制，范围扩展到衣、食、住、行、学、生、老、病、死、伤残等各方面，依照个人职务和资历定出不同等级的供给标准。这套管理体制使我们党和军队保持了强大的战斗力，取得了全国斗争的胜利。中华人民共和国成立后，虽然将实行多年的供给制逐步改成了工

① 何海兵．我国城市基层社会管理体制的变迁：从单位制、街居制到社区制［J］．管理世界，2003（6）：52-62.

资制，但“公家人”的管理模式通过单位制度得到延续。

其次，由于当时国家一方面尽力消灭市场关系并用行政手段控制资源的分配，另一方面又强迫企业承担起劳动者就业和永久性福利的责任，因此造成劳动者对就业场所的全面依附，其实质是个人对国家的依附。

再次，在实现公有制的基础上，被纳入行政组织结构的经济组织成为国家对社会进行直接行政管理的组织手段。当在国家政治生活中居于绝对领导地位的党组织延伸到一切社会基层组织之后，劳动者的就业场所就同时成为他们参与政治过程的主要场所。

最后，对于个人来说，就业场所的党组织和行政当局不仅是劳动过程的管理者，而且在政治上和法律上都实际代表了党和政府。在社会生活受到国家行政权力全面控制的条件下，离开就业场所党政部门的认可和证明，个人的许多社会活动就无法进行（例如婚姻登记、户口登记、工作调动，等等)。当社会上的各种就业场所逐一被纳入计划经济体系后，单位社会就形成了。

①单位制的功能。从某种意义上说，单位制是为了应对中华人民共和国成立后的严峻形势，为了解决“总体性危机”而选择的一套社会组织体系。对于当时高度集权的政治体制的运作，对于高度集中的计划经济体制的实施，对于整个社会秩序的整合，单位制从组织上提供了非常有效率的保证，发挥了重要的功能，其历史意义不容否定。①

第一，政治动员。单位制度中的单位，其政治功能是十分突出的。每个单位（不论事业单位还是企业单位）都有一定的行政级别，每个单位都是由干部和工人这两大政治身份的人群组成的，每个单位都作为行政体系中的一个“部件”而存在，每个单位都通过设置健全的党群组织作为政治动员的主导力量。通过单位这种高效率的政治动员机制，党和政府可以运用自上而下的行政手段，大规模地组织群众投入各种政治运动，以实现党和政府的各项方针和政策。借助于高度行政化的单位组织，党和政府的政治动员能力极强，党和政府可以直接面对民众，在战略部署上实现全国人民步调一致。

第二，经济发展。在计划经济体制下，国家控制了几乎所有的资源，国家对资源的调控和配置是通过各类单位组织来进行的。党和政府通过编制单位隶属关系网络，使每一个基层单位都隶属于自己的上级单位，上级单位可以全面控制和支配下级单位，而上级单位又隶属于中央和省市行政部门。因此，党和

---

① 何海兵．我国城市基层社会管理体制的变迁：从单位制、街居制到社区制［J］．管理世界，2003（6）：52-62.

政府可以通过上级单位对下级单位下达工作任务，调拨或分配人力、物力、财力等资源。单位制为国家集中稀缺的资源、投入现代化建设的关键性领域发挥了重要的作用，有效地保证了国家战略意图的顺利实施，为我国工业化体系的快速建立奠定了良好的基础。

第三，社会控制。毛泽东同志非常重视人民群众的力量，强调将人民群众组织起来，单位制就反映了这一要求。在中华人民共和国成立之初生产力水平很低的状态下，通过充分就业、劳保福利、分配住房、子女入学等制度，实现了整个社会生活的高度组织化。全国人民几乎都被纳入了行政权力的控制范围之内。国家的触角延伸到了全国的每一个角落和社会生活的每一个领域，整个社会实现了高度的整合。

②单位制的后果。① 单位制在发挥历史作用的过程中，也不可避免地产生了一系列后果，有学者称之为“制度后果”。单位制造成的后果可概括为两个方面：一是就整个社会而言，形成了总体性社会；二是就社会的个体而言，产生了依赖性人格。

第一，总体性社会。孙立平等人指出，1949 年后中国内地建立起的是一个总体性社会，即一种结构分化程度很低的社会。在这种社会中，国家对经济以及各种社会资源实行全面的垄断，政治、经济和意识形态三个中心高度重叠，国家政权对社会实行全面控制。而总体性社会的形成，是通过单位制这个组织中介来实现的。具体来说，首先，借助严密的单位组织系统，国家的动员能力极强，可以动员全国的人力物力资源，以实现某一经济建设和国家发展目标。其次，单位制的高度组织化使过去的“国家—民间精英—民众”的三层结构变为“国家—民众”的二层结构，国家直接面对民众，因而可以将各种信息直接传达到民众那里，但民众却没有有效的形式实现自下而上的沟通，社会秩序完全依赖国家控制的力度。再次，单位制使得全部社会生活呈现政治化、行政化趋向，社会的各个子系统缺乏独立运作的条件。由单位制而促成的总体性社会，克服了旧中国“一盘散沙”的总体性危机，但随着中国社会转型的到来，单位制的弊端逐步暴露出来，总体性社会也走到了尽头。

第二，依赖性人格。单位制通过垄断和空间封闭实现了单位成员对单位的高度依附，造就了单位成员的依赖性人格。首先，在单位制下，国家控制的资源通过单位来调配。对于单位成员来说，单位是生活福利的唯一来源，不仅工

① 何海兵．我国城市基层社会管理体制的变迁：从单位制、街居制到社区制［J］．管理世界，2003（6）：52-62.

资收入来自单位，而且诸如住房副食品补贴、退休金、救济金、医疗保障等都来自于单位，由于体制外没有自由流动的资源，离开单位就等于失去一切。单位不仅控制着经济资源，还掌握着政治资源、社会资源。单位掌握着提干、入党、出国进修等机会；单位是个人社会地位和身份合法性的界定者，没有单位出具的证明，就不能登记结婚或申请离婚，就不能外出旅行，不能购买飞机票乃至投宿住店；单位还能解决职工及其子女的就业问题等。其次，单位制限制了其成员的生活空间。一方面，单位通过提供各种福利设施，如学校、医院、食堂、浴室等，满足单位成员的基本需求。这种单位内部的自足性大大降低了人们在单位外交往的可能性。另一方面，单位成员没有自由流动的空间，单位将每个人员牢牢地固定在每一个工作岗位上，“能进不能出，能上不能下”，调动工作是非常困难的，整个社会流动是少之又少的，因此每个单位成员的生活空间是相对稳定和封闭的。总体来说，单位通过垄断政治、经济、社会资源，形成了对单位成员的支配关系；通过严格控制单位成员的社会自由流动，造成了单位成员空间的封闭。没有自由流动的资源，缺乏自由流动的空间，单位成员只有全面依附单位，最终造就了依赖性的人格。

③单位制的崩溃。改革开放以来，随着社会主义市场经济体制的逐步建立，包括个体私营经济在内的各种经济成分获得快速发展，社会结构不断分化，城市社会发生了根本性变革。社会的转型对单位制为主体的二元城市基层管理体制构成了巨大挑战。一方面，社会组织的多样化特征日益明显，出现了许多不具有传统“单位”特征的行业和组织，且从业人数增长很快；另一方面，20 世纪 90 年代以来原本由单位运作的医疗、住房、养老保障等福利制度逐步走向社会化，单位成员在单位之外获得资源的选择机会不断增多，从而对单位的依赖不断减弱。再加上流动人口的增加、居民闲暇时间的增多、老龄化社会的来临等，这一切都使得城市基层管理的内容越来越多、越来越复杂。在社会转型的大背景下，单位制整合社会的组织功能日益弱化，这些都导致单位制失去了生存的土壤，不得不走向崩溃瓦解的地步。

（2）身陷困境的街居制

在计划经济体制时期，我国对社会的管理以单位制管理为主，以基层的地区管理为辅。地区管理主要是通过街道办事处和居民委员会这两个行政建制的组织来开展，通称为街居制。街居制建立的初衷是为了弥补单位制的不足，以便对城市中因各种原因无法被纳入正式单位组织的居民实施有效的社会管理。街居体系经历了 60 多年的发展变化，但一直扮演着政府的“脚”的角色，简单而被动地执行上级下达的任务。在社会快速转型的今天，街居制面临着很多新的问题，越来越不符合城市社会发展的需要。

①街居制的演变历程。① 中华人民共和国成立以来，我国街居制的发展大致经历了四个阶段：

第一，创立阶段。1949 年中华人民共和国成立后，党和国家的工作重点开始从农村向城市转移。为了加强城市政权和城市管理工作，全国很多城市都出现了街道办事处和居委会组织。1950 年 3 月，天津市按照居民居住状况建立的居民委员会，揭开了我国城市居委会组织的历史序幕。在 1952 年的国庆典礼上，毛泽东主席看到整齐有序的市民队伍，对彭真同志感慨道：还是把市民组织起来好！随后，彭真于 1953 年向中央提交了《关于城市街道办事处、居民委员会组织和经费问题的报告》。该报告建议：街道的居民委员会必须建立，它是群众自治组织，不是政权组织，也不是政权组织在下面的腿；城市街道不属于一级政权，但为了把很多不属于工厂、企业、机关、学校的无组织的街道居民组织起来，为了减轻区政府和公安派出所的负担，还需要设立市或区政府的派出机关——街道办事处。在 1954 年第一届全国人民代表大会四次会议上，制定并通过了《城市街道办事处组织条例》和《城市居民委员会组织条例》。按照规定，街道办事处的任务是：办理市、市辖区人民委员会有关居民工作的交办事项，指导居民委员会的工作，反映居民的意见和要求。居民委员会的任务是：办理有关居民的公共福利事项，反映居民的意见和要求，动员居民响应政府号召并遵守法律，领导群众性的治安保卫工作，调解居民间的纠纷，等等。

第二，膨胀阶段。1958 年兴起的“大跃进”运动、人民公社运动，使街道的机构和职能迅速膨胀。以上海市五里桥街道为例，1960 年，街道党委成立，4 月开始试办城市人民公社，实行“政社合一”，实际上是党、政、社高度合一，街区权力达到前所未有的高度集中。当时，街道内的两个派出所、两个菜市场、房管所粮管所、地段医院都接受街道党委的统一领导。街道办的组织机构达到 5 个，分别负责秘书、文教卫生、生产生活、油粮等，工作人员达到 39 人。人民公社作为一级政权组织，又是经济生活组织、社会生活组织，它在管辖的街道、里弄里全面实行基层行政管理，组织生产，负责司法、公安、卫生、医疗、文化、教育以及社会福利、社会服务、社会救济等职能，权力一度膨胀。但是，随着“大跃进”运动的失败，这种体制终究没有维持多

① 何海兵. 我国城市基层社会管理体制的变迁：从单位制、街居制到社区制［J］. 管理世界，2003（6）：52-62.

久。街道权力的迅速回落，促成了单位体制的出现。

第三，曲折阶段。1966 年至 1976 年“文化大革命”时期，街居体系遭到了严重破坏。在极“左”路线的影响下，有些居委会实行了军事编制，有些居委会干部被当成“当权派”。随着各级“革命委员会”的建立，街道办事处改组为街道“革命委员会”，居委会也相继改称为“革命居民委员会”，主要任务是抓阶级斗争，从而一度严重背离了“为人民服务”的方向。

第四，恢复与发展阶段。1978 年党的十一届三中全会以后，街居体系得到恢复，并获得快速发展。1979 年，街道革命委员会被撤销。1980 年，全国人大常委会重新颁布了《城市街道办事处组织条例》《城市居民委员会组织条例》，街道办事处、居民委员会的机构和职能得以恢复。此后街道办事处和居委会都进入了一个大发展的新阶段。就街道办事处而言，其发展表现在：一是工作对象大大拓宽，随着经济体制改革和社会结构转型，街道工作的对象扩展到了辖区内所有的居民和所有的单位；二是工作任务大大拓展，随着城市管理的改革和居民需求的多样化，目前很多街道办事处的任务已经拓展到了 100 多项；三是机构设置和人员编制大大扩充，目前许多街道办事处的人员达数十人乃至超过了 100 人，组织机构也早已“科室化”了。就居委会而言，1989 年第七届全国人大常委会第十一次会议通过并颁布了《中华人民共和国城市居民委员会组织法》；居委会工作得到了很大发展，主要表现为：一是工作范围进一步拓宽，拓展到社区的方方面面，包括宣传法律、法规和国家政策，维护居民的合法权益，办理公共事务，调解民间纠纷等；二是居民自治水平进一步提高，现在已经在条件成熟的社区开始了居委会直选的试点；三是居委会动员居民和辖区单位普遍开展了便民利民的服务活动。

②街居制的现实困境。伴随着改革的深入和社会的转型，我国城市基层管理出现了很多新情况、新问题，街居制面临着不少现实难题，主要表现为职能超载、职权有限和角色尴尬。

第一，职能超载。在经济和社会发展的进程中，我国城市基层管理出现了很多新的领城，街居制的负载量越来越重。首先，单位制的瓦解导致单位职能的外移，要求街居来承接。现代企业制度的建立、事业单位分类管理制度的推行以及机关单位后勤体制的改革，使得各单位将自己原来承担的政治行政职能、社会职能剥离出来，回归给政府和社会。在目前我国社会中间组织不发达的情况下，现有的比较成熟的街居体系几乎成了唯一的接受主体。其次，随着人口的老龄化、无单位归属人员以及外来人口的增多，给街居增添了更多的管理、服务工作。目前，中国已经进入了老龄化的社会，各街区的老年人口尤其是离退休人员显著增多，老年人口的活动空间基本上是家庭所在的街区，这就势必要求每个街区都要为众多的老年人口提供良好的生活环境和生活条件，开展专门为老年人口服务的医疗保健、文化娱乐等工作。改革开放以来，非公经济快速发展，“无单位归属人员”中除了原有的少数未就业的家庭妇女和个别的社会闲散人员外，增加了大量的个体户和私营企业主待业青年和失业下岗人员等。对这些不断增加的“无单位归属人员”，街居组织要加强思想教育和社会管理工作，起到社会整合的作用。随着城乡社会流动的加剧，城市街区的外来人口越来越多。外来人口既给街区的发展作出了贡献，也给街区的管理工作带来了压力。因此，目前街区的管理对象除了作为主体的正式居民外，也包括居住在本街区的非正式居民；街区工作的内容除了为正式居民提供管理和服务外，还需要对外来人口进行管理和提供服务。再次，我国城市管理体制的改革，提出了管理重心的下移，由此导致很多原来实行“条条”管理的部门将任务下放到街区，给街区增加了很多新的管理内容，如市场管理、园林绿化、交通道路、民政福利、市容市貌等。综上可见，我国目前的街居体系不仅承接了单位剥离出来的职能，还增加了很多新的管理领域；不仅要承担行政功能，还要承担社会功能，甚至有些街区还承担了部分经济功能。街居体系的职能已经大大超载，但仍不能满足社会发展的需要。

第二，职权有限。虽然街居体系承担了原来单位外移的职能以及新出现、新增加的工作任务，但街居的权力却依旧十分有限。从街道办事处来说，区级政府及各职能部门的“漏斗效应”将大量的事务“漏”到街道一级，但街道办事处却没有相应的法定地位和权力来承接这些事务，不仅在财政和人员编制上受制于上级政府，而且没有独立的行政执法权和完全的行政管理权，只能受制于各职能部门的委托或充当行政职能“传递者”的角色。由于“条块分割”的存在，街道办事处的能力是十分有限的。虽然许多城市管理的任务层层落实到街道，但由于街道办事处没有明确的职权，往往出现的情况就是“看得见，摸得着，管不了”，而“条”上各机构虽有权管，但由于只对上级负责，造成“管得到的管不了，管得了的管不到”的局面。

从居民委员会来说，其工作人员的津贴、办公经费、活动开支等都是经由街道下拨控制，居委会一般没有财务支配权，居委会的支出项目则要由街道办事处批准。此外，有些街道实行给居委会编制的做法，进一步加重了街道与居委会“上下级”关系的色彩，“指导”为虚，“命令”为实，居委会的工作相当被动。

第三，角色尴尬。职能超载，但职权又十分有限，使得街居的角色陷入了尴尬。街居组织处于政府和居民之间，但从目前的情况来看，街居倾向于政府一边，变成了政府的“脚”，只是被动地执行市、区一级政府下派的任务。在这一点上，居委会的尴尬地位更加突出。居委会群众性自治组织的地位实际上被虚化，居委会除了按照《中华人民共和国城市居民委员会组织法》规定的日常工作外，还要承担区、街道各部门交办的名目繁多的工作任务，实际上居委会变成了各级党委、政府部门工作的承受层、操作层和落实层，工作不堪重负，整日忙于应付，“上面千条线，下面一根针”。这样一来，居委会的自治功能得不到实现，导致居委会法律地位悬空，不能体现居民的主体意识和参与意识，因而也就很难赢得居民的认同。居委会对上过分依赖，而向下不能真正深入到居民中去，这种被动的局面长期下去将造成政府权威在基层支持资源的流失。尤其在出现物业公司、业主委员会等组织后，居委会的工作面临着更大的挑战。

③社区制。在我国，“社区”一词在20世纪30年代被引进，而作为一个名词广泛使用则始于1986年。当时，民政部为推进城市社会福利工作改革，争取社会力量参与兴办社会福利事业，并将后者区别于民政部门代表国家办的社会福利，就另起了一个名字，称为“社区服务”，由此引入了“社区”概念。1991年民政部为了开拓民政工作，又提出了“社区建设”概念。1998年国务院的政府体制改革方案确定民政部在原基层政权建设司的基础上设立基层政权和社区建设司，意在推动社区建设在全国的发展。2000年12月，中共中央办公厅、国务院办公厅转发了《民政部关于在全国推进城市社区建设的意见》(23号文件)，这是指导我国城市社区建设的纲领性文件。该文件指出：“社区是指聚居在一定地城范围内的人们所组成的社会生活共同体。目前城市社区的范围，一般是指经过社区体制改革后作了规模调整的居民委员会辖区。社区建设是指在党和政府领导下依靠社区力量，利用社区资源，强化社区功能，解决社区问题，促进社区政治、经济、文化、环境协调和健康发展，不断提高社区成员生活水平和生活质量的过程。”随后，全国范围内的社区建设广泛开展起来，在政府的推动和社区居民的参与下，我国城市社区建设由试点进入到全面推进阶段。

社区制是对单位制、街居制的一种超越和重整，它不同于后两者的主要特征体现在以下几个方面：

首先，在管理理念上，变管理为服务。社区制强调对人的关怀（不仅是物质利益的关怀，还有精神文化、政治参与、生活交往等方面的关怀），关注与居民生活息息相关的日常事务。过去的单位制、街居制有很强的控制作用，限制人口流动，固定职工与单位之间的关系。社区制则以服务为核心，合理配置社区资源，解决社区问题，努力为社区居民营造一个环境优美、治安良好、生活便利、人际关系和睦的人文居住环境，最终促成人与自然、社会的和谐发展。

其次，在管理形式上，从强调行政控制到强调居民参与。如前文所述，不管是单位制，还是街居制，行政功能都非常突出，命令式的上下级科层色彩浓厚。政府与单位之间、单位与职工之间都是服从与被服从的行政命令关系。市区政府、街道办事处和居委会之间的互动关系也都按照行政命令模式运行。而社区制则强调居民参与，要求社区发展的各项规划、社区建设的实施以及社区事务的处理等都必须体现社区居民的广泛参与，与居民的要求相适应。居民是社区的主，是社区发展的终极动力。

最后，在管理目标上，强调政府与社区的合作。我国过去在对基层社会的管理中，管理主体单一化，且只能是政府。而在社区制中，社区治理主体的多元化是必然要求，除了国家（政府）主体之外，还须有社区自治组织以及专业化的社区服务与社会工作机构等。也就是说，政府的能力是有限的，要弥补政府的缺陷，就应实行共同治理，把政府“管不了也管不好”的社区事务交由社区自己管理。不仅如此，还要在政府与社区之间形成积极而有成效的合作关系，在社区治理的过程中，以善治为目标，达到公共利益的最大化。

3.2　社区治理模式

3.2.1　社区治理模式概述

（1）社区治理模式及其构成要素

模式是对事物存在方式的高度抽象和概括，是经验与理论之间的一种知识系统。按照美国著名社区工作专家罗斯曼的看法，模式是较为具体、详细和紧凑的内在形式或典范。模式处于较为松散的一般性取向和较为严谨的“理想类型”之间的位置。

社区治理模式就是指对社区治理实践进行反思和概括得出的具有代表意义的典型形式，或是可以使人参照执行的标准样式。人们对社区治理模式概念的理解也经历了一个由窄变宽、由单层面变为综合化、由管理形态上升为理论范式的过程，人们的思想认识不断深入。

概括来说，当前我们关于社区治理模式的界定包括“标准样式”“服务形态”“模型与范式”和“工作模式”四个内涵。首先，模式是某种事物的标准形式或使人可以照着做的标准样式。社区治理模式一般是指一种相对稳定的社区功能结构方式，也就是根据社区治理需求的变化把辖区内部有关组织的功能进行优化组合，从而构成一套区域共同体化的社区治理方式。其次，实际工作部门流行的模式概念的基本含义是指社区治理形态与运行机制，即社区治理是如何以及通过什么途径进行的。再次，有的学者的基本观点是，所谓模式包含“模型”和“范式”两层意义。从模型的角度来看，模式具有理论意义，它是一种实施理论或操作理论；从范式的角度来看，模式又具有实践意义，它是一种榜样或样式。最后，工作模式是指如何推进社区治理或社区发展实践的操作化工作模式。

社区治理模式构成要素既是社区治理模式的重要组成部分，又是社区治理模式的分析层面。欧美国家社区治理模式构成要素多种多样，反映了欧美国家的社会环境与制度安排。

美国著名学者罗斯曼选择 11 种模式要素，并且借助这些要素界定和区分三种经典的社区治理模式。这些要素包括：社区行动的目标类型、关于问题结构和问题状况的假设、基本的变迁战略、变迁策略和技术的特点、实践者的主要角色变迁的媒介、对待权力结构的取向、社区服务对象系统或构成人员范围、关于社区亚群体利益的假设、服务对象人群或组成人员的概念，以及服务对象角色的概念，等等。

1995 年，英国学者波普尔提出划分和区分社区治理模式的主要标准包括四项：社区工作战略、社区工作者的主要角色和称号、工作机构的类型和活动、代表性人物与著作。

1996 年，美国学者魏尔提出区分和界定不同社区治理模式的五个构成要素是：期望的结果、系统的目标或变迁的目标、社区的主要组成人员、关注的领域、社会工作的角色。①

（2）我国社区治理模式的构成要素

社区环境与结构特征，党的领导和政府职能，市场作用与影响，社会组织的地位与角色，社区工作者的作用与角色，社区服务对象、内容和范围，以及社区资源结构与状况等构成了我国社区治理模式的基本要素。

一是社区环境与结构特征，包含宏观社会环境、社区性质与类型、社区居

① 王青山，刘继同．中国社区建设模式研究［M］．北京：中国社会科学出版社，2004：42-43.

民构成与年龄结构、社会价值观与制度环境等。这是社区治理模式的背景，主要说明社区治理模式的特定社区环境，将社区治理模式放在特定时空关系中进行动态考察。

二是党的领导和政府职能，包括社区党建与党的领导，政府职能转变与社区治理体制，主要说明国家与社区关系，从国家与社区关系角度分析社区治理过程。

三是市场作用与影响，包含市场机制作用与影响，有计划变迁与社区规划等，主要说明市场与社区治理的关系，从市场与社区关系角度分析社区治理实践活动。

四是以社区为基础的社会组织的地位与角色，包括社会团体、基金会、民办非企业单位和社区互助组织状况，主要说明社会组织在社区治理中所处的地位与扮演的角色，从社会组织与社区关系角度分析社区治理运行机制。

五是社区工作者的作用与角色，包括社区工作者性别与年龄结构、受教育和专业化程度，社区工作目标与方法，主要说明社区工作者在社区治理中发挥的作用与扮演的角色。社区工作者是社区工作与社区治理活动中最活跃和最能动的因素。

六是社区服务对象、内容和范围，包括弱势与劣势群体、普通社区居民与社区服务过程等，主要说明社区治理实践活动与工作过程，分析社区治理实践活动的基本特征。

七是社区资源结构与状况，包括各式各样的社会资源分布与资金筹集渠道，主要说明社区治理的物质基础与资源结构状况。①

3.2.2　西方国家社区治理模式的共同特点

（1）组织管理机构健全，权限职责清晰

西方国家的社区内都建有社区委员会、社区顾问团等组织机构，并有相应的法律对各种社区组织机构的组成及权限进行明确规定。如在澳大利亚、新西兰，社区治理的组织机构分为三个层次。一是市政府设立的专门机构。它由市政府授权，在特定范围内经办市政府有关社区治理的事宜。二是半官方的社区委员会，由社区选举的市政府委员会及其他有威望的市民代表组成，任期两年。其主要职责是向市政府反映搜集到的关于社区事务的建议或意见，直接传

---

① 王青山，刘继同．中国社区建设模式研究［M］．北京：中国社会科学出版社，2004：57.

达民众的呼声。三是自治性的社区服务组织，如社区服务中心等。其职责是受政府指导或委托，具体实施社区的各项服务工作。

(2) 非营利性组织在社区发展中具有重要作用

社区发展的各项服务性工作一般是由非营利性中介组织具体实施。以美国为例，有137万个非营利性中介组织，分为两类：一类是直接从事公共福利工作的服务机构；另一类是专门以资金支持服务机构的赠款机构。服务机构是赠款机构的项目市场，赠款机构是服务机构的资金市场。两个机构互为市场，相互促进。非营利性组织中专职人员并不多，大量依靠自愿贡献业余时间的志愿者支持日常工作，因为非营利性组织通常都没有足够支持全年开支的固定收入，必须以努力工作的成效争取社会的援助，所以谁都不敢对工作有丝毫的懈怠。因此，非营利性组织在美国公众心目中的形象很好，遇到社会中出现的问题时，群众不是找市长，而是找非营利性组织。政府只需把主要精力放在制定法律法规、依法管理上就够了，用不着自行兴办和直接管理社会福利、教育、科学文化、医疗卫生等各种机构，所以是真正的小政府、大社会。

(3) 社区志愿者组织是社区建设和发展不可缺少的力量

社区志愿者组织是由社会各界志愿者组成的服务团体。它利用组织内部的知识、技能、体能或财富，通过各种服务性的行动去实现和体现对社会事业的服务与奉献，或实施和完成对有困难的社会群体及个人的服务与保障。国外社区志愿者组织的基本特征有：

①组织形式多样，服务方式灵活。社区志愿者组织主要分为两大类，一类是综合性服务组织。它所提供的服务项目广泛，既包括各种文化娱乐服务活动、义务教育活动，也包括居民所需的各种生活服务，如妇女儿童权益保护、利用休息时间照顾老年人和残疾人、消除贫困、安置就业、移民、预防犯罪、帮助少数民族族裔、社区改造、环保等社会生活的方方面面。另一类是专业性服务组织。它由具有特定专业知识与技能的志愿者组成，如医疗、心理咨询方面等。

②社区志愿者来源广泛、数量众多。联合国将志愿者定义为“不以利益、金钱、扬名为目的，而是为了近邻乃至世界进行贡献活动者”，指在不为任何物质报酬的情况下，能够主动承担社会责任而不关心报酬、奉献个人时间及精神的人。我国大陆地区一般称之为志愿者，香港地区称之为义工，台湾地区称之为志工)，但实质内容基本是一致的。志愿者的存在自古以来已有之，古时候的赠医施药者可被视为志愿者的雏形。西方志愿者起源的重要概念建基于罗

马时代的博爱精神和基督教的宗教责任及救赎观念，通过义务工作表现出人性的爱及弘扬宗教的善性。而近年志愿者制度的确立，可追溯至第二次世界大战后，福利主义的抬头导致各国政府支出崩塌，为弥补政府对社会支援的不足，结合政府、商界及民间的力量为社会上有需要的人士服务，发展义务工作以解决社会上不胜负荷的需求。可因服务内容的不同分为消防志愿者、抗震救灾志愿者、奥运志愿者、社区志愿者、环保志愿者等。社区志愿者一般由两部分人组成，一部分是社会志愿者，另一部分是在校学生。参加社区志愿服务的人员不仅来自各行各业、各个阶层，而且数量众多。加拿大全国现有3000万人，其中有1300万的社区志愿者，占全国人口总数的43.3%。美国社区志愿者在1990年已达到9840万人，占成年人口总数的54%。在美国，50%的成年人一周至少参加一次志愿活动，每年有1.8万~3.6万人次从事社区义务服务工作，工作时间累计75万~100万小时，为社区节约开支约1300万美元。志愿者中除成年人外，还有大、中、小学学生。学校将学生社区服务的情况作为考核的重要标准之一，每个学生除了有学习成绩单外，还有一份社区服务成绩表。美国大学在招收新生时也十分看重学生的社区服务意识，社区服务成绩往往是大学录取的重要考察因素，因此中小学在校学生也往往乐于多参与社区工作。其他欧美国家及社区事业蓬勃发展的东南亚国家的情况也大体相近。志愿者参与义务活动的动机可以分为三类：第一类是自我取向，参与者着重个人学习与成长，获取个人内在的满足感，依个人感受来决定参与志愿活动；第二类是人际取向，参与者着重他人和团体的影响，他们的目的是结识朋友，获得他人的肯定；第三类是情境取向，参与者是为了承担社会责任，并获得社会的认可。真正的志愿精神，第一必须是志愿，第二不为报酬，第三是利他。志愿服务几乎是每个文明社会不可缺少的一部分。中国最早的志愿者来自联合国志愿人员组织。1979年第一批联合国志愿者来到中国偏远地区，从事环境、卫生、计算机和语言等领域的服务。20世纪80年代中期，民政部号召推进社区志愿服务，天津和平区新兴街就是早期开展社区服务的典型。90年代初，中国青年志愿者协会成立。这样社区志愿者和青年志愿者是目前我们国内最大的两支志愿队伍。

③“三位一体”的资金扶持。社区志愿者组织作为非营利性组织，之所以能够具有长久的生命力，除了社会需求外，与政府的支持、社会各界的关爱是分不开的。以加拿大为例，志愿者团体赖以生存的资金主要来源于三个方面：政府拨款占56.5%；社会捐赠占12.1%；各类活动收费占31.4%。

3.2.3 我国社区治理的实践模式

(1) 社区治理实践模式概述

社区治理的实践模式是对社区治理实践规律与社区工作本质特征的理论概括，既源自社区治理实践，又指导社区治理实践。模式的基本含义有二，一是代表与模型，二是堪称别人学习的典型。随着改革开放的不断深入和经济社会的发展，我国社区治理体制创新在实践层面上已取得了一定的成就。由于各地经济和社会发展的不平衡性，造成了中国社区治理实践模式的多样性。其中，在全国比较有代表性的有上海模式、青岛模式、天津模式、沈阳模式、江汉模式等。它们各自反映了当地“社区建设实验区”的基本实践及其基本经验。同时，它们在一定程度上反映了中国社区治理在这一阶段的基本实践及其基本经验。研究中国社区治理模式，就不能不首先研究这些典型模式。

①行政推进：街居一体化进程中的上海模式。上海的社区工作起步较早，并且与1995年上海市“两级政府、三级管理、四级网络”的城市管理体制改革密切结合。上海市民政局课题组曾经提出上海社区的管理体制的基本模式是：以政府为主导，以社区为支点，以居民参与为核心的一体化管理体系。这种模式的价值在于能够有效地利用政府部门的主导优势，统一各方面力量，形成合力，搞好协调，减少纠纷。上海社区治理的最大特点是将社区定位于街道，即所谓的街道社区。在实际的社区治理中，存在着街居一体化的倾向，并依靠行政力量，在街居联动的过程中发展社区各项事业。上海各级领导将社区治理视为巩固城市基层政权的重要基础，并使之成为四级网络中的重要一环。

1996年，上海街道办事处被授予部分城区规划的参与权、分级管理权、综合协调权、属地管理权四项权限。街道内部机构设置也做了重大调整，设立了市政管理、社会治安综合治理、财政经济和社会发展四个委员会，具体负责社区治理、精神文明建设、社区服务、社区治安和街道经济等工作。上海市还把原派出所、工商等十支执法队合并为公安派出所、工商税务所和城建监察队三支队伍，后者则归街道直接指挥调度，这些调整使得街区行政权力初步形成了一个完整的网络，从而以街道为中心，完成了行政权力的整合。

在人员配备上，上海市还规定按万分之六到万分之八的比例配备街道干部。一般每个街道可新增干部20名，使干部总数达到60名左右。为了进一步增强街道财力，上海市采取了五项措施：一是街道经济上缴纳的财政收入，原则上返还街道；二是将市、区两级政府用于绿化、环卫、市政等方面的专项经费全额拨给街道，实行“条费块转”，定向支出；三是新建办事处和居委会两年内由区财政拨经费并用于社区事业；四是“九五”期间，区财政按每年新增财政收入的 1%~2%增拨社区财政支出；五是居委会工作人员的总收入，应大致相当于本市职工月平均收入水平，并规定居委会不从事以盈利为目的的经济活动。

②组织构建：以政治模仿为鲜明特征的沈阳模式。沈阳市的社区工作始于 1999 年。沈阳模式的最大特点在于：借鉴我国国家政权机构的设置，创造性地在社区设立了社区成员代表大会、社区协商议事委员会和社区居民委员会作为社区自治的主体组织，同时借鉴国家层面政权机构之间的权利义务关系，通过建章建制，明确了三个自治主体组织之间的关系、社区党支部的地位与作用。沈阳模式的创新体现在以下几个方面：第一，社区成员代表大会（居民代表会议）与社区居委会之间的关系得到了明确，解决了《居委会组织法》对二者关系界定不明确的问题；第二，在社区内初步架设起自治组织的整体性结构框架，为社区居委会向自治方向迈进提供了组织载体；第三，增设社区协商议事会作为监督层，使得监督议事机制健全起来并正常化、规范化。

此外，沈阳模式还在以下诸方面进行了创新：第一，科学调整社区规模，明确地将社区定位在小于街道，大于原居委会的层面上，按照有利于社区自治、管理资源利用，有利于提高工作效能原则组建新的社区；第二，将单位纳入社区，使社区有相对完整的管辖面积，成为完整的治理单位；第三，采取公开招聘方式提高社区居委会成员素质；第四，率先提出要转变政府职能，使社区真正享有自治的权利；第五，在社区设立专业组织，使得社区组织架构更进一步趋于完善；第六，尝试人大代表与社区定位联系工作的方式，促进了基层民主政治建设的落实。就推广的程度和地域而言，沈阳模式的影响面最大，目前借鉴沈阳模式的除了辽宁省外，在全国范围内还有海口、哈尔滨、西安、合肥等地。

③自我革命：以转变政府职能为核心的武汉江汉模式。在全国 26 个国家级社区建设实验区中，江汉模式是唯一一个以城区命名的。江汉区的社区工作从 2000 年 2 月正式启动，在 9 月底的经验总结会上，被确定为江汉模式。江汉模式包括以下几个方面的内容：第一，明确提出转变政府职能，提升社区自治功能，建立政府行政调控机制与社区自治机制相结合，政府管理功能与社区自治功能互补的新型城市基层管理体制。第二，以体制创新为重点，推进政府职能转变，其内容包括：明确居委会与街道办事处、居委会与政府职能部门“指导与协助、服务与监督”的关系；明确政府职能部门、居委会各自的职能，居委会负责社区公共事务、福利保障等自治事务，只协助政府部门履行职

能，不能承担行政性任务指标。第三，政府部门面向社区、转变职能、工作重心下移江汉区推行“五个到社区”：人员配置到社区、工作重心到社区、服务承诺到社区、考评监督到社区、工作经费到社区。第四，费随事转，责权利配套。对于确需社区配合的工作，在与社区协商后，按照“权随责走，费随事转”的原则，由职能部门与社区共同完成。第五，建立评议考核监督机制。通过一整套评议指标体系，由社区工作者和社区成员模仿我国民主选举的基本程序，对政府部门和工作人员进行评议，不合格者受到相应处理。

江汉模式更着眼于培育社区治理的自主性。首先是理顺关系、下放权力，将本该由社区支配而不适当集中到政府手中的权力下放给社区；其次是建立“权随责走，费随事转，责权利配套”的工作机制，改变过去只做事而无权、更无费用的被动状态，从而创造出城市政府行政调控机制与社区自治机制相结合的社区治理模式。另外，江汉模式自我革命，主动转变政府职能，明确关系，对全国社区治理模式是个重大突破，真正从行动上开始探索社区自治，并着重在体制创新方面思考和解决问题，是一大创新。

④提升功能：以社区服务为龙头的青岛模式。建立区、街道、居委会三级组织机构，市委市政府、区委区政府分别成立市社区建设工作委员会、区社区建设指导委员会，负责市、区两级社区建设与发展的指导、协调等，街道办事处党政领导及与居民生活相关的有关部门成立各街道社区建设协调委员会，研究部署街道范围内的社区工作。其特色是赋予社区更多管理与服务内容，强化了社区服务功能。建立了区、街道、居委会三级社区服务中心，形成社区便民利民、社会福利、社会救助、优抚安置、慈善事业、老年人服务、残疾人服务等九大服务系列。它赋予了社区更多的管理职能和服务内容，大大强化了社区服务功能，寓社区治理于社区服务之中。青岛市强调，抓社区治理，一定要以社区服务为重点。这种做法优势在于，不需要大量的财政投入，不需要增加太多人员编制。积极探索社区服务产业化运作，如前文所述，2000 年 4 月，青岛市市南区成立了全省第一家社区服务有限公司——青岛市乐万家社区服务有限公司，按照市场化、产业化方式运作，取得了很好的社会效益和经济效益，如公司下设的乐万家老年公寓入住率达 100%，年创利润 16 万元。

⑤深圳市盐田模式：“一会（分）两站”，即把社区居委会分为社区工作站和社区服务站。对原来长期由居委会承担的行政、自治和服务三种功能进行分化，把政府行政职能和公共服务功能从居委会中剥离出来，赋予社区工作站（与社区居委会平行的政府组织）；把自治职能交还给社区服务站，同时由居民直选产生宪法规定的基层群众性自治组织——社区居委会来履行

社区自治功能，以此来理顺政府与社区关系的制度设计。社区工作站隶属于街道办事处，属性是政府派出的工作机构，工作人员实行雇员制，享有编制和财政工资，承担所有原来由居委会承担的及随时下沉的政府职能。社区服务站隶属于社区居民委员会，是为社区居民提供各种社会服务的功能性的民办非企业组织。2005 年 5 月盐田社区居委会直接选举，不但体现出真实性、公平性、创造性、竞争性的特点，而且在程序和实质两个层面彻底还原了社区居民委员会的法定地位和功能。盐田区有关政策规定，被居民选为社区居委会成员的人，社区工作站不再聘用其为工作站雇员，一般实行兼职化、属地化，各成员由于不直接完成政府交办的行政事务，也不再领取工资，只领取相当于原居委会成员工资标准 1/5 的补贴，仅这一项，一年社区居委会就降低行政成本大约 344 万元。新的社区工作站“拿政府的钱，做政府的事”，统一管理和配置资源，解决政府下沉社区的工作、经费、人员的多头和不规范的问题，承接了政府下达的 30 多项工作任务，政府的各种职责、任务、资金、人员等一个口子向下到达工作站，这有利于责任到岗，任务到人，提高了工作效率。社区工作站人员参照事业单位雇员办法管理，实行公开招考聘任，由街道办事处三年一聘。社区工作站工作业绩由街道办事处参照公务员标准进行量化考核，工作站人员不像过去那样既要对政府负责，又要对居民负责，现在只需对政府一头负责，所以责任感明显增强，人员素质和办事能力有较大提高。

（2）我国社区治理模式的发展趋势

在 21 世纪的城市化时代，我们应在符合居民自我管理的现实要求并有利于社会稳定的前提下，积极构建一种新型的城市社区组织管理模式，使城市社区组织管理逐步由行政管理体制向法制保障下的社区居民自治体制转变，并且随着社区建设的发展而不断完善。

①走社区自治模式道路。“自治”是指“自我治理或自我做主的状态”，是由团体的成员制定章程。1989 年通过的《中华人民共和国城市居民委员会组织法》中明确规定：居民委员会是居民“自我管理、自我教育、自我服务”的基层群众性自治组织。社区发展的终极目标就是社区自治。在经济生活中充分发挥个人潜力，发展职业技能，提高生活水准；增强居民在社区事务中自助、自治的能力；在文化生活中，开展现代生活教育和休闲活动，加强伦理建设，构筑稳定、祥和的社会秩序。

②走多元化模式道路。城市社区治理工作的综合化提升了社区建设标准。城市居民生活水平迅速提高，居民对城市社区建设和管理无论在形式上

还是内容上会有更高的要求。以社区服务为重点的社区治理模式，必然被社区服务、社区文化、社区治安、社区卫生、社区环境管理等多目标的综合发展模式所替代。另外，社区发展的成熟化出现了专能性社区。由于辖区内各单位的性质不同，发挥各自优势的形式也不同，因此，各地城市中逐渐形成了各具专能的特色社区，例如文化性社区、军民共建型社区、民族特色型社区、工业型社区、商业性社区等。这些社区的建设若仅仅是效仿某个典型社区的示范模式是远远不够的，它们还必须依据所处的社区环境条件，探索多元化的社区治理模式。

③走开放模式道路。传统的就某个社区、某个街道、某个城市开展的社区治理模式显然不能满足这一需求，要由原来的封闭化逐渐走向开放化，社区治理不能局限于社区本身，还要将视野拓宽到社区之外，甚至运用信息技术建立起社区的开放的管理系统。如上海市，就将社区事务分类管理，许多诸如社区的社会保障工作、社会养老工作等都纳入网络。又如大连市，社区治理模式随着城市的变迁、辖区居民状况的变迁、辖区单位和邻近社区的变迁，实行动态的建设与管理。

④走法治化模式道路。抓紧做好社区的立法工作。社区立法要明确划分街道办事处与社区的职、责、权；大力完善社区治理与建设的有关规划、决策、组织、管理等方面的法制保证。因此当前应尽快制定《城市社区治理目标责任检查考评规定》《城市社区治理监察条例》以及适应各个不同地域、功能的社区治理具体条例等。

⑤走量化管理模式道路。量化管理就是管理细化的一个体现，通过量化指标的分解，达到对具体的某一事务的管理和控制。如果不能量化某些事，那么就不能理解它；如果不能理解它，那么就不能控制它；如果不能控制它，那么就不能改进它。以往我国社区治理一直采用定性管理方法，即通过上级部门的检查或抽查来评定管理的效果。这种带有主观倾向性的方法容易导致不公正的结果，也无法正确地找出管理中的问题。因此，未来的社区治理模式应走量化管理道路。通过统一管理过程，管理过程规范化，使量化管理成为管理的一个固定部分；给不同的指标设定不同的权重，使尽可能多的社区参与定期的考评过程，扩大指标体系的公认程度和影响力；充分利用信息系统的作用，保障量化管理的实施。①

① 赵东霞．中国城市社区管理模式研究［D］．大连：大连理工大学，2004.

3.3 社区治理方法

3.3.1 社区治理方法概述

(1) 社区治理方法的含义

要想明确社区治理方法，首先必须搞清楚什么是方法。所谓方法，是为某项工作的开展、任务的完成或目标的实现而采取的某种或某些方式和手段，是为任务和目标服务的。毛泽东非常形象地把任务比作过河，把方法比作桥或船，他指出："我们不但要提出任务，而且要解决完成任务的方法问题。我们的任务是过河，但是没有桥或没有船就不能过。"① 可见，方法问题是实现任务目标的重要手段。社区治理方法当然也是实现社区治理的重要手段。其适当与否直接决定着社区治理水平的高低。

社区治理方法体系受一定的社会历史条件制约，并随着社会的进步和科学技术的发展而不断变革和更新，其内涵也不断丰富。社区治理方法有狭义和广义之分。狭义的社区治理方法一般指传统上常用的一些非技术性的社区治理方法，有时仅指传统方法中通过行政上下层级的命令服从关系而起作用的行政手段。广义的社区治理方法是指社区治理活动中所采用的正确、有效的方法，它是一个内容丰富的、有机的科学体系。它由定性方法和定量方法构成。传统上常用的一些方法，如行政手段（或方法）、法律手段、思想教育手段等基本上属于定性方法。定量方法是现代自然科学，特别是数学与计算机科学渗入社区治理方法并与之相结合的产物，包括系统分析、线性规划、数理统计、戴明循环等。

本章论述的社区治理方法是广义的，即社区治理主体为履行社区治理职能，实现管理目标，遵循一定的规律和原则而采用的各种方式、手段、措施和技巧的总称。它包括社区治理的行政方法和社区治理工作的具体方法。

(2) 社区治理方法的特点

一般来说，社区治理方法具有以下四个特点。

①历史性。社区治理方法是人类智力活动的产物，因此它是一个随着社会发展而不断变化的历史范畴。我国很早就提出了君主要以德服人，而不应以权力服人的管理理念，即"以不忍人之心，行不忍人之政"。虽然这不是现代意

① 毛泽东选集（第一卷）. 北京：人民出版社，1991：139.

义上的社区治理方法，但对我国后世的社区治理实践有着重要的启示意义。中国共产党在领导中国革命和社会主义建设的长期实践中，总结和概括出一整套内容丰富、行之有效的适合我国国情的社区治理工作方法，如“解剖麻雀”“开诸葛亮会”“走马观花和下马观花”“从群众中来、到群众中去”“心中有数”“抓中心环节”“弹钢琴”“一分为二”“两条腿走路”等，都是时至今日仍然十分有效的方法。改革开放以来，随着我国社区的发展，特别是随着整个社会“单位人”身份向“社区人”身份的转变，社区治理人员不断创新，形成了一套符合中国特色的社区治理方法。

②系统性。社区治理方法不只是一种方法，而且是囊括多种方法的一套多角度、多层次的方法体系。它包括行政手段、法律手段、经济手段、数学规划、随机理论、决策分析理论、预测研究等一般性的方法，也包括社区分析、问卷法、咨询法等社区具体工作方法。这些方法互相配合，共同实现对社区工作的有效管理。当然，社区治理方法体系中的各种方法都不是绝对的，现实的管理活动应根据社区发展的具体情况，采用不同的管理方法，或采用多种方法或活用每种方法，从而有效地实现社区治理的任务和目标。

③开放性。随着现代科技的发展和社区治理现代化、高效化目标的提出，社区治理的方法也不仅局限于社会科学领域。现代的科学技术日益向社会领域渗透，而社会科学与自然科学也逐渐交融在一起，加之电子计算机的出现，使得现代社区治理方法的技术化、定量化的步伐加快，各种社区治理方法应运而生，社区治理方法体系不断充实、丰富。

④操作性。作为社区治理观念转化为社区治理实践的桥梁与纽带，社区治理方法通过一系列的步骤和程序，渗透到社区治理体制的各个环节中，保证社区治理目标的达成。

（3）社区治理方法的作用

管理方法是管理主体在社区治理实践中不断积累、不断总结的管理精华。社区治理方法的运用受管理主体的知识、能力、情感，受管理对象的性质、特点、范围，以及受管理过程的时空等诸种因素的制约。不同的社区治理方法，其作用也各不相同，即使同一方法作用于不同对象，其效果也可能差别很大。

社区治理方法的运行过程是由社区问题分析、建立关系、资料收集、社区发展规划、社区行动、效果评估等职能要素组成的，是运用各种手段，对一定的人和物加以协调，从而完成社区治理目标的过程。科学有效地运用社区治理方法，能在社区治理中获得事半功倍的效果。概括而言，社区治理方法的作用表现在如下几个方面。

①社区治理方法是社区治理思想转变为社区治理实践的中介和桥梁。社区治理方法是社区治理原理的自然延伸和具体化，社区治理的原理必须通过社区治理方法才能在社区实践中发挥作用。

②社区治理方法是实现社区治理目标的手段和工具。正确的目标是社区治理工作的终极导向，但没有相应的方法，就等于没有过河的桥梁和船只，无法达到目的。有了科学、正确的社区治理方法，才能在遇到障碍时相机行事，履行各项管理职能，并顺利实现目标。

③社区治理方法是提高社区组织工作效率的关键。影响社区组织工作效率的因素很多，包括居民委员会、物业管理委员会等组织机构的设置、体制的编排、人员的匹配、法制的保障财务的投入等。但其中任何一个环节都涉及相应的管理方法的运用。唯有通过科学的方法进行有效的管理，才能在同等环境条件下以最小的投入实现最优的产出。

④社区治理方法有助于实现社区治理的现代化。当代的社区治理工作面临着席卷全球的新技术革命的挑战，许多传统的社区治理方法已不能适应发展变化了的客观形势。有效的社区治理方法有助于把社区治理纳入科学化、法制化的轨道，加快推进社区治理的现代化进程。

3.3.2　社区治理的方法

(1) 社区治理的方法的含义

社区治理的方法，是指社区治理主体为履行社区的管理职能，实现社区治理目标，遵循一定的规律和原则而采用的各种手段的总称。

社区治理的方法是实现社区治理目标的重要手段。社区治理水平的高低，不仅取决于社区治理的指导思想是否正确，社区基层组织、体制是否科学以及人员素质的高低，而且还取决于社区治理方法是否有效。社区治理方法运用的好坏直接影响政府在社区治理、社区发展中的形象。

(2) 社区治理方法的类型

社区治理的方法按照性质分类，大致可以分为两类：定性的社区治理方法和定量的社区治理方法。其中每一类又包括多种管理方法，如定性的社区治理方法包括行政手段、法律手段、经济手段、思想教育手段、行为激励方法等；定量的社区治理方法包括数学规划、随机理论、决策分析理论、预测研究理论、系统分析、网络规划、戴明循环等。

①定性的社区治理方法主要包括以下几种：

第一，行政手段。行政手段是指社区治理主体借助国家行政权力下达指示指令、命令，通过决议、决定布置任务、安排工作等，对社区的被管理对象进行管理的方法。行政手段具有以下特点，一是权威性。行政手段以权威和服从为前提，对社区行政管理命令接受率的高低在很大程度上取决于社区行政管理主体的权威大小。提高领导者的权威有助于提高行政手段的有效性。二是强制性。行政手段要求人们在行动上必须服从统一的意志，下级对上级发出的命令、指示、决定等必须坚决服从和执行。三是简便性。行政手段有简便灵活的特点，能迅速有效地处理各种新情况、解决新问题。四是无偿性。与经济手段相比，行政手段具有无偿性的特征，上级有权根据管理工作的需要，无偿调拨和使用下级的人、财、物、技术，不必考虑价值补偿问题。五是垂直性。行政指示、命令是按行政组织系统的层级纵向直线传达强调上下级的垂直隶属关系，横向结构之间一般无约束力。

行政手段具有效率高、政令统一的优点，但行政手段不利于调动下级的积极性、主动性和创造性；纵向层级信息传递迟缓，易失真，横向沟通困难。因此，在社区治理中运用行政手段时，必须尊重客观规律，兼顾社区治理对象的需要，遵循逐级负责的原则，控制使用范围，注意操作技巧，防止长官意志和主观随意性。

第二，法律手段。法律手段是指社区治理主体依据法律法规法令，调整与社区活动有关的各种社会关系而实施的社区治理方法。法律手段是行政管理中运用其他方法的基础、前提和保障。法律手段具有以下四个特点，一是权威性。法律作为一种社会行为规范，是上升为国家意志的统治阶级意志，对全体公民具有普遍约束力，比行政手段具有更高的权威性。二是强制性。法律手段凭借国家力量强制实施，违者必究，比行政手段的强制性更严厉。三是稳定性。法律一经制定颁布，便具有相对稳定性和严肃性，不得因人而异，不得随意更改。四是规范性。法律是以明确不能产生任何歧义的规范语言严格规范人们的社会行为，是所有组织和个人行为的统一准则。

法律手段的权威性、强制性能使人们自觉抵制和摒弃不合法的思想、行为，能提高社区治理的效率。但法律手段缺乏处理特殊问题的灵活性。因此，运用法律手段不仅要健全立法，实现有法可依、严格执法、违法必究，而且要与其他方法结合使用，以扬长避短，发挥其应有效能。

第三，经济手段。经济手段是社区治理主体根据客观经济规律运用价格、信贷、利率、税收、工资、奖惩等经济杠杆实施管理的方法。经济手段具有三个特点。一是利益性。物质利益是经济手段管理的核心，通过劳酬相连、物质刺激的方式调动人们的积极性，这是经济手段不同于其他手段的最根本的特点。二是间接性。经济手段是通过对人们经济利益的调节来间接影响组织或个人的行为，间接进行管理的。三是多样性。社区治理的经济手段应因情因地制宜，如物价调整、利率升降、税收调控，等等。

经济手段由于以物质利益为基础，能充分有效地调动组织和个人的积极性、主动性，有助于促进横向组织间的沟通、联系与合作。但经济手段不能解决人们的精神和社会需求问题，作用范围主要限于经济领域。而且如果运用不当，可能对人们的思想产生消极影响。因此，运用经济手段需正确处理各种利益关系，兼顾效率与公平，并要与思想教育手段相结合，加强对全体公民的社会公德和责任心的教育。

第四，思想教育手段。思想教育手段是通过对人们进行确定的、有目的的、系统的政治思想教育、心理诱导和行为激励，引导被管理者自觉地为实现组织目标而努力的管理方法。它具有三个特点。一是潜在性和长期性。思想教育往往要对被教育者进行长期反复细致的工作，其作用程度还依赖于教育对象对教育内容的吸纳、消化程度。二是主动超前性。思想教育手段一旦生效，能使管理对象预先主动地约束自己的行为。三是内在稳定性。思想教育手段能使管理要求逐步内化为管理对象内心的自觉意识，从而产生一种稳态的动力，激励和指导管理对象的行为。

思想教育手段要取得实效，必须按人的思想活动规律，采取正确的原则和灵活的方法进行教育，将自我教育和典型示范教育相结合，而且要注意因材施教、对症下药，将思想教育与实践教育相结合，特别是教育主体本身要以身作则，这样效果更佳。

第五，行为激励方法。行为激励方法是通过有目的地设置各种激励机制，激励组织中成员的行为动机，鼓励其产生实现组织目标的积极行为。行为激励的具体方法很多，但都遵循着提出要求、产生动机、形成行为、实现目标这样一条基本思路。行为激励的过程是组织与个人相互作用的过程，行为激励的结果既实现了组织的目标，又在某种程度上满足了个人的需要。

社区治理在具体运用行为激励方法时，可结合自身的工作特点，采用以下三种激励方式。一是目标激励。即根据社区人员正当的物质和精神需求，设置满足目标，引发人们的期待，激励他们去努力追求。目标的设置应该是多层次、多角度的；可以是因人而异、因需而异的；既有长远目标，又有近期目标；既有物质利益的考虑，又有精神因素的关注。二是奖惩激励。奖惩激励方法主要通过奖功惩过、褒勤贬懒、扬善抑恶从而形成一种气氛，促进被诱导对象的正向行为。三是竞争激励。由于竞争的结果是优胜劣汰，因此，竞争能够在组织、人员中引发一种如果要维持心理平衡，最好就要获取心理优势的心理倾向，激发出奋发向上、竭尽才智的行为动机。竞争激励要保证竞争在公平的基础上进行。

②定量的社区治理方法。随着现代科技的发展，尤其是自然科学与社会科学的互相渗透，社区治理方法的总体趋势，也由定性分析逐步深入到定量分析阶段。社区治理的定量方法主要包括以下几种：

第一，数学规划。数学规划又称规划论，包括线性规划、非线性规划、整数规划、动态规划等。线性规划研究的是在资源与目标之间存在线性约束条件下，如何合理调配和有效利用资源以最优化地实现目标。非线性规划处理的是在目标与约束条件中，存在一个或多个变量的非线性函数的状况。整数规划研究对某些具体问题必须是整数解的可行性方案与最优方案。动态规划力求在时间推移过程中、解决多阶段决策过程中通过每一决策的最优化达到整体策略最优。

第二，随机理论。随机理论包括排队论、库存论、搜索论、可靠性理论等。排队论亦称随机服务系统理论，研究在出现排队现象时，如何最大限度地减少排队现象，同时又不产生空置浪费。库存论研究如何使存储量减至最经济合算的水平，又能保证需要及与存储相衔接的过程不中断。搜索论指当预期所需目标不明朗、不确定时，如何最快速、经济有效地寻找到预期所需目标。可靠性理论是通过比较系统中各要素的关系和地位，找到最关键的地位和可靠性以保证系统结构稳定和最佳运行。

第三，决策分析理论。决策分析理论包括决策论、决策树技术、博弈论、模型论等。决策论研究如何使决策最优。决策树技术是把决策的不同方案和每种方案可能产生的几种自然状态表征为“树状分枝”结构，从中选出收益最大的方案。博奔论研究在博弈成竞争的双方或多方中，是否存在及如何找到一方制胜另一方的最优方案。模型论即研究在决策前，如何把研究对象表征抽象为相应模型进行模拟实验，从而分析得出最优决策。

第四，预测研究理论。预测研究理论包括时间序列分析法、回归分析法等。时间序列分析法是利用预测目标的历史时间数列，通过统计分析或构造出数学模型，进行外推定量的预测方法。回归分析法是在具有统计相关关系的两个或两个以上的变量之间找出回归方程，建立起数学模型，进行统计分析预测。

第五，系统分析。系统是由相互区别、相互依存的要素构成的有机整体，系统内的各要素之间存在着一定的联系，有一定的边界。社区治理的系统分析方法是将系统的方法引进社区治理，围绕着实现社区治理目标来整合社区治理中的组织、人事、领导、财务等各种要素。社区治理的系统分析方法的运用有助于提高社区治理效率，发挥社区治理的整体功效，避免摩擦，促进各管理要素改革。

第六，网络规划。网络规划方法是将管理对象各项任务的各个阶段和逻辑顺序通过网络图的直观形式进行统筹规划、合理安排，以有效地利用人力、物力、财力资源，提高管理效率。

网络规划方法的直观形式是网络图。网络图由工作、节点和线路三部分组成。在一张网络图的多条线路中，时间消耗最长的那条线路称为关键线路，这条线路上的所有工作都是关键工作。关键工作完成时间长度决定了完成整项计划的总工期。运用网络规划方法，有利于控制社区治理的进程，有助于评价社区治理的工作成效。

第七，戴明循环。美国统计学家戴明首创戴明循环方法（又称 PDCA 循环方法）。P、D、C、A 分别是英文 Plan（计划）、Do（实施）、Check（检查）、Action（处置）的缩写。这种方法虽然是从企业管理意义上提出来的，但作为一般管理中共有的对制定和实现计划过程进行控制的原理，它同样适用于社区治理。

戴明循环方法的效应要通过社区治理的整个运作过程体现出来。PDCA 循环经过四个阶段、八个步骤。四个阶段即计划、实施、检查和处置。计划阶段是先导，包括制定目标、明确任务确定步骤，它是整个循环过程的关键。实施阶段是循环过程的实体部分，实施要求务求实际、全面铺开。检查阶段是控制阀门，要求认真分析、严格把关。处置阶段通过行政评价，进行总结，实现循环过程的自我完善。八个步骤如下，第一步，提出问题，收集信息资料。第二步，在掌握资料的基础上，进行调查分析和预测，确定目标。第三步，以已确定的目标为导向，找出影响大的因素。第四步，研究解决问题的具体措施，编制实施计划。这四个步骤实际上也就是第一阶段的具体化。第五步，组织实施计划，将分工要求、时间进度、数量和质量标准具体落实到承受机构与人员，这个步骤与第二阶段相吻合。第六步，检查与了解实施情况，建立原始记录和统计资料并进行统计分析，这个步骤与第三阶段内容相同。第七步，对执行中发生的问题提出诊治意见，并为防止再度发生此类问题采取预防措施。第八步，对尚未解决的问题进行讨论，并提出对下一个阶段计划的改进意见。第七、第八两个步骤包含于第四个阶段之中。

戴明循环方法的规则要求：首先，PDCA 循环是一个循序渐进的流程，既不能跨越阶序，也不能止步不前；其次，循环是一个反复的过程，要通过一个紧接一个的循环过程来不断解决上一循环遗留的问题和这一循环新产生的问题；最后，循环是一个系统发展过程，不同部门、不同层次的运作都是一个运作过程，它们共同构成循环大系统。

3.3.3 社区治理工作流程

社区治理工作的流程是一个完整的科学体系，归纳起来可以将之细化为六个阶段。

(1) 社区问题分析

任何工作都是从发现问题开始的，对问题的确认和分析是社区治理工作具体方法的起点。社区问题分析指社区治理工作者对社区及社区成员所做的较为详细的调查研究和分析。对社区问题的分析，应从以下几个方面着手：

①调查分析社区各要素的特点以及各要素之间的关系。社区作为居民生活的社会共同体，通常包括四个基本要素，即地域、人口、组织机构和文化。地域要素是社区的自然地理与人文地理的空间载体；人口要素是社区运作与变迁的主体；组织结构要素是社区活动得以展开的社会组织形式；而文化要素则是社区范围内一切活动的精神纽带。不同的要素所构成的社区的特点、社区的互动、社区成员的价值判断以及社区文化特质都各不相同。因此，社区工作者要对工作的社区的各要素做全面系统的分析，找出其个性特征和本质内涵，这是社区社会工作的前提和基础。

②调查分析社区的主要类型特征和功能特征。根据地城特点、文化特征、职业结构、居民构成、产业分布等多方面，可以将社区分成不同的类型或功能。如从地域来看，有农村社区集镇社区、城市社区、山村社区、平原社区、高原社区等；从文化特征来看，有高校社区、工厂社区、某某文化社区等（指带有地方或地域文化特色的社区）；从职业结构来看，有农民社区、工人社区、知识分子社区等；从居民的职业、收入、居住构成角度来看，有高收入社区、低收入社区、棚户区，以及颇有中国特色的以外来民工为主要聚集点的社区，如“浙江村”“河南村”等；从产业的分布角度来看，有工业社区、农业社区、商业社区等。这些不同类型、不同特征的社区各具功能，因此，社区治理主体在具体履行社区治理职能时，要根据其特点，在诸方面的功能体系中抓住一个主要的或占主导地位的功能，找准并发挥好这个功能。

③调查分析社区中存在的主要问题以做到有的放矢。社区工作的主旨是解

决社区问题，为社区居民提供物质帮助和心理疏导，为他们排忧解难。为了很好地解决社区问题，从纷繁复杂的社区问题中区分出轻重缓急，抓住需及时解决的关键问题，是找准社区存在的主要问题的前提条件。

无论什么类型的社区，也无论其功能如何，影响社区及社区成员生活因素的问题无处不在、无时不有。因而矛盾的解决不可能一蹴而就，必须在诸多矛盾体系中抓住主要矛盾，避免“胡子眉毛一把抓”，这样才能集中有限的财力、物力、人力解决社区和社区成员所遇到的具体问题。

（2）建立关系

建立关系指社区治理主体与社区居民、社区机构社区团体，以及社团的领导人物和有关方面的代表知名人士建立专业关系。

建立关系可以从拜访社区的重要人物与社区机构入手，有时也可通过开展有利于社区居民的活动来吸引社区居民接纳社区工作者。建立关系的目的是让社区群众能够了解社区治理主体与社区工作的作用和意义，获得社区工作对象的支持。社区关系主要包括两个方面：一方面是与社区居民的关系；另一方面是与社区组织和有关团体的关系。

①与社区居民建立关系。[①]居民是社区工作的资源，也是社区工作的归宿。居民是社区工作者开展社区工作的依靠对象，又是实现社区工作目标的受益群体。与社区居民建立关系可以是正式的，也可以是非正式的；可以是一对一的，也可以是集体性的；可以通过讲话、访问、电话交流、电子媒介等不同形式进行。

第一，建立关系的目的。社区工作者与社区居民建立关系的目的有两个：一是增加对居民和社区的了解，便于制订计划、开展工作；二是增进联系，提高居民对社区工作的参与热情，协助工作者开展工作。与社区居民建立关系的方法分为两种。第一种是探索性接触方法。了解社区成员的所思、所想、生活的环境、对事物的感受和看法，他们的社交方式、状态和人际网络等。通过工作者的亲身感受去界定社区问题和需要，寻找社区工作的方向。同时，让居民了解社区工作者的角色、任务，提高居民对工作者的接纳与认同，为日后建立信任合作的关系打下基础。第二种是招揽性接触方法。社区工作的开展离不开居民的参与和支持，因此，能否运用技巧和情感“招揽”居民、吸引居民，使居民主动进入工作内容之中，而非置身事外，便显得相当重要。使居民们由冷漠、无奈转变为热情投入，进而获得自我提升，这是社区工作者的目标和任

---

① 陈钟林．社区工作方法与技巧［M］．北京：机械工业出版社，2005：199-204.

务，所以这种“招揽”性的接触，不仅有任务性的价值，还有教育性和发展性的功能。

第二，建立关系的原则。一是热情原则。社区工作者要用人格魅力去影响和感染居民，以真诚、热情、认真而开放的态度，保持与居民沟通的良好顺畅，排除与居民交流的障碍。二是互动原则。社区工作者要通过提出有深度的问题，与居民一起讨论和分析解决问题的可行性而进行互动工作。

第三，建立关系的过程。一是事前准备。与居民接触是一种有意识的介入活动，因此，要做好充分的准备。这包括七点。一是明确接触的目标和出发点。如是为了收集资料、建立关系还是树立形象？访问对象需要什么样的工作者？目标明确才便于日后评估效果。二是选择对象。根据访问的目标选择合适的受访对象，如以前接触过的居民，受事件影响的有关人士，或属于特定利益群体的成员，还要将其先后次序排好。三是选择访问时间。目的不同，对象不同，选择的时间也不同。如家庭主妇与职业女性的时间就应有很大分别，有宗教信仰的人也要避开参加宗教活动的时间。四是准备话题，引导访问的开始。如提前准备一些访问对象感兴趣的或使问题能够得到了解的话题。五是穿着得体。要留意被访者的文化背景，包括对人和事所持的价值观，自己希望在对方心目中留下什么印象。应尽量给人以整洁、大方、成熟、可信的印象。六是预想可能会遇到的问题和克服的方法，以免临场阵脚大乱。事先做一些预演或与旁人讨论一下可能的情境，以使自己保持冷静、自信，不为对方影响和破坏自己的情绪。七是对前往访问的场所环境有所了解。

对于第一次接触的居民，首先是设法建立信任关系和引起谈话兴趣，所以要分层次地展开。一是介绍自己。根据不同的情况和对象，采取不同的自我介绍方式。二是展开话题。在获得对方接纳或不拒绝的情况下，工作者要抓住时机，继续交谈，使内容逐步转向主题。注意避开一些敏感的话题，话题要由浅入深，由具体到一般，再到抽象，由感性到理性。三是结束对话和访问。初次接触的时间不要太长，除非有特殊的个人问题需要及时和深入了解。临别时留下进一步联系的方式，鼓励他们主动联络。四是结束接触活动。离开被访者后记下有关资料，如有用的数字、被访者的背景、谈话留下的印象、受访者的反应、热心程度、是否容易被调动、人际网络情况等。五是归纳总结。如总结目标实现情况，自己对对象的感受，评估对象以前和现在有什么不同，自己的做法有什么不妥和遗漏，是否有补救的余地，等等。

②与社区组织和有关团体建立关系。社区工作者在解决社区问题时，会与各种团体或者政府机构发生接触。因此，了解这些组织的运作，有助于社区工

作者有针对性地提供服务，有助于获得这些组织的捐赠资助，有助于获得这些组织的合作，集中优势，共同发展。

与社区组织和有关团体建立联系，首先，必须对这些组织进行分析。分析这些组织时要注意组织内真正有影响的人士以及组织内成员执行任务的表现、价值观和性格，了解组织的目的、任务、结构和组织文化的特点，建立各组织机构的档案。其次，必须对组织关系进行分析。社区工作者在分析组织关系的过程中，要根据具体情况因时制宜，以能维持和谐关系、增加未来合作可能性为出发点，分析所需的资源、可能给予的协助以及不同组织和团体在特定问题上的利益（及组织间）的关系。这些关系主要有三种：权力依赖关系、授权关系和交换关系。通常组织间的关系存在一定的规律：政府组织对服务对象来说通常是权力依赖关系；权力主管部门和下级之间则一般是授权关系；当上级需要下级提供信息或支持时则又可转变为交换关系。因此，不同组织关系下的交往方法也各不相同。交换关系下，双方应明确彼此的期望和建立合作的目标任务，以保持双方共同获利；权力依赖关系下，寻求帮助的一方要想方设法地吸引对方合作；授权关系下，要处理好各组织的期望，不断发现合作中各自可获得的利益，以增强各组织参与的积极性。

总之，通过建立关系，社区工作者可以使社区治理主体找准社区存在的主要问题，明确帮助对象，制订帮助计划，让社区居民“知道我是谁”，以寻求社区居民的主动帮助。通过建立关系，还可以使社区工作对象如实反映所遇到的困难，积极配合和支持社区工作者开展社区工作。

（3）资料收集

资料收集指社区治理主体在社区治理过程中对所需资料的收集、分类与研究。

①社区资料收集的内容。社区资料的收集包括：社区主要问题的详细资料、社区资源的详细资料、社区需求的具体资料、社区评估资料等。

在具体的资料收集过程中，要求社区治理主体深入社区，对影响社区居民生活、制约社区发展的因素作全面而系统的分析和研究。如社区内的生活贫困线如何划定？低于贫困线的人口数量有多少？他们的职业结构和年龄结构以及性别结构又是怎样的？贫困人口贫困的主要原因是什么？再如，社区中 60 岁以上的人口数量是多少？他们的养老方式是什么，经济来源是什么？社区内贫困学生有多少？他们的心态如何？这些都需要社区治理者做深入细致的分析，做到心中有数。只有资料具体、详尽，才能为社区工作的开展奠定良好的基础，提供便利的条件。

②社区资料的分类。社区资料主要有两大类，一类是“硬性资料”，另一类是“软性资料”。

所谓“硬性资料”，是指可以计算和量化的资料，是一种客观的东西。社区硬性资料包括社区人口数量、年龄结构、性别结构、失业率、各行业的从业人数及在劳动力总数中的比例、经济结构，以及其他可以量化的客观资料等。

所谓“软性资料”，是指无法量化的资料，是人们对事物的主观意见和看法。因此，软性资料主要指对客观事物的主观分析，比如，如何看待社区贫困问题，如何解决下岗、失业问题，如何认定需要得到社会救济的个体，怎样为社区老人提供服务等。

③社区资料收集的途径和方法：

第一，社区资料收集的途径。社区资料收集的途径主要有两种，一是文献调查；二是实证调查。

文献调查指社区治理主体对已有的文献统计资料的利用以及分析、整理和研究。文献统计资料可以在政府有关都门和有关专业调查部门获得，如城市调查队、农村调查队统计局、民政局等。

实证调查指社区治理主体深入社区实际作调查研究，收集全面、系统的资料，并对所调查资料进行分析研究。实证调查是了解社情民意最好的方式，通过社区治理主体深入社区的调查研究，可以在更深层次上把握社区的各种信息和资料，了解社区居民之所想和社区之所需。

第二，社区资料收集的方法。主要包括文献分析法、访问法、社区普查法、咨询法、观察法。

文献分析法也称历史文献法，是一种通过对社区文献资料的检索收集和阅读来积累材料，进而对社区这一研究对象展开深入的历史考察和分析的方法。对社区工作者来讲，可以到政府的有关部门获得文献资料，但由于社区工作的特殊性，对于某一类问题、某类或某些文献，文献的作者不可能按照同一个主题与要求记录社区问题，也就不可能与社区工作者的要求完全相吻合。所以，对文献不能完全盲从，应去伪存真、去粗取精。

访问法一般是指以口头方式，针对社区中部分有代表性的人物收集资料。一般适用于较大型、较难进行家庭普查的社区。访问法的优点是通过面对面的谈话，能够比较深入地了解社区的需要，而且运用访问的方法也较容易与受访者建立关系。访问法需要花费很多时间，还要对访谈所得的数据和信息进行整理和诠释。若访问的对象过少，或代表性不足，则所得的数据的参考价值就非常有限。访问的方法一般是访问者从自己熟悉的人开始，之后再请受访者推荐其他人。在列访问名单时必须注意受访者的年龄、性别、社会经济地位及职业的分布，并应尽量涵盖各个层次的不同群体。在运用推荐法进行访问时，要让受访者了解是谁推荐他受访的，如果想了解到受访者所代表的群体，应引导受访者思考该群体对社区的想法及意见。

社区普查法通过问卷或访问对社区中的每一户进行调查，了解他们对社区需要的想法。如果将社区普查设计成社区居民共同参与的活动，那将促进居民参与、凝聚社区共识。社区普查法适用于较小型的社区。社区普查法的优点是能全面、系统地了解居民对社区的要求和期望，以及其对社区问题的切身感受，并且通过调查工作者建立与社区居民的关系，为日后的工作奠定基础。社区普查法的缺点是需要社区工作者具有社会调查的专业知识和相当大的人力及物力的支持。

社区普查一般包括以下几个步骤：一是确定普查的主题及目标；二是界定普查的问题与范围；三是针对重点问题设计问卷；四是设计问卷发送、回收方式及人员编组，这项工作最好动用社区居民进行，一方面增加居民参与的机会，另一方面通过相识的邻里关系进行调查，也会对问卷的回收及有效性有所帮助；五是整理并分析回收数据；六是发表社区普查结果。社区工作者可通过社区居民大会、社区媒体发表普查结果。

咨询法是调查者向有关专业人士作访问和咨询，通过这种方式对社区实际情况获得较为科学的认识的一种方法。咨询法实际上属于访谈法的一种，它和访谈法的主要区别是：访谈法的对象是包括社区工作对象在内的所有被访问者，而咨询法则主要是向有关人士作访问，如若调查社会福利问题，就要向民政部门、医疗卫生部门、劳动部门以及社会保障部门等有关部门的专业人士进行咨询。

观察法是调查者在掌握有关问题的背景资料的前提下，通过深入到社区实地观察（包括访谈等），把感性认识上升到理性认识的一种方法。在观察过程中，调查者往往可以补充原来资料的不足，确认或否认原来的某些认识，特别是可以发现原来没有掌握的资料，使自己在某一方面得到启发，从而形成认识和解决社区问题的新思路。

（4）制定社区规划

社区规划又称社区发展设计和规划，指对社区建设的整体部署与设计。规划的制定是一个理性思考和做出行动的过程，包括目标的选择及为了实现目标而制定的行动方案。

在社区规划的制定过程中，要求社区有关的行政管理机构和管理人员、社区有关成员以及社区工作对象一起参与。

①社区发展目标的制定。社区发展目标从内容上讲涉及社区内的方方面面，包括社区的硬件设施建设和软件建设，社区居民福利水平的改善和提高，社区及社区居民具体问题的解决，社区问题的防范，等等。这就需要社区治理主体依照对社区资料的分析和研究，系统地制定出适合本社区的发展目标。从目标的分类来看，社区发展的目标有长远目标、短期目标，总体目标、具体目标，最终目标、阶段目标等。社区工作者要根据社区的社会、经济、文化结构和具体状况，分别制定出各种层次的目标。

制定社区发展目标必须遵循以下原则：

第一，可操作性原则。社区工作制定的目标是社区治理工作的工作方向和要达到的一种状况。因此，对所制定的目标，一方面目标表述要清晰、准确，不能含糊不清或在理解上产生歧义；另一方面目标指标要能够量化。如在一年时间里，要使社区中低于最低生活保障线的人少于多少；再就业人数要达到失业人数的百分之多少等。这样不仅可以使得社区工作的开展有据可依，而且可以为以后的社区工作评估提供根据。

第二，系统性原则。目标是一个由多层次、多类型的子目标构成的目标系统。因此，在设计目标时，应使各子目标服从总目标，保持目标方向的一致和各子目标之间的协调，避免目标间的对立和冲突。

②社区工作实施计划制定。目标确立之后，就要制定具体的实施计划。如果说目标是“干什么”，实施计划就是“怎样干”；目标是过河，计划就是设计桥或船。例如，老年人的赡养与社区居民的医疗问题，是社区发展中较为重要，也是较为棘手的问题，特别是一些患有重症的、失去依靠的老年人，解决他们的问题是目前社区工作的重点和难点。但究竟采取什么样的措施来解决，这就需要制定社区工作的实施计划。

第一，详尽具体原则。详尽、具体的实施计划能够给社会管理主体和社区工作对象提供具体的行动步骤和依据，使得实施工作有计划、有节奏。

第二，实事求是原则。实施计划的制定要充分考虑到社区资源所能够提供的条件以及社会的整体水平。计划的实施要有社区资源在物质上和精神上的支持，要有整个社会的外部条件作保证。如果制定的计划过分超越和滞后于社会整体水平，那么该计划的可行性和可靠性是值得怀疑的。因此，要实事求是地立足本社区的实际状况来制定社区实施计划。

第三，可操作性原则。实施计划要与社区工作的总体目标相符合，计划实施的各个环节要量化、具体。

第四，广泛参与原则。在社区计划中，社区治理主体主要扮演专家或专业工作者的角色，社区工作中的一切事务如社区诊断、社区分析和研究、社区组织运作、社区工作评估等都是由社区治理主体来执行的。但是，社区居民作为社区工作的“消费者”和社区计划的对象，虽然不直接参与社区计划的制定，但由于社区工作直接面对他们，最终的评估也要依赖他们，因此，要充分调动社区居民参与制定计划的热情，充分听取他们的意见。

（5）社区行动

社区行动是社区治理主体激发社区居民行动起来，将制定的计划付诸实施的过程。换言之，社区行动就是调动社区一切力量，采取具体措施，求得权力与资源的再分配，以达到解决社区问题、促进社区发展的目的。

①社区行动的主体角色。社区行动的过程就是社区治理主体引导社区工作对象，去争取他们自己的权益的过程。社区行动的主体就是社区治理主体，他们在社区行动中发挥重要作用。他们本身的素质与业务能力以及工作方法对社区行动的效果具有很大的影响。

②社区行动的方法。①

第一，发动群众，发动居民广泛参与社区工作是社区治理民主观念的体现。广泛的群众参与，可以使社区成员对社区事件和相关问题有更多的认识，有助于增强社区成员的归属感、满足感和安全感。

发动群众应从以下六个步骤着手。一是准备。动员的对象是谁？如何接触到这些对象？动员群众做什么事？用什么策略打动群众的心？如果对方抗拒，如何反应及应变？二是接触。进行自我介绍，取得对方信任；了解对方想法，初步建立关系；仔细聆听，使对方感到受重视；与其初步探讨社区问题，探听虚实。三是鼓动群众情绪。要使群众感觉社区问题的重要性，使他们意识到必须合力解决问题；与群众探讨集体行动的得失，使他们对自己的参与能力有信心。四是要求群众参与。时机成熟时请对方参与，对方答应后，留下联络方式，告知行动步骤和需要做的准备；如没得到及时的回答，可给其留一定的考虑时间，等待其选择结果。五是提醒群众参与。群众答应的时间和具体活动的时间若相隔太长，要在活动前一天或数天以家访或电话联络的方式提醒；对不确定参与的居民，在活动举行前可再去提醒。六是群众参与。社区工作者对其表示欢迎、欣赏和支持，使参加者互相认识，使其尽快感到自己是团体中的一分子。

---

①　陈钟林．社区工作方法与技巧［M］．北京：机械工业出版社，2005：208-220.

总之，发动群众是社区工作中的一项重要任务，只有民众积极支持和参与，社区工作才能更好地满足社区居民的需要。因而在发动过程中，要注意掌握方式方法，了解居民的心理，因人而异、因地制宜，以积极的态度和工作技巧团结和吸引更多的人，投身社区建设和发展之中，使社区工作因广大居民的参与而更加丰富、充满活力。

第二，召开居民会议。社区工作十分强调居民集体参与，居民聚集在一起讨论社区问题，表达自己的意见，计划行动方案，这是社区工作方法的重要步骤，是动员居民和开展社区工作中不可缺少的一部分。居民会议分为一般工作会议和居民大会两种，但除规模大小不同外，其余程序基本一致。

召开居民会议一般分为四个步骤：会前准备、会中组织、会后促进和行动。一是会前准备。召开居民会议前要作如下准备：明确会议的目的；会议内容、程序安排和资料准备；确定和通知参会人员；安排场地设备；提前到场检查各项安排落实情况及人员联络情况；会前接待。二是会中组织。召开居民会议时要把握会场气氛，注意把握时间。决议要经反复讨论，谨慎通过。注意观察和掌握会场气氛和与会者反应。主持人作归纳和总结，突出主题及收获。三是会后促进。整理会议记录，总结会议精神，做出会议决定，达成会议结果。四是行动。执行会议决定，必要时征求有关人员意见，做好下次会议报告行动的准备，并随时向与会者通报工作进展情况。

第三，运用传播媒体。大众传播媒体强大的影响力是社区工作者依赖其推动社区工作的原因。社区工作者通过传媒这个桥梁可以了解外面的世界，也可以让外面的世界了解社区和组织的状况，确立组织形象。社区可以借助传媒的优势让公众了解自己，支持和响应活动的号召，促成事件的改变。良好的社区媒体形象能够激励和鼓舞社区成员爱社区、建社区的热情，凝聚大家的智慧和力量，推动社区工作的开展。大社区工作中媒体运作的策略及具体方法包括：

1）制定媒体策略，发展媒体关系。社区媒体策略是指社区工作中如何运用传媒扩大社区影响的一整套方针和部署。由于每个社区状况不同，工作策略和重点不同，存在的问题不同，与传媒发展的关系也不同，因而会有不同的传媒运作策略。

首先，收集传媒工作者资料。根据工作内容制定一份清单，在此基础上进行初步的接触。其次，发展与媒体的关系。关系建立因工作计划、取向和手法、阶段不同而不同。但其步骤与方法与“动员群众”大体上是一致的，即：要注意和了解传媒与社区工作者的工作情况；尽可能当面拜访；主动介绍自己、宣传自己；表示对其工作的兴趣；倾听其工作感受。

与社区工作者的关系有“双向—对称”和“双向—不对称”两种并以前者为发展方向。“双向—对称”指社区工作者十分明确什么样的新闻报道具有价值、会被采用，因而主动做好新闻稿并交予传媒协助刊登。“双向—不对称”指社区工作者很少提供现成的资料给传媒，而是协助传媒挖掘组织内部具有新闻价值的人和事，请传媒进行采访报道，因此更具真实性、客观性。

2）制造媒体事件，吸引传媒报道。事件对媒体的吸引是新闻报道的重要内容，如果事件的目标是吸引传媒的注意，那么考虑新闻价值所在就是首要任务。只有“对症下药”才能发挥奇效。通常能吸引传媒报道、具有新闻性的事件，主要有以下几种：涉及人物众多且与大众有直接关系的事件；非同寻常的事件；涉及著名人物或重要人物的事件；新的或权威发现的事件；主题契合当前新闻热点的事件；具有人情味和独特性的事件。

3）运用传媒的途径和技巧。传媒的运用可以有多种途径，在活动中采访报道、召开记者招待会、人物专访、事件特写等，都可以达到宣传及扩大影响的目的。下面介绍几种常用的传媒途径：邀请记者与撰写新闻稿、举办记者招待会、接受传媒访问及运用社区媒体。

- 邀请记者与撰写新闻稿。为了突出事件的重要性、扩大影响，在举办一些活动时可邀请记者出席采访，撰写新闻稿。在邀请记者时应告知下列事项：一是主办单位或机构名称、简况介绍（自身的历史、特色及影响）；二是组织的活动名称、背景和主要内容、预期效果、独特性、重要性（即新闻价值）；三是活动的主要议程及安排、时间、地点（交通线路）；四是如有重要人物到场及有进一步的资料派发，应一并说明，以吸引记者的到来。五是注明联络人姓名、联系电话、传真、电子邮件等。

撰写新闻稿时应注意以下六点。一是新闻稿的结构应包括标题、导语、主体、背景、结论五部分。二是新闻稿结构一般呈“倒三角形”，即将最重要的信息放在前面来写，将人物或事件、时间、地点、为什么、做什么，放在第一、二段，按照新闻事实的重要性，由大到小依次排列，方便编辑在版面不够时删减而不影响整体新闻价值。三是实例、权威统计数字、公共政策中的一些参考和比较可放在第三、四段。四是使用一些生动的例子可以增加可读性、可信性和感染力。五是有关背景资料可附后以作补充之用。六是注明稿件提供单位和联络人的联系方式。

- 举办记者招待会。记者招待会也称新闻发布会，是组织为公布重大新闻或解释重要方针政策，邀请新闻记者参加的一种特殊会议。它是组织广泛传播各类信息、吸引新闻界客观报道，搞好媒体关系的重要手段。它的特点是信息发布的形式正规且规格高。这有利于社会组织和新闻界之间的双向沟通，促进双方合作。

开好记者招待会要做的准备工作包括：会议的必要性研究；确定会议主题；确定邀请记者的范围；选定时间和地点；选定主持人和发言人；根据主题准备各种材料，做好会务工作，如发请柬、布置会场、检查设备配置、确定会议程序等；安排参观或会后举行茶会、酒会便餐等招待活动；做好经费预算；做好会议效果的核检工作。

- 接受传媒访问。社区工作者为了扩大自身工作的影响范围，可以应邀或主动设计一些新闻采访。为了保证效果，提前的准备工作很重要。一是了解采访会在何种媒体上、什么时段向受众播发，以此确定影响时间和范围；是专访还是新闻片断采访；播出时间、刊发版面如何。二是收集有关资料。如统计数字、研究资料、典型案例、有关政策或官方观点等，以加强自己的观点和说服力。三是从一两个不同的角度谈论一个问题，引用例子进行说明，使分析和论证更具体化、形象化。四是按重要性和逻辑关系将观点排列起来，表达要浅显易懂。五是要预先构想会被问及的问题，并做一定的准备。六是要与记者协商讨论采访内容，做好心理准备。

接受访问时，要结合谈论的问题，考虑自己的立场态度，使之与内容相吻合。要考虑受众的状况，有针对性地进行表述，态度诚恳、内心平和，语言流畅、声音清晰，围绕中心进行表达，并做适当的总结。总之，要有充分的准备才会有自信，做到应变灵活、落落大方，收到最好的宣传效果。

- 运用社区媒体。过去人们通过口耳相传掌握自己生活的环境的信息，也通过口耳相传形成生活圈的人际网络。如今科学技术的发展，使得人们只要坐在电视机前就可以知道发生在全世界各地的重要消息，但是生活圈的人际网络却渐渐疏离，对于生活周围的事情却越来越陌生。全社区媒体是一种小范围内传播和沟通信息的媒介。与一般媒体不同，社区媒体只针对某一特定区域及对象发行，社区媒体的内容及焦点也着重在特定区域内所发生的事情。社区媒体具有传播功能，传播与社区居民生活息息相关的大小事情。社区媒体还具有整合居民意见、传达居民感情的重要功能。社区媒体是一个开放的空间，居民通过媒体表达自己对社区的看法及情感，凝聚社区居民，传播社区意识。

在现代社区内进行社区工作，这样的传播方式对于忙碌的社区居民是必要的，也是有效的。对于热情参与社区活动的居民，社区媒体让他们表达对社区的爱与关怀；对于无法参与社区活动的居民，社区媒体则是一个帮助联结其与社区的好工具。好的社区媒体除了传播和联结的功能外，更是记录社区历史的重要工具，是未来社区居民了解社区的重要史料，也是未来社区工作开展的重要参考。

社区媒体没有固定的形式，要看社区的形态及资源而定。目前常见的社区媒体形式有社区报、社区网站等。

每个社区在决定社区媒体的形式时，应考虑社区内的人力、财力资源以及社区居民接受信息的习惯方式。例如，虽然社区网站实时性高，但是对于计算机网络使用不普及的社区来说，其功能就不如社区报强。当然，社区媒体也可随着社区的演变而有不同形式。

社区媒体也没有一定的内容限制，最重要的是能真实、生动地表达社区特色，传达社区信息，提供居民对话的阵地。

社区媒体的发行时间要依照社区内可运用的人力、物力资源，以及社区当时的状况来决定。社区内如有固定的人力能投入制作社区媒体，当然发行时间越密集，对联结社区居民越有帮助。如是针对社区活动或一般密集的信息，则可采取不定期的“快报”及固定的街心宣传栏的方式，及时将最新的信息传递给小区居民。

（6）效果评估

社区工作效果评估是指社区治理主体对社区治理人员进行具体计划实施的成果进行考核的过程。它既是衡量前段社区治理工作方法成效的依据，又可以为后续社区工作提供经验和教训。社区的效果评估不仅可以确认成果和考核业绩，将规划的落实情况和管理人员的个人利益和待遇结合起来，而且通过社区工作效果评估可以在肯定成绩的同时发现问题，以便调整社区工作目标、策略和行为，使社区治理工作成为一个有计划的持续过程。

①社区治理工作成效评估的目的。一般来说，社区治理工作成效评估具有以下目的：

第一，有助于及时修正社区工作方案，使之更加切合社区发展；第二，通过社区工作成效评估取得社区群众的信任和支持，使社区工作者具有成就感；第三，依据社区工作成效的评估结果，测定社区的发展变化状况；第四，保证社区工作未来方案的设计更为合理；第五，形成一种以自我评价为主、上级评价为辅的综合评价体系。

为完成某一项任务，社区治理人员经常需要检查自己的工作进度，评价工作成效，使之与要完成的任务目标一致。而上级管理部门对其评价通常放在最后阶段，这样就形成了一个综合的评价体系。

②社区工作效果评估的原则。第一，确定科学的评估方法。在进行评估

时，要制定完整的评估指标体系，使各项评估项目具体化、定量化。第二，专业人士参加评估。评估工作要有社区工作者、社区行政管理人员、社区群众以及相关的专家或学者参加，保证评估结果的科学性、客观性和真实性。第三，评估内容的多层面。社区的发展变化，通过经济、社会、心理、文化、组织等多层面展现出来，综合反映社区工作成效，因此评估也包括多方面的内容。第四，评估方法全面。评估时可以采用定量与定性的多种评估方式，以全面、系统地掌握社区工作的成效。

③社区工作效果评估的特点。第一，主观性。评估受社区工作者的价值观和理论框架的影响。评估者的价值观和理论框架不同，评估的切入点也就不同。第二，相对性。非评估是一个相对的动态的过程。社区工作本身是一个不断发展的过程，而评估工作只是对某阶段社区工作的评估。因此，评估工作必须随着社区的发展而随时调整，更新评估标准。第三，协作性。评估是社区治理者与有关社区成员和社区工作对象一同参与的过程。正如社区工作计划不能仅仅由社区治理者制定一样，社区工作成效的评估也不能单独由社区治理者来完成，而必须与社区有关成员和社区工作对象一起，对某段时间内的社区工作进行评估。只有这样，才能与社区工作对象一起发掘问题、了解问题的成因，共同寻找解决问题的方法和途径。第四，双重性。评估是一个分析与行动并重的双重过程。评估的过程需要运用理论和知识去分析社区工作的过程和结果，总结出经验性和规律性的东西。同时还要结合正在进行的社区发展和社区建设，做出正确的评估，发现不足，肯定成绩，明确下一步的工作重点。

3.3.4 社区治理工作模式分析

(1) 社区组织的工作模式

1979 年美国学者罗斯曼对美国的社区工作实践经验加以总结，提出了社区工作的三大模式：社区发展模式、社区计划模式和社区行动模式。① 罗斯曼的模式在西方社区工作的实践中较为典型，得到了大多数学者的认可。

①社区发展模式。社区发展模式是在一个社区内鼓励居民通过自助及互助的方式广泛参与社区事务，解决社区问题，推动社区发展。该模式假定社区是毫无生气的，社区内居民对社区事务漠不关心，居民间关系淡薄，缺乏解决问题的能力。其工作重点表现在：民主的工作程序、志愿合作、自助、培养社区工作领导人才以及社区教育等。社区工作者所扮演的主要角色是促进者、协调

① 周沛. 社区社会工作 [M]. 北京：社会科学文献出版社，2002：197.

者和导师。

从工作的程序和过程来看，社区发展模式包括以下几个方面。

第一，明确发展目标。许多学者都认为，社区工作具有任务目标和过程目标两大类。任务目标是解决特定的问题，满足特定的需要，完成具体的任务；过程目标则是协助社区居民战胜困难，培养他们关心社区、参与社区工作以及互助合作的生活态度。因为社区工作的开展和社区问题的解决，没有社区成员的大量配合和支持是不能完成的。在制定任务目标的同时，社区发展模式要求社区工作者重视过程目标，在自助、团结、合作的基础上解决社区问题，运用民主程序进行社区决策，以提高社区的保障能力和发展水平。

第二，找准存在的问题。社区发展中的问题很多，社区工作者的任务是找准主要问题、重要问题，为社区发展制定出符合实际的对策。如在当前，由于我国就业不充分，产生不少实际问题，社区中的一些成员往往心理失衡，对社区建设和社区发展有一些负面的看法。为此，在社区发展中，必须在解决他们的具体困难的同时，对该问题形成的内外因素进行分析，找准问题产生的根本原因，切实有效地解决问题。

第三，研究解决问题的策略。社区发展模式的主要策略是引导社区内所有的个人、团体参与社区发展，让绝大多数社区成员有机会关心和讨论社区问题，并提出解决问题的行动方案。

第四，社区工作对象的范围与角色。从空间上看，社区发展模式中的社区工作对象通常是一定地域实体，如街道、小区村庄、城镇等。从功能上看，还包括各种协会团体。但从具体落实看，社区发展模式中的社区工作对象主要指社区居民，只有他们才是社区发展的主体，也是社区发展的原动力。

②社区计划模式。社区计划模式认为，每一个社区都有一系列的主要问题，如房屋、医疗、就业或康乐设施等，这些问题必须逐一得到解决。所以，社区工作的目标就是解决社区内的主要问题。社区计划模式假定在一个较为复杂的社会环境下，需要社区工作者做出专门的计划，设计出各种计划与政策，以有效的方式执行，服务于有需要的人。在设计计划的过程中，社区工作者的主要任务是收集和分析社区的有关资料，制定出符合实际的规划。社区工作者的角色是高度技术性的“专家”。

第一，目标选定。社区计划模式着重的是任务目标，即以解决实际的社区问题为主要工作取向。因此，其目标的选定要紧密结合社区发展的实际，围绕社区发展的问题制定计划。

第二，社区计划的内容。从社区工作的角度看，社区计划涉及的是社区内存在的各种具体问题，如老年人问题、医疗问题、青少年问题、贫困问题、休闲问题等。为了凸显社区工作的专业性和规律性，在制定社区计划时，必须充分考虑到这些与社区居民生活息息相关的内容。

第三，社区工作者的角色。在社区计划模式中，社区工作者主要扮演的是专家的角色。所谓专家，是指在社区计划中，社区工作者应进行社区诊断、社区研究、社区分析、资料和信息收集、组织运作和成效评估。社区计划模式中社区工作者的角色是“为社区民众而做”，而非像在其他模式中的那样“与社区民众同做”。

第四，社区工作对象的范围与角色。在社区计划模式中，社区工作对象是指那些接受并合用方案的人，以及享用社会计划，如心理卫生、福利服务等成果的人。他们被视为服务的消费者，而不是社区活动方案或目标的决策者。

③社区行动模式

社区行动模式假定社区存在着一群弱势群体，需要被组织起来，与他人联合，并根据社会正义或民主的理念，对整个社区提出适当的要求，如资源的增加或合理的对待。从总体上说，社区行动在于结合社区力量，以寻求权利和资源的再分配，推动社区发展。社区工作者的主要角色是行动的倡导者。

第一，社区行动模式目标。社区行动模式的目标是要改变社区居民权利及资源的分配，使处于弱势的群体能够改变自己的处境。

第二，社区行动模式的内容。社区行动模式的内容是关注弱势群体所面临的困境。

第三，社区工作者的角色。在社区行动模式中，社区工作者的主要角色是行动的倡导者和行动者，组织民众，引导有组织的社区工作对象、团体去争取其应有的权利。

第四，社区工作对象的范围与角色。社区行动模式的社区工作对象通常是指遇到各种困难甚至伤害的社区民众，他们特别需要社区工作者的协助和救助。这些人可能是地理社区中的个人或群体，也可能是功能社区中的个体与团体，即他们或是生活在某个地域空间内，或是生活、工作在某一团体组织中，是“不良制度、不善系统下的牺牲者或受害人”①。

（2）社区组织工作三模式比较

社区社会工作三模式由罗斯曼提出，我国学者苏景辉将三模式加以综合比较，较为清楚地勾画出三模式的联系和区别。

① 苏景辉．社区工作：理论与实践［M］．台北：台湾巨流图书公司，1997：43.

社区工作分为社区发展、社区计划和社区行动三种模式，社区工作者要能针对不同的状况而运用不同的模式，以协助社区民众解决问题。社区发展模式适用于社区居民同构性较高，或意见比较一致时；社区行动模式适用于各团体之间矛盾突出、不容易协调各方利益时；社区计划模式适用于社区问题较为复杂、非社区民众能自行应付时。由于社区处在不断的发展变化之中，社区工作者要根据社区情况的发展适时采用不同的模式解决不同阶段的问题。所以，社区工作者要有能力来分析社区的状况，然后采用合适的模式去解决问题。要防止只是用某一特定的模式而排斥其他模式的工作方法。①

（3）社区发展模式详述

社区工作包含多种不同的模式，这些模式除了在介入策略和介入方法上有所不同之外，它们的目标和建立的理念也存在显著的不同。如前所述，美国学者罗斯曼提出了社区工作的三大模式，本部分集中介绍社区发展这种工作模式。

①建立社区发展模式的背景及目标。随着工业化和城市化步伐的加快，当今社会出现了大量的社会问题，这些社会问题的解决日益复杂。伴随着大量的社会问题，居住在社区中的居民之间的关系变得日渐疏离，居民经常感觉到孤寂无助。社区居民面对日趋复杂的问题，由于缺乏有效的民主参与渠道，觉得缺乏足够的能力去解决。所有的这些因素都使社区问题日益恶化。

基于上述对社区现状的理解和分析，社区发展模式指出了社区内广泛的民主参与的重要性，认为应通过居民间的互助和合作，重建和谐的社区关系，增强居民对社区的投入及归属感，提高居民自助及解决社区问题的能力。

根据以上的分析，强调参与、自助和合作的社区发展工作模式，应该能够针对社区现存的不足，提供有效的介入，以实现改善社区生活、强化居民自助及互助的目标。因此，如果能够用社区发展模式解决社区问题，那么社区问题定会迎刃而解。

②建立社区发展模式的理论。

第一，沟通理论。在社区工作的沟通理论中，沟通的含义有三个层面：第一个层面为专家学者与社区代表之间、社区代表与居民之间、社区工作者与社区代表及居民之间面对面的交谈或观念的沟通；第二个层面为有关社区发展知识与方法的传播，这是社区发展的基础；第三个层面是在社区发展方面各级机关及民间观念的交流、沟通，负责地区性或全国性策划的社区工作者借此可洞

① 苏景辉. 社区工作：理论与实践［M］. 台北：台湾巨流图书公司，1997：45.

察社区居民的想法和需要，同时社区居民也可以了解策划者所面临的问题及其对策。社区中如果缺乏上述三个层面的沟通，那么社区发展计划必将无法推行。

第二，决策理论。决策理论，主要是对决策计划过程的步骤进行说明。这一过程可以概括为：①争论，即面对面地争论问题；②评价，即评价计划方案；③决定，即共同决定计划；④经营，即精细策划、分派工作、合力完成任务。

第三，均衡发展理论。所谓均衡发展，主要是指国家的经济发展和社会发展应同时并重、同时策划、互为推进。均衡发展理论主要包括三个方面的内容。

1）整体的发展观念。均衡发展理论是一套整体的综合发展计划，它包括经济、社会、政治、文化各个方面，相互结合，共同推进。

2）平衡的发展措施。均衡发展理论不仅注重经济发展与社会发展的平衡，而且涉及工业与农业的平衡、都市与乡村的平衡，以协调各种力量，互为支援。

3）民主的发展程序。均衡发展理论特别注重大众参与，发挥民众自助力量，提高民众的自治精神。

第四，基层建设理论。近年来，行政学家对国家的经济社会建设，提出了民主（demoeracy）、分权（decentralization）、发展（development）的“3D”理论。各国推行基层建设的趋势也都与社区发展的基本精神相符合，主要包括两种发展趋势。一是由下而上的发展——社区发展是一种基层建设。它强调社区居民的参与和创造、自助和自治、人民与政府的合作及地方与全国的一致。因此，社区发展本身就是一种由下而上的发展，一种“向下扎根”的方法。二是由点而面的发展——社区发展是以社区作为地方基层建设单位。在这一小单位中，它提出适合地方需要的发展方案，采用鼓励、自助、自强的教育方法，改善居民生活，集合若干生活已有改善的小社区形成大社区，开展国家整体的全面建设。

第五，计划变迁理论。计划变迁理论是社区发展实务的基本理论，它源自于社会变迁理论。社区问题实际上是社会变迁的产物，尤其是在快速不断的社会剧变情形下。从另一个角度看，广泛严重的社区问题也只有依靠周密计划的社会变迁才能得到妥善的解决。这种有计划的社区变迁可分为都市计划、社区组织及社区发展三种，是一种有顺序的变化过程。所谓计划变迁，起始于一项决策，辅之以一种有计划的努力，来改进一个社区工作对象体系，凭借外来的协助获得进步。

在计划变迁的理论中包含四个基本概念，它们相互紧密联系，共同构成了理论的基础。这四个概念分别是：一是目标；二是变迁的推动者，包括内在的和外在的计划者。如专家学者、地方领袖、社区工作者等；三是社区工作对象体系，即目标体系、被服务对象，可分为个人、团体、社区或整个社会；四是变迁过程，即有计划变迁的程序和步骤。莱温提出计划变迁程序的三个步骤：解冻；迈向变迁；冻结。具体来说，可以细分为七个阶段：第一阶段，形成一种变迁的需求；第二阶段，建立一种需要变迁的关系；第三阶段，通过确定或澄清问题而开始变迁；第四阶段，讨论待解决的问题和实现目标的手段；第五阶段，将注意力转移到促成实际变迁的努力上；第六阶段，变迁的普遍化、稳定化；第七阶段，完成预定目标而使新的情况固定下来。

③社区发展模式的内容。社区发展模式主要有以下四种工作模式。

第一，创新改革模式。该模式强调，社区变迁的过程是由经过一段时间的“开始”和“结束”构成的。在开始的时候，首先由变迁的推动者或社区发展工作者提出一个新的理想或计划给社区居民。在结束的时候，这个理想或计划已整合到社区居民的文化或行为之中。在整个变迁过程中，有两股力量在相互对立，一股是改革者的新理想、新技术或革新行动，另一股是社区居民对改革者的新理想、新技术或革新行动的响应行动。经过这两股力量的互动，理想计划或者成功，或者失败。创新改革模式如图 3-1 所示。

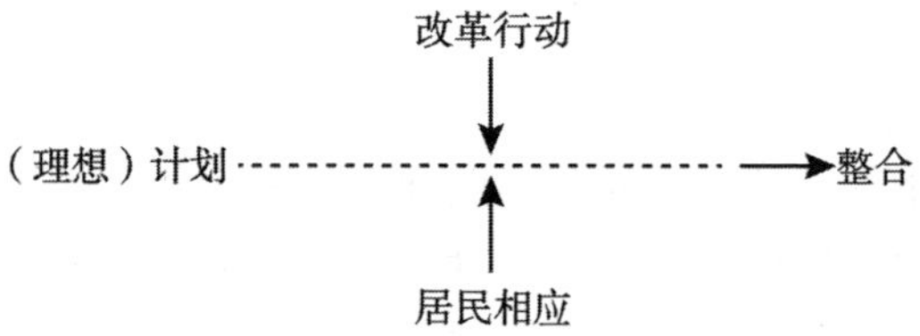

图 3-1　创新改革模式①

第二，改变习俗模式。该模式强调变迁的推动者或社区工作者同社区工作对象、社区或社区居民之间的合作。改变习俗的目的在于使社区不受拘束地成长或发展，通过增进居民的新知识、新技术，帮助他们以更有效的方法去完成社区的各种决定。促成习俗改变的途径包括工艺上的、政治上的、经济上的、

① 李增禄．社会工作概论［M］．台北：台湾巨流图书公司，1989：212.

社会上的、法律上的、意识形态上的以及宗教上的，等等。改变习俗模式如图 3-2 所示。

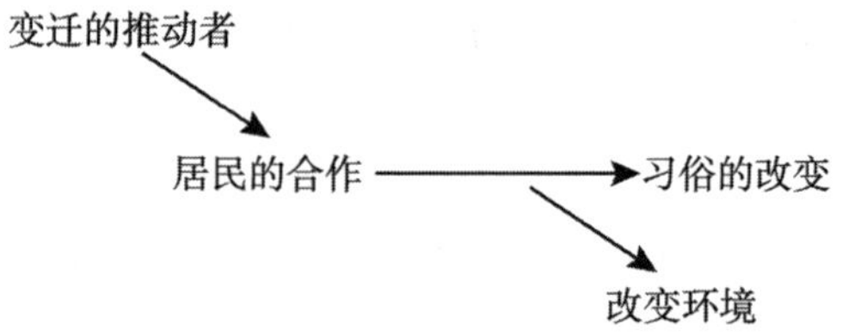

图 3-2　改变习俗模式①

第三，行为改变模式。该模式以心理学理论中的社会学习理论为基础，认为人们学习的主要决定因素是他们所居住的社会的规范、组织或制度。社区发展的成败，可由社区居民行为改变的情形来判断。在修改观念或信念之前，不需要考虑物质的改变或外在环境的改变，因为行为的选择或改善本身就是社区发展的目标。只要价值观念或态度改变了，行为就会跟着改变。因此，社区工作者的主要任务是运用基于学习原理的教育计划，改变社区居民的价值观念、态度及行为模式。行为改变模式如图 3-3 所示。

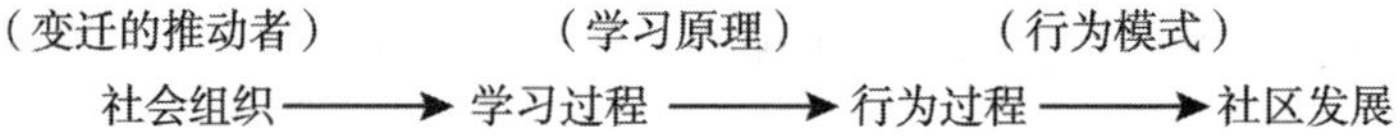

图 3-3　行为改变模式②

第四，过程取向模式。该模式强调社区发展工作者同社区居民间的沟通，通过教育及组织过程，改变居民的态度和行为，使他们更好地参与社区建设。社区发展的基本目标是过程目标，如增进居民参与决策及合作的能力，而不是任务目标，如物质的改进设备及服务的提供等。在此模式中，社区发展工作者是变迁的推动者、有能力的协调者，以及解决问题的教导者。他要了解变迁的团体动力，并相信居民参与及民主方式的功能。居民参与可作为社区发展的目标，也可当作方法。因为过程取向者认为，增进居民的参与可以获得更高程度的社区改善，同时亦可以达到改善居民生活条件的目的。过程取向模式如图

① 李增禄．社会工作概论［M］．台北：台湾巨流图书公司，1989：212.

② 李增禄．社会工作概论［M］．台北：台湾巨流图书公司，1989：212.

3-4 所示。

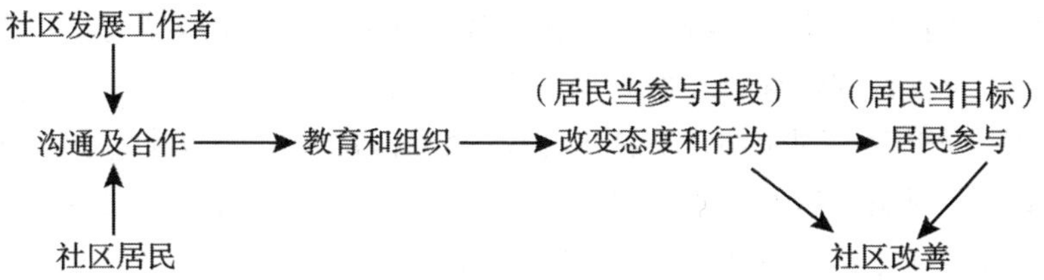

图 3-4　过程取向模式①

思考与练习

1. 社区治理组织的含义是什么？
2. 社区治理组织有哪些主要功能？
3. 社区治理模式有哪些构成要素？
4. 国外社区治理的模式有哪些？对我们有何启示？
5. 社区治理实践模式的基本特征有哪些？
6. 社区治理方法的含义是什么？了解社区治理方法有何作用？
7. 什么是社区行政管理方法？社区行政管理方法的类型有哪些？
8. 什么是社区工作的具体方法？社区治理工作的具体方法有哪些环节？
9. 社区治理工作的三大模式是什么？各有什么特点？
10. 社区发展的模式包括哪些？各有何特点？

推荐读物

1. 徐永祥：《社区发展论》，华东理工大学出版社 2000 年版。

推荐理由：该书包含 8 章及附录等部分。作者首先从中西历史比较的角度，叙述了“社区发展”这一课题之于社会学研究和社会工作实践的重要意义，分析了社区的基本类型以及我国计划经济体制下的“亚社区”及其向现代社区转型的历史必然性，然后就社区规划与发展指挥、社区社会服务、社区社会保障、社区治理中的政府角色、社区参与与社会自治等现阶段我国社区建设中的基本问题，分别进行了较深入的研究和探讨。《社区发展论》可作为高等院校社会学、社会工作及相关专业的专业教材或教学参考书，也可作为党政领导干部、社区治理人员、职业社会工作者及研究人员的专业读物。

---

① 李增禄．社会工作概论［M］．台北：台湾巨流图书公司，1989：212.

2. 郭学贤：《城市社区建设与管理》（第二版），北京大学出版社 2018 年版。

推荐理由： 该书比较系统、全面地论述了社区发展的社会背景、历程、基本趋势，以及社区建设和管理的具体内容，涉及目前社区建设与管理的各个领域。该书根据近两年国家在城市社区建设与管理方面的工作方针、政策和发布的有关文件，对第一版原有内容进行了修改和调整，更新了大量有关统计数据，对一些时间较早的举例进行了修改或更换，特别是新增加了“社区社会工作方法”一章。本书在注意理论论证和分析的同时，也指出了解决相关问题的具体措施。本书体系完整、内容丰富，既可以作为行政管理、公共事业管理、社会工作等有关专业研究生、本科生、职业教育学生的教材，也可以作为社区管理人员的工作参考书或培训社区工作人员的教材。

第4章　社区治理的主体

内容提要

社区治理的主体是社区治理的重要组成部分。在一定意义上，社区治理的主体主要体现为进行社区治理的各个组织。本章我们将学习社区治理过程中主要涉及的主体，并厘清他们之间的关系。其中，社区党组织是党在城市的基层组织，是各类组织和各项工作的领导核心，也是做好街道和社区党建工作的基础。居民委员会是居民自我管理、自我教育、自我服务、自我监督的基础群众性自治组织。业主委员会是物业管理区域内代表全体业主对物业实施自治管理的组织。此外，社区中还有诸多的民间组织，都是社区治理的参与主体。

引导案例

走进贵阳市南明区尚武社区，街道干净整洁，两条生机盎然的绿化带在眼前伸展。葡萄架下，几位正在下棋的老人怡然自得。

“才3年时间，我们社区面貌一新，社区党支部做了大好事。”老人们说。社区入口的宣传栏的橱窗里陈列的照片部分摄于3年前。照片上是一堆杂乱的简易棚，并不开阔的楼房间隙停满了汽车。

群众交口称赞的绿化工程被尚武社区党支部称为“社区党建第一仗”。2000年，尚武社区由原大南办事处第四、第五居民委员会整合而成。社区内布局杂乱，道路差，违章建筑林立。由于居住环境差，一些居民打算搬走。

社区党支部认为，下大力气解决群众关心的问题是凝聚民心的第一步。党支部在多方筹集资金，请专业机构设计方案的同时，向全体居民发出了公开信，并召开居民大会，公布绿化效果图，征求群众意见。

公开信和效果图在居民中赢得了欢呼和掌声，但也遭到了激烈反对，因为按照环境整治要求，所有违章建筑都必须拆除。一户居民7口人挤在20多平方米的房屋内，他们在楼顶加盖了房屋，户主说：“谁要拆我的房子，我就抱谁跳楼。”

社区党支部率先拆除了属于社区的临时门面房和社区入口处的停车场，社区内所有党员带头自行拆除了自家的违章建筑。同时，党支部积极向上级反映情况，为住房确实困难的群众争取廉租房。

党支部和党员率先垂范，为解决群众困难积极奔走，终于得到了居民的理解和拥护。经过3个月的努力，社区拆除违章建筑2400多平方米，绿化公共场所1500多平方米，硬化道路1000多平方米，栽种了广玉兰、樱花、紫薇等20多个品种的花卉树木，新建了垃圾收集点，添置了果皮箱，设置了健身路径，使社区环境发生了巨大变化。

公共绿地建成之初，如何养护又成了难题。在社区党支部会议上，大家提出党员认养绿地的办法。7名党员和积极分子自愿认养绿地，自己购买了工具，定期除草施肥、修枝剪叶。渐渐地，自愿认养绿地的群众越来越多。除了维护原有职务，他们还自己掏钱购置了许多花花草草并栽种其间。居民符公培花5000多元买了不少盆景和一些景观植物，孙贵华在社区修建的池子里放养鱼苗，还花了1000多元为鱼池安装了水循环设备。

现在，参与认养绿地的居民已有33位，每块绿地均有认养人、管护人，居民们享受绿地，也爱惜绿地，他们亲切地叫它“百草园”。

漂亮的“第一仗”，让社区居民信服，密切了社区党群关系。此后，社区党支部通过建立党员联系卡、党员活动记录卡等方式强化对社区内大量在职、离退休及下岗流动党员的管理，在党员中发起成立志愿服务队、义务治安巡逻队，服务社区居民。同时，社区建立了党建工作联络站例会制度和党员值日接待群众来访制度，了解群众需求和困难，及时协调并帮助群众解决这些困难。①

◎ **讨论：**

（1）尚武社区党组织在社区发展中履行了哪些职责？

（2）尚武社区党组织在社区党建中是如何落实密切联系群众路线的？

---

① 袁继红. 社区管理实务（第2版）［M］. 北京：电子工业出版社，2015：38.

4.1　社区党组织建设

社区治理工作首先要从社区治理的主体开始说起，在社区管理中，党政组织是各类组织和各项工作的领导核心，所以我们先要从了解社区党政组织建设开始。

社区党政组织主要包括社区党组织和街道办事处、乡镇政府，以及政府职能部门在社区设立的延伸机构，如派出所、工商所、税务所等。社区党组织是中国共产党在基层社区常设的组织机构，是社区各项工作的领导核心。街道办事处以及政府延伸机构都要在街道党组织的领导、指导或者协调下开展工作。乡镇政府作为农村社区的基层组织，从性质上讲是一种政府管理。在推进城市基层管理体制改革的进程中，“两级政府、三级管理、四级网络”的体制框架初步形成，确立了社区党组织、街道办事处、乡镇政府在城市管理体制中的基础地位。

社区党政组织中，本书侧重于介绍社区党组织和街道办事处两个组织。

（1）社区党组织概述

社区党组织（包括党支部，党总支党委）是党在城市的基层组织，是社区各类组织和各项工作的领导核心，也是做好街道、社区党建工作的基础。社区党支部负责党的路线、方针、政策和国家的法律、法规的宣传，以及对上级党组织的决议、决定的执行，支持和保证居民委员会依法履行职责。

社区党组织在社区工作中占有重要的位置，它的上一级组织是街道（镇）党组织，其主要职责如下。①教育群众、服务群众、联系群众，向群众进行宣传，反映群众的意见和要求，化解社会矛盾，维护社会稳定。②对本社区建设管理中存在的重要问题进行讨论。③完善公开办事制度，支持和保证其依法充分行使职权，领导社区居民自治组织，推进社区居民自治；对社区群众组织进行领导，确保其能够依照各自的章程开展工作。④对党的路线、方针、政策进行宣传和执行，对党中央、上级党组织和本组织的决议负责宣传和执行，团结、组织干部和群众，确保完成社区各项任务。⑤在社区建设的过程中积极组织党员和群众参加。⑥重视社区党组织的建设，尤其是自身建设，做好党员的教育管理和发展党员工作。

和谐社会的健康发展，在价值取向上必须坚持以先进文化为主导，褒扬先进、鼓励崇高、崇尚奉献。引导、帮助群众提高思想道德素质和文化素质是社区党组织的一项重要任务。多年来，社区党组织在建设的过程中重视先进文化的社会感召力、凝聚力和影响力，贯彻“以群众为主体、以社区为载体、以文化为媒体”的工作原则，加强基层文化建设和群众性精神文明创建活动。社区党组织重视各种群众文化活动，倡导开展健康向上、各具特色的活动，推进先进文化的发展和传播，传递党对人民群众文化利益的真切关怀，组织动员广大党员积极参与，发挥他们在社区文化建设中的骨干作用，以无私奉献的精神和热忱服务赢得群众的信任和尊重。社区党组织在发展和推进社区精神文明建设和文化的过程中，大力传播科学知识，弘扬社会主义道德规范，倡导健康文明的生活方式，将思想教育与文化建设相结合。而良好的社区文化，能够让广大人民群众积极参与其中。社区党组织对社区文化建设能够起到积极的促进作用，它既努力满足群众日益增长的文化需要，同时也发挥着对文化的引领作用，对于提高社区居民的素质、提升生活质量、改善人际关系、增进邻里关系、养成文明风尚、美化居住环境、维护社会安定等都起到了促进作用。

（2）如何加强社区党组织建设工作

加强社区党组织建设工作（以下简称党建工作）是加强和改善党的领导，巩固党的执政地位，增强党的凝聚力的迫切需要。从切实加强社区党组织建设入手，着力夯实社区党建工作的基础，是构建社区和谐发展的组织保证。那么，应该如何进一步加强和改进街道、社区党建工作呢？

①充分认识新形势下，加强和改进社区党建工作的重要性和紧迫性。社区党建工作是党的基层组织建设工作的重要组成部分。我国城镇化进程不断加快，城市综合实力不断增强，城市基层管理体制改革改革不断深化，社区在城市工作中的地位越来越重要，社区党组织承担的任务日益繁重。满足社区群众的多层次、多样化需求即提高社区群众民主参与意识，都需要增强社区党组织的领导、协调和服务功能。

②正确把握社区党建工作的指导思想和目标要求。社区党建工作的指导思想是以邓小平理论和“三个代表”重要思想为指导，紧紧围绕城市改革发展稳定的大局，紧密结合城市社区建设的实际，以保持党同人民群众的血肉联系为核心，以服务群众为重点，构建城市社区党建工作新格局，提高街道、社区党组织的创造力、凝聚力和战斗力，扩大党在城市工作的覆盖面，为创建管理有序、服务完善、环境优美、文明祥和的新型社区和促进城市现代化建设提供坚强的组织保证。

社区党建工作要努力实现以下“五个好”的目标要求。一是领导班子好。领导班子及其成员能够认真执行党的路线方针政策，密切联系群众，团结协作。二是党员干部队伍好。共产党员能够发挥先锋模范作用。三是工作机制好。党组织工作制度健全、运行规范，社区党建工作协调机制完善。四是工作业绩好。社区各项事业协调发展，基层民主政治建设和精神文明建设成效明显，社区治安良好。五是群众反映好。社区群众和驻区单位对社区党组织的工作满意。

③进一步明确社区党组织的主要职责。社区党组织要发挥社区各种组织和各项工作的领导核心作用，就必须坚定地履行和承担社区党组织的六项主要职责。

④坚持把服务群众作为街道、社区党组织的重要任务。要坚持党的群众路线，牢固树立群众观点，不断增强服务意识，坚持把服务群众作为社区党建工作的重要任务，切记社区党组织的工作重点不是创收，而是社区管理和服务。要建立、健全社区服务体系，广泛开展社区服务活动，有效推动群众参与与自治。

⑤不断扩大党在城市工作的覆盖面。要及时调整、健全社区党组织。凡有 3 名以上正式党员的社区，都要单独建立社区党组织。调整社区设置时，要同步调整、健全社区党组织。社区党组织要指导、协调和支持驻区经济与社会组织建立党组织，认真做好退休人员、下岗失业人员和流动人员的党组织关系的接转工作，要发挥在职党员在社区建设中的模范带头作用，做到哪里有群众，哪里就有党员的工作；哪里有党员，哪里就有党的组织；哪里有党的组织，哪里就有健全的组织生活和坚强的战斗力。

⑥建立和完善社区党建工作协调机制。按照条块结合、资源共享、优势互补、共驻共建的原则，建立由社区党组织牵头，驻区有关单位基层党组织参加的社区党建工作协调议事机构，围绕辖区内的社会性、群众性、公益性工作，沟通情况，交流经验，研究、协调社区党建和社区建设工作中的重要问题。

总之，只要深刻认识社区在构建和谐社会中的基础地位，认真总结社区党建工作的基本经验，大力加强和全面推进社区党建工作新格局，把提高党的执政能力体现到社区党建工作中，管理有序、服务完善、环境优美、文明祥和的和谐社区的目标就一定能够早日实现。

（3）街道办事处是城市社区最基层的政府机构

其性质和作用较为特殊，下面加以介绍。

①街道办事处的组成。1954 年，全国人大常委会通过并颁布《城市街道办事处组织条例》，明确了街道办事处的性质，即街道办事处是市辖区、不设区的人民委员会的派出机关。现行的《地方各级人民代表大会和地方各级人

民政府组织法》重申，“市辖区、不设区的市级人民政府，经上一级人民政府批准，可以设立若干街道办事处作为它的派出机关”。

街道办事处一般设有行政办公室、社会治安综合治理办公室（司法科）、经济管理科、民政科、计划生育办公室、城市管理科、文教科（街道文化站）、财务科等。

当然，街道办事处是在街道党委的领导下展开工作的，街道党委是区、不设区的市委的派出机关，在社区建设和管理中起核心作用。根据区委的授权，街道党委对本街道的政治、经济、行政和文化教育等各项工作实行政治领导，支持并保证行政组织、经济组织和群众自治组织充分行使职权，保证党和政府的各项方针、政策在社区内得以贯彻执行。街道党委一般设立党委办公室、纪工委（行政监察）、组织人事科、宣传统战科、工会、妇联、团工委、武装部。

②街道办事处的职能与职责：

1）街道办事处的职能。作为城市基层人民政府派驻在街道的办事机关，街道办事处具有行政执行性、派出代表性和区域综合性特征，承担着以下五种基本职能：

一是沟通。联系政府与居民，向下宣传国家的各项政策、法规，向上反映群众对党政工作的意见。

二是管理。行使政府授权进行的有关行政管理职能，包括市政、福利、经济等方面。

三是服务。为居民生活和企事业单位生产创造良好的社会环境。

四是协调。协调辖区内各行各业各部门的工作关系以及上级业务部门与街道各部门的工作关系。

五是指导。对居委会的日常工作进行指导。

2）街道办事处的职责：指导、帮助居民委员会开展组织建设、制度建设和其他工作；开展便民利民的社区服务；兴办社会福利事业，做好社会救助和其他社会保障工作；负责街道城市监察管理；开展计划生育、环境保护、教育、文化、卫生、科普、体育等工作；维护老年人、未成年人、妇女、残疾人和归侨、侨眷、少数民族的合法权益；组织实施社会治安综合治理，开展治安保卫、人民调解工作；开展拥军优属，做好国防动员和兵役工作；参与检查、督促新建改建住宅的公共建筑、市政设施配套项目的落实、验收工作，协助有关部门对公共建筑、市政配套设施的使用进行管理监督；配合做好防灾救灾工作；管理外来流动人口；领导街道经济工作；向区人民政府反映居民的意见和要求，处理群众来信来访事项；办理区人民政府交办的事项。

4.2　社区自治组织建设

社会工作者应当相信，居民参与对解决社会问题和促进和谐社会的建设具有重要的意义。要建设民主和谐的社区环境，普通居民担负的责任十分重大。而社区管理对于一般居民而言，仅凭个人之力是无法做到的，所以就要通过将居民组织起来的办法来实现这个目标。在我国城市社区中，居民委员会就是这个地域性群体的自治组织。

案例

某县西园路居民委员会以“六进社区”活动为载体，开展形式多样的群众文体活动。活动中，他们重点开展了“五好家庭”“文明户”“好婆婆”“好媳妇”等评比活动，积极引导广大党员和群众参与文明社区建设，培养居民健康向上的精神面貌，涌现出文明楼栋 5 个、“五好家庭”14 户、好媳妇 7 个、好婆婆 8 个；党支部组织党员干部深入居民小区、楼栋大院，开展以“倡导文明新风，告别不文明行为”为主题的宣传活动；在职党员纷纷走进大街小巷，参加环境卫生整治工作；党支部组织中的无职党员到居民区参加周末文化活动，给居民带来全新的文化信息。另外，居民委员会还在居民区组织了以宣传十八大精神为主题，歌颂伟大祖国和中国共产党等弘扬主旋律的文化活动，祝愿伟大的祖国繁荣昌盛。①

◎ **思考**

（1）居民委员会的性质是什么？在社区管理中主要承担哪些任务和职能？

（2）该案例表明居民委员会行使了哪项职能？

4.2.1　居民委员会的性质和组织结构

（1）居民委员会的性质

① 袁继红．社区管理实务（第 2 版）［M］．北京：电子工业出版社，2015：39.

从居民委员会发展的历程来看，它是随着新中国的成立和发展而发展的，是我国城市社区组织中历史最长、作用也最为独特的居民自治组织。

早在1949年年底和1950年年初，我国一些城市中就出现了不少由群众自己组织起来的防护队、防盗队及居民委员会等名称各异的自治性组织。这些组织的基本任务是学习、宣传党和政府的方针、政策和法规，反映居民的意见和要求，组织群众防抢、防空、防火、防灾、防盗，办理救济及一些公益事项。此后，这些组织的名称逐步统一为居民委员会，1954年，《中华人民共和国居民委员会组织条例》第一次以法规的形式宣布居民委员会是“群众自治性的居民组织”。1990年开始施行的《中华人民共和国城市居民委员会组织法》再次明确了城市居民委员会的性质是居民“自我管理、自我教育、自我服务”的基层群众自治性组织，后来在实践中又加上了“自我监督”的属性，俗称“四个自我”，但《中华人民共和国城市居民委员会组织法》并未修正。

（2）居民委员会的组织结构

合理设置的居民委员会机构及人员是居民委员会发挥作用的必要条件。居民委员会组织结构的设置，既要遵守《中华人民共和国城市居民委员会组织法》的规定，也要因地制宜，结合当地的实际情况。

根据《中华人民共和国城市居民委员会组织法》的规定，居民委员会的主任、副主任和委员由居民选举产生；居民委员会根据居民居住状况，按照便于居民自治的原则，一般在100~700户的范围内设立。① 居民委员会主任、副主任和委员由本居住地区全体有选举权的居民或由每户派代表选举产生；根据居民意见，也可以由每个居民小组选举代表2~3人选举产生。居民委员会每届任期3年，其成员可以连选连任。年满18周岁的本居住地区居民，不分民族、种族、性别、职业、家庭出身、宗教信仰、教育程度、财产状况、居住期限，都有选举权和被选举权；但是，依照法律被剥夺政治权利的人除外。

从目前的工作实际来看，居民委员多由选举产生，主任则大多采用选用和普选相结合的方式产生。街道办事处推荐居民委员会候选人，并召开居民会议，由群众选举产生。同时，居民委员会的工作人员，除了选举产生的委员外，还包括不少聘用人员，主要是一些专职工作人员，如社区低保专干和社保

① 2000年，中共中央办公厅和国务院办公厅转发《民政部关于在全国推进城市社区建设的意见》后，全国普遍对规模过小的居民委员会进行合并调整，合并后的居民委员会的辖区居民户数普遍达到2000~3000户，有些甚至达到5000户以上，已经远远超过原来的规定。

专干。

居民委员会设人民调解、治安保卫、公共卫生等委员会，办理本居住地区的公共事务和公益事业，调解民间纠纷，协助维护社会治安，并且向人民政府反映群众的意见、要求和提出建议。综合各地的工作经验，目前在居民委员会内部设置的专门委员会大概有以下几种：

①人民调解委员会。人民调解委员会在政府司法行政部门的业务指导下开展工作。其主要职责是依照《人民调解委员会组织条例》开展工作，认真贯彻执行“调防结合、以防为主”的方针，及时公正地调解民间纠纷；对社区居民经常进行社会主义法制宣传教育，使居民群众知法、懂法、守法，提高依法保护自己合法权益的能力；最大限度地把矛盾消化在基层，防止矛盾激化；配合有关部门搞好失足青少年的帮教工作，做好刑满释放人员和解除劳教人员的帮教就业工作，防止其重新犯罪。

②福利委员会（社区服务委员会）。福利委员会的主要职责是组织建立专兼职社区服务队伍，针对不同对象，实行无偿、抵偿、有偿等不同形式的服务，最大限度地满足居民群众需求；认真配合民政部门及残联做好优抚、社会救济、拥军优属及社区服务工作；定期不定期走访民政对象，健全烈属、孤老残疾、精神病保护组，帮助解决实际问题；积极开展面向老年人、儿童、残疾人、社会，贫困户和下岗失业人员的社会福利服务；移风易俗，搞好殡葬改革工作；帮助办理有关优抚社会救助申报、审批等工作手续；搞好退休人员、“农转居”人员的服务管理工作。

③治安保卫工作委员会。治安保卫工作委员会在政府公安、综合治理部门的业务指导下开展工作。其主要职责是宣传教育群众增强法制观念，增强防盗、防火、防破坏等安全防范意识，配合公安部门做好综合治理工作；组织居民群众开展治安巡逻、看门护院的群防群治工作；健全治保网络，建立例会制度，掌握地区居民情况，配合有关部门做好外来人口管理工作，发动、组织社区居民检举犯罪行为，发现犯罪活动和被通缉的在逃犯应及时报告。

④文教、科技、卫生工作委员会。文教、科技、卫生工作委员会在政府文教、科技、卫生业务部门指导下开展工作。其主要职责是不断完善公益性群众文化设施；大力开展社会主义、爱国主义思想教育，开展丰富多彩、健康有益的文化、体育、科普、教育等活动，营造健康向上的文化氛围，倡导科学、文明、健康的生活方式；发动群众做好爱国卫生运动，采取积极措施，搞好绿化、美化环境工作，搞好环境整治，培养社区成员的环境意识和公德意识；组织建立社区医疗卫生服务站，满足社区居民医疗保健需求。

⑤社区妇女代表会（妇代会）。社区妇女代表会的主要职责是教育妇女自尊、自信、自立、自强，崇尚科学，反对迷信；正确处理婚姻家庭问题，开展“五好文明家庭”创建、拥军优属等活动；大力提倡尊老爱幼、邻里团结的文明新风；维护妇女、儿童合法权益，帮助困难妇女、儿童解决实际问题。

⑥青少年教育委员会。青少年教育委员会的主要职责是办好校外教育活动，组织青少年开展有益的文娱、体育活动和社会活动；积极宣传未成年人保护法，配合学校及家长对学生进行爱党、爱国、爱社区教育；组织青少年参与社区公益活动，使他们德、智、体、美、劳全面发展，成为“四有新人”。

⑦老龄工作委员会。老龄工作委员会的主要职责是积极宣传、贯彻《中华人民共和国老年人权益保障法》，掌握和了解本辖区老年人的基本情况；对各个年龄阶段的老年人分层次管理，积极开展尊老、敬老文明社区活动；发挥老年人的技术专长和才智，组织发动老年人参加社会公益和综合服务活动。

⑧社区残疾人协会。社区残疾人协会的主要职责是保障残疾人基本生活；关心残疾儿童和残疾人子女的教育问题，对家庭生活困难的人给予支持和帮助；创造无障碍的社区环境，方便残疾人出行；制定、落实社区对残疾人的优惠扶持措施，提高残疾人和社区群众的法律意识；为残疾人提供优先、优惠、优质、高效的法律服务和援助，切实维护残疾人合法权益；采取志愿者助残等多种形式，解决残疾人生活中的实际困难。

⑨协商议事工作委员会。协商议事工作委员会是社区的议事协调机构，其成员由社区内人大代表、政协委员、居民代表、单位代表、知名人士等组成，经社区居民代表大会聘请产生。其主要职责是讨论社区内的重大事件，并在社区居民代表会议授权下，对其进行解决；协助和监督社区居民委员会实施年度工作计划，对社区居民委员会工作进行监督和评议，提出意见和建议；对事关社区公共利益的重大事项进行表决，并进行报告；代表社区居民提出搞好社区建设的意见和建议；对不称职的社区居民委员会干部提出罢免、撤换的建议。

⑩社区居民小组。居民委员会可以分设若干社区居民小组，小组长由居民小组推选。社区居民小组组长的职责是组织本小组居民学习国家政治时事，遵守国家政策法规，宣传党的各项方针政策；贯彻落实街道办事处、社区居民委员会布置的各项工作任务，执行并督促本小组居民完成上级下达的各项任务；主持召开居民小组会议，推荐选举本小组的社区居民代表；报告社区成员代表会议的决定；听取、反映本小组居民的合理化建议和意见。

4.2.2　居民委员会的工作内容

居民委员会的工作内容在历史上不断经历着变化，以适应国家经济和社会发展的需要。根据《中华人民共和国居民委员会组织法》第三条的规定，目前城市居民委员会的工作任务包括以下六项。

第一，宣传宪法、法律、法规和国家的政策，维护居民的合法权益，教育居民依法履行应尽的义务，爱护公共财产，开展多种形式的社会主义精神文明建设活动。

居民委员会要维护居民的合法权益，教育居民遵纪守法，如服兵役、计划生育、遵守法律、赡养父母、抚养子女等。开展精神文明活动是居民委员会一项经常性的重要工作，其主要内容包括以下三点：①采取各种方式对居民进行理想和道德教育，教育居民成为有理想、有文化、守纪律的文明市民；②在居民中开展创建“安全文明小区”“文明楼栋”“五好家庭”“遵纪守法户”“文明市民”等评比活动，采用居民公约等方式，使邻里关系变得和睦融洽；③开展健康文明的文化体育活动，讲文明、树新风。

第二，办理本居住地区居民的公共事务和公益事业，包括管理本居民委员会的财产，根据自愿原则筹集本居住地区居民的公共事务和公益事业所需费用。在一些没有聘请物业服务企业的社区中，如一些老居民区，居民委员会有责任对社区物业进行管理，同时还要为社区中的老人、儿童、下岗工人等特殊群体提供相关福利服务。

第三，调解民间纠纷。居民委员会是最接近群众的组织，其工作人员最熟悉社区居民。由居民委员会负责对民间纠纷进行调解，规劝相关人员消除分歧、重归于好，是一项快速且有效的方式。调解工作的成败，甚至直接影响社区的形象，影响居民对社区的向心力。

第四，协助维护社会治安。深化平安建设，构建和谐社会，建设“发案少、秩序好、社会稳定、群众满意”的和谐社区，需要依靠全社区的力量。创造良好的社会秩序和社区环境是社区居民委员会工作的重要任务。为了创造平安和谐的社区，居民委员会应当在社区中宣传法律知识，帮助安置失足青年和“两劳”人员，组织治安巡逻，抓好治安防范工作和社区综合治理，落实群防群治的措施，配合司法部门严厉打击各种刑事犯罪活动和非法传销等社会不稳定因素，维护社区的安定。

第五，协助人民政府或其派出机关做好与居民利益有关的公共卫生、优抚救济、青少年教育等各项工作。城市基层政权对居民委员会的工作具有指导性，居民委员会需要对城市基层政权的工作予以支持和配合，这些工作包括公共卫生、优抚救济、青少年教育、安全防火等。这不仅符合国家的整体利益，也符合全体居民的利益，它们是居民委员会的重要工作职责。

第六，向人民政府或其派出机关反映居民的意见、要求并提出建议。居民委员会是连接群众和政府的重要纽带，是实现群众参与的重要途径，也是政府了解人民声音的重要窗口。为充分体现以人为本的执政理念，提高办事效率，搞好廉政作风建设，提高居民的参政议政能力，提高全社会的管理水平，居民委员会应当充分发挥自身作用，将居民的意见、建议和要求向上级政府进行反映，实现政府与群众的良性互动。①

法律还规定居民委员会应当开展便民、利民的社区服务活动，可以兴办有关的服务事业。所以，居民委员会应因地制宜地兴办生产、生活服务业，开展多种形式的社区服务活动，吸纳社区居民就业。

4.2.3 如何加强居民自治组织建设工作

明确了居民委员会在社区管理中的地位与应有的作用后，接下来的问题就是如何把这一作用充分发挥出来。应当说，这是一项系统工程，涉及内外部一系列环境的创造。

（1）从外部环境来看

一方面，要弱化行政主导型社区管理的惯性，努力实现政府行政管理与社区自我管理的有效对接及政府依法行政与社区依法自治的良性互动，实现“政社分开”与“政策协调”的统一，使社区真正从国家领域中分离出来，回归到社会领域，逐步进入自我管理、自我教育、自我服务、自我监督的有序状态，成为基层社会治理的重要一员，这取决于整个社会治理的架构安排和合理化变革的进程。另一方面，要推进非政府组织的成长，尤其是各类组织目标、职能的相互区分和多样化。从一定意义上说，我国30多年来的改革开放进程的实质，就是包括政府、企业、事业单位和其他组织的目标、职能不断区分和多元化的过程，如果没有这方面的成果，我国经济社会等领域的改革就不可能取得如此大的进步。同理，目前经济社会领域改革所遇到的深层次矛盾也恰恰是各类组织的目标、职能区分与多元化不足所造成的。相对于经济领域的组织而言，社会发展领域内的组织目标分化与职能多元化不足问题更为严重。在这样的背景下，居民委员会角色不清及角色冲突在所难免。所以，重视和推进各

① 袁继红. 社区管理实务（第2版）[M]. 北京：电子工业出版社，2015：44.

类组织目标分化与多样性的总体氛围，将直接影响居民委员会角色回归和在社区服务中功能的专门化进程。

（2）从内部环境来看

就是要推进居民委员会的规范化建设，是居民委员会有精力、有能力、有条件、有保障地全身心投入并做好职责范围内的社区服务工作。①规范居民委员会职能事务。围绕角色定位，推进居民委员会职能事务改革，对政府部门委派或转移到居民委员会身上的行政性工作，按照分工原则，由政府部门调整；对于专业性较强的社会事务，如青少年行为矫正、精神病康复者回归社会的过渡期工作及再就业培训和心理咨询等，交由职业化和专业化的社会工作机构、社区服务组织来承担；对于政府进社区的工作，原则上都要交于相应的民间组织，而不是交给居民委员会。所以，当前要大力培育社区民间组织和社区工作者队伍，提高社区民间组织的承载能力。②规范阵地建设，统一社区居民委员会办公、服务设施的建设标准，优化功能、布局，保证必要的硬件设备和服务条件。③规范规章制度，做到基本制度健全、程序流程清楚。④规范队伍管理，做到居民委员会干部依法选举产生，社区工作者职业化管理，强化技能培训。⑤规范保障措施，确保社区工作经费落实，建立并落实福利待遇的自然增长机制，逐步将一些热心社区公益工作、威望高、素质高的人吸引到居民委员会当中来，提高社区居民委员会在推进社区服务工作中的能力与水平。

外部环境说到底是社会改革、发展的总态势，但是，这个环境向着良好方向发展的趋势十分明确，我们应当抓住这一有利时机，大力推进居民委员会规范化建设。接下来应进一步完善推进此项工作，更好地发挥居民委员会作用，推进社区服务，促进和谐社区建设，为构建和谐社会贡献力量。

4.2.4　社区党组织与居民委员会的关系

社区党组织是社区建设的领导核心。党组织要把党的领导贯穿于居民自治的全过程，理顺社区中的各种关系，形成社区建设的合力。

（1）党组织为社区事务把关

党组织要对社区事务决策把关，对居民社区工作起到组织保证作用。社区居民委员会主要负责办理居民的公共事务，开展多种形式的精神文明建设活动，调解居民纠纷，及时化解社会矛盾，维护居民利益，维护社会稳定，等等。对于居民委员会汇报、协商的事项，党组织要及时予以答复，并提出建议和要求；如果双方在工作意见上有分歧，就进一步调研协商，思想认识统一后，再由居民委员会予以实施。

（2）党组织对社区工作不能包办代替

居民委员会是居民自治的主体，党组织要为居民委员会依法履行法定职责提供保障，但不能包办代替。社区党组织应该给居民委员会提供必要的支持和帮助，但不是替代居民委员会进行工作。

（3）确保党员在社区组织中的比例

社区党组织要成为资源整合的主角，就要确保党员在社区各类组织中占有一定比例。同时，通过学习宣传教育、谈心指导等多种形式的思想引导，采取分片负责、上门家访的形式密切党群关系，让居民了解社区各种工作动态，进一步发动居民参与自治。

（4）党组织监督居民委员会工作

一方面，党组织要注重居民委员会干部的工作作风和纪律教育，采用干部自我对照、居民监督评议和党组织戒勉等方法，以提高居民委员会干部素质；另一方面，党组织要充分发挥监督的作用，对居民委员会的工作提出意见和建议。①

4.2.5 居民委员会与地方政府的关系

（1）法理上的居民委员会与地方政府的关系

居民委员会与地方政府关系的法律依据是《中华人民共和国城市居民委员会组织法》第二条的规定，即“不设区的市、市辖区的人民政府或者它的派出机关对居民委员会的工作给予指导、支持和帮助。居民委员会协助不设区的市、市辖区的人民政府或者它的派出机关开展工作”。

由该法条内容可见，居民委员会是城市社区管理工作的主体实施者，不设区的市、市辖区的人民政府或者它的派出机关则指导、支持和帮助居民委员会更好地实现对社区的管理，两者在法理上不具备领导和被领导的关系，也不是上级和下级的关系，居民委员会更不是不设区的市、市辖区的人民政府或者它的派出机关和下级单位。

（2）居民委员会与地方政府的实际关系

我国目前的《中华人民共和国城市居民委员会组织法》把居民委员会定性为自我管理、自我教育、自我服务（“三自”）的自治组织。然而长期以来，一些居民委员会名义上是居民自治组织，却普遍依赖地方政府，吃政府的饭，办政府的事，难以摆脱政府的“腿”的角色，自主功能形同虚设，仅居

① 袁继红．社区管理实务（第2版）［M］．北京：电子工业出版社，2015：45.

民委员会换届时必须经居民或居民代表选举产生。《中华人民共和国城市居民委员会组织法》把街道办事处与居民委员会的关系确定为指导与被指导的关系，而实际操作中却基本上与领导和被领导的关系没有多大区别。街道办事处布置的各项工作（政府的事），居民委员会必须去完成；对于有的工作，街道办事处（代表政府）还要与居民委员会（自治组织）签订责任状。①

对于工作能力不强、不能胜任工作或工作积极性不高的居民委员会干部，从严格依法办事的角度来说，街道办事处难以对其调整或辞退，如果要通过居民或居民代表大会对其进行罢免，操作比较繁杂，可能还达不到预期的效果。对于工作能力强、能胜任工作的居民委员会干部，如果本人不愿意再从事居民委员会工作，可以随时提出辞职，街道办事处也没有好的办法留住他们。不论上述哪种情况，都会对社区建设带来不利的影响。

我们再来分析一下目前的社区居民委员会。《民政部关于在全国推进城市社区建设的意见》中把社区居民委员会定性为“自我管理、自我教育、自我服务、自我监督”（“四自”）的自治组织，但是同样存在着上述矛盾和问题。

除此之外，社区组织中还设立了“议事委员会”。按照社区组织建设中的定位，社区议事委员会是社区议事组织，是社区的决策层，社区居民委员会是执行层。而在实际操作中，社区居民委员会还是在执行街道办事处（政府）的决定，完成街道办事处下达的任务。社区议事委员会记忆不了多少事，也难以真正行使议事、决策的权力，从而使议事委员会几乎形同虚设。

另外，随着政府机构的改革，一些政府职能也在逐步下放，并延伸到社区，如目前已配备的计划生育专干、社保专管员等都是随着职能的下放而配备的。这些人员是政府（职能部门）聘用的人员，承担政府部门的专项工作，但他们却在社区工作，必须由社区居民委员会来领导和管理。他们与政府职能部门、街道办事处、社区居民委员会的关系不明、界定不清，一旦工作上出现问题，责任到底属于政府职能部门还是街道办事处，又或是社区居民委员会？

要彻底解决这些问题，需要从法律上根本性地对各个组织的职能进行规范。

4.3　社区民间组织

社区管理是有待于进一步开拓的领域，一大批专职、专业相适应的社区，

① 袁继红．社区管理实务（第 2 版）［M］．北京：电子工业出版社，2015：45.

民间组织是具体承担由于实施政事分离、政社分离而转移出来的职能的有效载体，能够在社区建设和发展的过程中，适应居民不同类型、不同层次的多方面需求。

案例

龙家湾首家社区老年人协会成立

2013年7月19日，龙湾状元街道状元桥社区老年人协会成立，137名会员通过选举产生了协会的草根领袖。由此，龙湾首家登记在案的社区老年人协会正式诞生。

近年来，农村老年人协会在农村经济和社会发展中的作用越来越大，但老年人协会不规范管理所暴露出的问题也越来越多。过去，老年人协会有名无实，虽普遍存在，却并不规范，由于无法开立非公企业账户，集体财产只能存放在会长个人名义下，个人腐败问题和民事纠纷普遍存在，因此，如何规范化管理者老年人协会工作显得尤为重要，为此，龙湾区在状元桥社区试点，率先成立社区层面的有社团法人资格的基层老年人组织，并登记在册。与以往行政村自主筹建的老年人协会不同，这个老年人协会具有独立的民事主体资格，可开立银行账户。

这是龙湾区首家以社会团体形式登记在案的社区层面的老年人协会，为进一步推开老年人协会工作，龙湾区计划2013年年内在全区社区实现老年人协会30%的覆盖率，逐步探索经营方式，深入规范老年人工作。

根据老年人协会章程，协会的业务范围包括办理老年证，协助社区管理居家养老服务中心，以及为老年人提供咨询和维权帮助等工作，同时，明确组织机构和负责人产生、罢免、资产管理、使用原则，以及章程的修改程序等，并出台《状元桥社区老年人协会会费收缴标准和管理办法》。在财务方面，建立严格的财务管理制度，配备具有专业资格的会计人员，并规定要将资金使用情况每年向会员公布一次，实现财务透明化管理。

“老年人协会成立之后，有了独立的法人和银行账户，就便于我们一些专项的经费辅助的下拨，更有利于推动社区老年人事业的发展。”区老龄委办公室主任董红梅介绍。专项补助经费可用于老年设施建设、老年人慰问、老年大学等工作的开展，同时，该银行账户还可接收社会热心人士的捐款。

如今许多村居社区中，成年男性大多在外工作，老人多留守家里，老年人协会组织的重要性得以显现，龙湾区还让老年人协会协助管理社区居家养老照料中心。这是一种创新的自我管理、自我服务模式，让他们参与社区居家养老照料中心的管理工作，真正的实现老人的老有所乐、老有所为、老有所养。①

◎ **思考**

（1）以该案例中的社区老年人协会为例，说说社区民间组织对于社区发展具有什么意义。

（2）社会工作者应当如何进行社区民间组织建设？

4.3.1　社区中介组织（又称为非政府组织）

（1）社区中介组织的含义

社区中介组织主要是指各类福利性、服务性、中介性组织，如社区福利组织、志愿者组织、慈善组织、社区服务组织或者一些行业性组织，如个体劳动者协会、舞蹈家协会等，又被称为非营利性组织或非政府组织。其形成于18—19 世纪的发达国家，在我国还是一种新兴的社区组织。社区中介组织主要致力于社会服务和管理，其根本宗旨是满足社区居民的需要，承担着联系政府与民众、依法进行社区治理和服务等多种职能。②

（2）社区中介组织的角色定位

①社区中介组织是社区福利服务的推动者和组织者。社区内存在大量的、分散的民间资源，社区中介组织通过有目的的、有组织地开展社区福利服务活动，与政府开办的社会福利服务设施相配合，通过对社区资源进行统筹规划，并有组织地发动民众参与以达到整合资源的目的。如近年来城市社区内开展的各种居民互助服务、便民服务、志愿服务，如钟点工、家电维修等，同政府在社区开办的敬老院、保健站、市民求助中心一样发挥了重要作用。社区中介组织开展的各种公益性服务也维护了社区治安与各项秩序，维护了社区环境，维护了社区安全。③

---

①　http：//xs. 66wz. com/lwxww/system/ 2013/07/23/ 011332765. shtml.

②　赵勤，周良才 . 社区管理（第二版）［M］. 北京：中国劳动社会保障出版社，2015：53.

③　袁继红 . 社区管理实务（第 2 版）［M］. 北京：电子工业出版社，2015：49.

②社区中介组织是政府与民众的中介者。当社区中介组织成为社区居民参与社会福利的组织者后，将直接代表民众的利益，与政府及其他各方合作，推进社会福利事业，也因此成为社会保障中政府与民众的中介人。

③社区中介组织在开展社区服务、社区文化活动、社区教育活动中全面发挥着骨干作用。

典型调查结果表明，基层社区建设活动的积极分子大多局限于社区志愿组织的成员，社区中介组织日益成为社区建设的主体力量之一。

（3）社区中介组织建设的基本途径

①要把部分政府机构、部分企事业单位转制成社区中介组织。结合机构改革，把那些本来承担着中介组织职能却属于政府的部分机构，以及那些直接从事社会福利和社会公益的事业单位，转变成非政府、非营利的社区中介组织。

②大力培育现有的社会团体，进一步发挥他们在社区建设中的作用。一是要进一步调整政府与社会团体的关系，既要提高政府对社会团体的宏观调控能力，更要承认社会团体的独立法人地位，使他们能够自主地依法开展公益事业；二是要逐步将政府对社团下拨的“事业费”“人头费”改变成按项目支持的“项目经费”。在此基础上，把竞争机制引进到社团的管理过程中，运用“项目经费”这个杠杆有效地控制社团的服务内容和质量。

③在现有的社区群众性组织的基础上，按照社区中介组织的规范，培育若干专门性的社区中介组织，例如志愿者组织、老年人组织、体育卫生组织，等等。积极发动广大居民群众加入这些组织，使这些组织逐步走上制度化、专业化轨道，相对独立地开展社区建设活动。①

④要进一步鼓励和扶持社区中介组织积极参与社区建设，同时要给予政策、法规，包括资金、项目、场地、税收等方面的优惠、扶持，等等，为中介组织参与社区建设事业提供良好的制度条件。

4.3.2 社区民间组织的积极作用

社区民间组织对社区管理具有哪些积极的作用？我们的社会工作者又应该如何工作，从而将这些积极作用最大限度地发挥出来呢？

（1）大体而言，社区民间组织具有以下三个方面的作用。

---

① 赵勤，周良才．社区管理（第二版）［M］．北京：中国劳动社会保障出版社，2015：53.

①根据需求，培育发展社区各类社会组织，为市民参与文明城区创建提供载体。

社区民间组织发展快，涉及行业、系统面广量多。社会工作者要注重培育和发展，符合各类需求的民间组织，形成政府、市场、社会、居民各方共同参与社区建设和社区管理的新格局。

第一，要根据社会发展需求，建立公益型、志愿型、慈善型等社区群众组织。近年来，各街道、镇从社区生活和需求多样化的客观趋势出发，把焦点聚集到社区的各类民间组织的培育发展上，培育和发展一批自主性、公益性、服务性的社会化组织来满足社区和社会的各项需求，如志愿者队伍、调解工作室等都给居民参与社区服务提供了平台。

第二，要根据社区居民生活、精神、心理需求建立多元化、广范围的社区组织。围绕社区精神文明需求和构建和谐社会的要求，鼓励发展内涵丰富、居民喜闻乐见、参与率高的多样化社区民间组织，为建设社区、服务居民提供载体，以形成社区居民自我教育、自我管理、自我服务的良好氛围，满足居民的生活和精神需求。例如，针对社区老年群体的需求建立的老年协会，针对癌症病人需求建立的癌症康复俱乐部，针对居民在社区中服务和被服务的需求建立的各类志愿者协会等。

第三，要根据社会管理需求，建立各类政府购买服务的社会组织。随着体制转轨、社会转型，政府部分职能需要转移，要改变“强政府、弱社会”的社会管理模式，民间组织则是最好的承接载体。“小政府，大社会”格局的建立，和谐社会的构建，都要求政府向公共服务型政府转变，并逐步把一些社会管理职能交给民间组织，发挥民间组织的作用。例如，社区事务工作站承接了政府行政性事务，还居民委员会以居民自治的本来面貌。

②建立街道、镇社区民间组织服务中心，为社区组织的发展和市民参与文明城区创建提供服务。

社区建设需要各类社会组织从中起到推动作用，但目前这类组织在数量上严重缺乏，在发育程度上比较滞后。更让人担忧的是，由于法律、法规的不健全，社区民间组织，尤其群众团队的建立带有随意性，缺乏规范性。因此，要在街道、镇层面通过建立社区民间组织服务中心，发挥好“服务、管理、协调、预警”的功能，为民间组织提供活动场地、活动资金等方面的服务和便利。

第一，要根据居民生活需求，整体规划社区组织与群众团队。民间组织服务中心比政府部门更贴近社区和居民群众，对辖区内社会组织的情况更加清楚。因此，民间组织服务中心更加了解群众的心理及社区组织培育的空白点，可以以此对社区组织培育整体布局作出规划。目前，除了针对一批特殊群体的需求，建立社区组织外，还要针对社区居民的共同爱好、生活需求相应地建立社区组织，以得到居民的认同，这样才能激发群众参与社区组织的兴趣和参与社区建设的积极性，从而形成自我管理、自我监督、民主自治的良好氛围。①

第二，要加强服务管理，使居民广泛参与社区组织。民间组织服务中心除了有管理、监督、指导等职能外，最重要的一项职能是服务，服务于社区组织、社区居民。街道民间组织服务中心建立后，通过备案登记，可将一些不规范和松散的群众团队整合起来，对其进行行业指导和监督管理，使社区民间组织通过会员之间的沟通与协作，提高社区和谐度和凝聚力；社区的人力资源也可得到充分利用，社区建设的主力军队伍也能得到发展。例如，上海市临汾路街道教工委就是从未经正式备案登记到由民间组织指导、成立、备案，还为其他团队与人员牵线搭桥，为自身扩大了会员队伍，使之成为一个健康、发展良好的群众团队。

第三，要整合资源，最大化地发挥社区组织的作用。民间组织服务中心一定要建立在街道、镇层面，这正是因为他需要协调街、镇各职能科室在社区组织培育中遇到的矛盾，帮助解决社区组织在发展中遇到的困难等。因此，民间组织服务中心能充分整合社区各类资源，将社区民间组织在文明城区创建中的作用发挥到最大。

③开展民间组织进社区活动，为社会组织参与文明城区创建提供平台。

要充分利用好民间组织的人才资源、专业技术资源、信息资源，积极引导民间组织参与文明城区的创建。

做好民间组织进社区工作，深入社区，开展为老、助老服务和其他公益性活动，树立民间组织的公益形象。通过社区群众团队开展形式多样的文化活动，满足居民精神文化需求，提高居民的思想道德素质和文化修养。号召民间组织为所辖社区“尽一份心、做一点事、出一点力”，为文明城区的创建献计献策。例如，共同开展“社团与您共建温馨家园”大型为民服务活动；成人教育协会可为社区创建学习型城区提供培训；民间组织可开展为下岗职工提供的再就业咨询服务活动等。②

---

① 袁继红．社区管理实务（第2版）［M］．北京：电子工业出版社，2015：47.

② 赵勤，周良才．社区管理（第二版）［M］．北京：中国劳动社会保障出版社，2015：50.

（2）社区民间组织发展存在的问题

尽管现在社会各方面对社区民间组织的培育和发展的重要性有了一定的认识，但目前具体的机构运作仍然面临一系列问题。此外，对社区民间组织的地位和作用缺乏足够的认识，以及在管理社区民间组织上缺乏可操作性的法律法规依据等现状，都严重阻碍了社区民间组织的发展。所以，虽然社区民间组织为创建和谐社区发挥着积极的功能，但不可否认的是，今天他们在发展上还存在一些问题，这些问题包括如下几个方面：

①社区民间组织力量薄弱，参与面狭窄。目前，社区民间组织仅限于针对一些特殊群体的特殊需求而建立，而且这些特殊群体绝大多数是社区的弱势群体，因此造成了社区民间组织力量薄弱，能使更广泛群众参与的社区民间组织比较少。

②缺少资金和阵地。政府职能转移缓慢，在转变职能问题上，不能做到费随事转；缺少活动资金和活动场地，也是许多社区民间组织没有生命力，甚至最后无法继续生存的重要因素。

③缺乏政策支持。社区民间组织、民办非企业单位缺乏税收优惠政策，以及房租等公用事业费的减免政策；政府购买服务专项经费也未列入公共财政范畴①。

（3）社区民间组织发展的建议和对策

①按照居民的需求，广泛培育和发展社区民间组织。

建立的社区民间组织要达到民主管理和充分发挥主观能动性的目的，不仅要为居民需求服务，更要为居民参与社区建设和承接社区服务提供载体。例如，老年协会把社区内的老年人组织起来，通过形式多样、老年人喜闻乐见的活动，积极参与社区建设，承接社区公共服务。又如，拳操队、腰鼓队、老年合唱队等社区群众团队的建立，以喜闻乐见的形式，广泛开展文化、艺术、体育活动，激发社区居民参与的热情。多彩的文化、体育、娱乐活动极大地丰富了社区文化生活。

②转变政府部门的管理方式，发挥自身优势，培育发展各类群众组织。

目前，社区民间组织所涉及的业务主管单位多达三四十家职能部门和乡镇街道地方政府，但它们对于社区民间组织的管理仅限于行政审核和业务管理，在工作指导、培育发展上还有所欠缺。各职能部门、各级政府也应根据各类社会需求，利用自身的资源优势，积极、广泛地培育自身领域的社会组织，转变

① 袁继红．社区管理实务（第 2 版）[M]．北京：电子工业出版社，2015：49.

政府职能，为市民自愿参与到社区及社会各类组织中提供更多的机会。例如，街、镇的社区事务工作站，通过政府购买服务，大大降低了社区行政事务性工作成本，政府部门支持、关心、参与社区建设的意识、办事效率和服务基层的手段也进一步得到了提高。

③加大政策扶持力度，为社区民间组织的发展提供保证。

当前，政府对社区民间组织的资金投入还比较少，社区民间组织服务公益事业，需要政府强有力的政策，以及财政、税收、资源等一系列制度作为保障。政府应通过购买服务、资金补贴、资助等多种手段，扶持和促进社区民间组织的发展，更广泛地动员社会力量和社会资源，开展各种公益服务，促进社区的文明与进步。例如，教育系统的校舍，街、镇的活动中心在闲置时可向社区居民开放，为群众团队的活动提供方便。①

4.4 物业服务企业和业主委员会

在现代城市管理中，物业服务企业与市民的关系越来越密切。1981 年 3 月，深圳市物业服务企业成立，成为我国第一家物业管理公司。2003 年 9 月，《物业管理条例》正式施行，标志着我国的物业管理事业更加规范。2007 年 10 月，修订后的《物业管理条例》施行，原来的“物业管理企业”改称为“物业服务企业”。称呼上的改变，意味着新的《物业管理条例》更强调业主自治管理和物业服务。

4.4.1 物业服务企业概述

（1）物业服务企业的含义

物业服务企业通常是指符合法律规定，依法向业主提供服务，为业主和租户提供综合服务和管理的独立核算、自负盈亏的经济实体（市场主体），包括物业服务企业及向业主提供服务的其他组织（保安、保洁企业等）。具体来讲，物业服务企业是指依法设立、具有独立法人资格、从事物业管理服务活动的企业。

（2）物业服务企业的特点

①物业服务企业是独立的企业法人。它拥有一定的资金和设备，具有法人

① 赵勤，周良才．社区管理（第二版）［M］．北京：中国劳动社会保障出版社，2015：49.

地位，能够独立完成物业的管理与服务工作，自主经营、独立核算，以自己的名义享有民事权利、承担民事责任等。物业服务企业要遵循企业法人讲究质量、信誉、效益等市场竞争法则。

②物业服务企业属于服务性企业。物业服务企业的主要职能是通过对物业的管理和提供的维修养护、清洁卫生服务，以及直接为业主和租户提供服务等，为业主和租户创造一个舒适、方便、安全、幽雅的工作和居住环境，从而实现企业发展的工作目标。物业服务企业的“产品”就是提供的服务，所以物业服务属于第三产业。

③物业服务企业在某种程度上承担着某些行政管理的特殊职能，因此它是现阶段城市现代化建设的重要组成部分。由于中国城市建设管理体制正处于改革发展中，某些管理的职能和职权并没有完全转轨和明确，所以物业服务企业在向业主和租户提供服务的同时，也承担了部分政府有关部门对城市管理的职能，如大厦的质量安全和住宅小区内的市政设施维护等。

④物业服务企业提供的服务是专业的物业管理服务。我国对从事物业管理活动的企业实行资质管理制度。① 从事物业管理的人员应当按照国家有关规定，取得职业资格证书。

物业服务企业受产权人和使用人的委托，对其物业实施管理，为产权人和使用人提供各种服务。物业服务企业与产权人、使用人的关系是委托与受托、服务与被服务的关系。物业服务企业由业主大会选聘，并与业主委员会订立书面的物业服务合同，按照物业服务合同的约定，提供相应的服务。②

为确保物业服务的良好开展，一个物业管理区域由一个物业服务企业实施物业管理。

（3）物业服务企业的职能

物业服务企业按照与业主委员会约定的服务业服务合同提供相应的服务。由物业服务企业提供的委托管理事项包括以下各项内容：①房屋建筑本体共用

---

① 物业服务企业资质等级分为一、二、三级。国务院建设主管部门负责一级物业服务企业资质证书的颁发和管理。省、自治区人民政府建设主管部门负责二级物业服务企业资质证书的颁发和管理。直辖市人民政府房地产主管部门负责二级和三级物业服务企业资质证书的颁发和管理，并接受国务院建设主管部门的指导和监督。设区的市的人民政府房地产主管部门负责三级物业服务企业资质证书的颁发和管理，并接受省、自治区人民政府建设主管部门的指导和监督。各资质等级物业服务企业认定的条件与企业的注册资本、专业人员数量和结构及管理的物业类型有关。

② 袁继红．社区管理实务（第 2 版）［M］．北京：电子工业出版社，2015：52.

部位（楼盖、屋顶、梁、柱、内外墙体和基础等承重结构部位、外墙面、楼梯间、走廊通道、门厅、设备机房）的维修、养护和管理；②房屋建筑物本体共用设施设备（共用的上下水管道、落水管、垃圾道、烟囱、共用照明、天线、中央空调、暖气干线、供暖锅炉房、加压供水设备、配电系统、楼内消防设施设备、电梯、中水系统等）的维修、养护、管理和运行服务；③所管理物业规划红线内属物业管理范围的市政公用设施（道路、室内上下水管道、化粪池、沟渠、池、井、绿化，室外泵房、路灯、自行车房棚、停车场）的维修、养护和管理；④所管理物业规划红线内的配套服务设施（网球场、游泳池、商业网点）的维修、养护和管理；⑤公共环境（包括公共场地、房屋建筑物共用部位）的清洁卫生及垃圾的收集、清运；⑥交通车辆行驶及停泊；⑦配合和协助当地公安机关进行安全监控和巡视等保安工作（不含人身财产保险保管责任）；⑧社区文化娱乐活动；⑨物业及物业管理档案、资料；⑩法规和政策规定由物业管理公司管理的其他事项。

（4）物业服务企业的权利和义务

物业服务企业在提供服务的过程中，享受以下权利和履行以下义务。

①根据有关法律、法规政策及合同的规定，制定物业的各项管理办法、规章制度、实施细则，自主开展各项管理经营活动，但不得损害大多数业主的合法权益及获取不当利益。

②遵照国家、地方物业管理服务收费规定，按照物业管理的服务项目、服务内容、服务深度、测算物业管理服务收费标准，并向业主提供测算依据，严格按照物业合同规定的收费标准明码收取，不得擅自加价，不得只收费不服务或多收费少服务。

③负责编制房屋及附属设施、设备年度维修养护计划和大、中修方案，经与业主大会确定后由物业服务企业组织实施；未经业主大会同意，物业服务企业不得改变物业管理用房的用途。

④有权依照法律法规政策，物业服务合同和业主公约的规定，对违反业主公约和物业管理法规政策的行为进行处理。

⑤有权选聘专营公司承担物业的专项管理业务并支付费用，但不得将整体管理责任及利益转让给其他人或单位，不得将重要专项业务承包给个人。

⑥接受物业管理主管部门及有关政府部门的监督、指导，并接受业主委员会和业主的监督。

⑦至少每三个月向全体业主张榜公布一次管理费用收支账目。

⑧对于物业的公用设施，不得擅自占用和改变其使用功能，如需在物业内

改建、扩建、完善配套项目，须报业主委员会和有关部门批准后方可实施。

⑨建立物业的物业管理档案，并负责及时记载有关变更情况。

⑩开展有效的社区文化活动和便民服务工作。

⑪与业主委员会的合同终止时，必须向业主委员会移交原委托管理的全部物业及各类管理档案、财务等资料；移交物业的公共财产，包括用管理费、公共收入积累形成的资产，对物业的管理、财务状况进行财务审计，需接受由业主委员会指定的专业审计机构审计。

⑫除有额外合同约定的情况外，物业服务企业不承担对业主及非业主使用人的人身、财产的保管保险义务。

物业服务企业如未能履行物业服务合同的约定，导致业主人身、财产安全受到损害的，要依法承担相应的法律责任。

4.4.2　业主大会和业主委员会

业主是房屋的所有权人。同一个物业管理区域内的业主，应当在物业所在地的区、县人民政府房地产行政主管部门或者街道办事处、乡镇人民政府的指导下成立业主大会，并选举产生业主委员会。但是只有一个业主的，或者业主人数较少，且经全体业主一致同意，决定不成立业主大会的，由业主共同履行业主大会、业主委员会的职责。①

（1）业主大会

业主大会代表和维护物业管理区域内全体业主在物业管理活动中的合法权益，下列事项由业主共同决定：①制定和修改业主大会议事规则；②制定和修改管理规约；③选举业主委员会成员和更换业主委员会成员；④选聘和解聘物业服务企业；⑤筹集和使用专项维修资金；⑥改建、重建建筑物及其附属设施；⑦有关共有和共同管理权利的其他重大事项。

业主大会会议可以采用集体讨论的形式，也可以采用书面征求意见的形式。但是，两者都应当有物业管理区域内专有部分占建筑物总面积过半数的业主，且有总人数一半以上的业主参加。业主可以委托代理人参加业主大会会议。业主大会决定上述第 5 项和第 6 项规定的事项时，应当经专有部分占建筑物面积 2/3 以上的业主且占总人数 2/3 以上的业主同意；决定规定的其他五项事项时，应当经专有部分占建筑物总面积过半数的业主，且占总人数过半数的业主同意。

---

① 袁继红．社区管理实务（第 2 版）[M]．北京：电子工业出版社，2015：53.

业主大会议事规则应当就业主大会的议事方式、表决程序、业主委员会的组成和成员任期等事项作出约定。

业主大会和业主委员会的决定对业主具有约束力，但是业主大会和业主委员会作出的决定，侵害业主合法权益的，受侵害的业主可以请求人民法院予以撤销。

业主大会会议分为定期会议和临时会议。定期会议应当按照业主大会议事规则召开。经20%以上的业主提议，业主委员会应当组织召开业主大会临时会议。召开业主大会会议，应当于会议召开15日以前通知全体业主。召开住宅小区的业主大会会议应当同时告知相关的居民委员会，业主委员会应当做好业主大会的会议记录。

（2）业主委员会

①业主委员会的性质。业主委员会是业主大会的常设机构，它的性质是本物业管理区域内代表全体业主对物业实施自治管理的组织，其权力来源于业主大会的授权，主要义务是执行业主大会的决议，宗旨是代表和维护全体业主的合法权益，保障物业的合理安全使用，维护本物业管理区域内的公共秩序，创造整洁优美、安全、舒适、文明的工作与居住环境。

②业主委员会的产生。业主委员会的委员从全体业主中选举产生，由热心公益事业、责任心强、具有一定组织能力的业主担任。业主委员会主任、副主任在业主委员会成员中推选产生。

业主委员会委员应当具备以下条件。第一，遵守物业管理有关法规、规章和规范性文件；第二，履行业主委员会职责；第三，品行端正，无劣迹；第四，热心公益事业；第五，有一定的组织协调能力；第六，在业主中有较高的威信。

有下列情形的人员，不得担任业主委员会委员，已担任的需停任，并由下届业主大会确认：第一，已不是业主的；第二，无故缺席会议连续三次以上的；第三，以书面形式向业主委员会提出辞呈的；第四，因身体和精神上的疾病而丧失履行职责能力的；第五，被司法部门认定有违法犯罪行为并正在接受调查的；第六，有其他原因不适宜担任业主委员会委员的。

委员停任时，必须在停任后半月内将其管理保存的、属于业主委员会所有的资料、财物等移交给业主委员会。

业主委员会自选举产生之日起30日内应向物业所在地的区、县人民政府房地产行政主管部门和街道办事处、乡镇人民政府备案。

各地方对业主委员会备案的流程有些不同，但大多有专门的业主委员会备案表，表中内容包括业主会议或业主代表会议召开的情况和业主委员会所在住宅区的物业类型、规模、设施及相关情况等。同时备案还需提供相应资料，包括业主委员会章程、管理规约、业主公约和经业主大会会议表决产生的业主委员会成员的基本情况。

业主委员会章程是业主委员会的行为准则，是其正常开展工作、维护业主权益、实现自治管理的保障。章程不得与我国法律和法规相抵触，并充分体现各业主的意思。①

业主委员会章程一般包括如下内容：第一，本会名称、地址、所辖区域范围、性质、主管部门及宗旨；第二，组织和职责；第三，会议制度及工作安排；第四，委员的条件、选举办法及权利与义务等；第五，经费来源、经费账目管理；第六，办公用房；第七，章程生效、修改、补充等有关事宜。

业主委员会的管理规约是对有关物业的使用、维护管理、业主的共同利益，业主应当履行的义务，以及违反管理规约应当承担的责任等事项，依法所作出的约定。管理规约应当尊重社会公德，不得违反法律法规或损害社会公共利益，管理规约对全体业主具有约束力。

③业主委员会的权利和责任。业主委员会委员拥有的权利包括以下几项：第一，有权参加本会组织的有关活动；第二，有权参与本会有关事项的决策；第三，拥有对本会的建议和批评权。

业主委员会委员须履行下述义务：第一，遵守本会章程；第二，执行本会的决议，完成本会交办的工作；第三，参加本会组织的会议、活动和公益事业；第四，对本会的工作提供有关资料和建议。

业主委员会履行下列职责：第一，召集业主大会会议，报告物业管理的实施情况；第二，代表业主与业主大会选聘的物业服务企业签订物业服务合同；第三，及时了解业主、物业使用人的意见和建议，监督和协助物业服务企业履行物业服务合同；第四，监督管理规约的实施；第五，业主大会赋予的其他职责。

业主大会、业主委员会应当依法履行职责，不得作出与物业管理无关的决定，不得从事与物业管理无关的活动。业主大会、业主委员会作出的决定，违反法律法规的，物业所在地的区、县人民政府房地产行政主管部门或街道办事处、乡镇人民政府应当责令限期改正或撤销决定，并通告全体业主。

业主大会、业主委员会应当配合公安机关，与居民委员会相互协作，共

① 袁继红．社区管理实务（第 2 版）［M］．北京：电子工业出版社，2015：55.

同做好维护物业管理区域内的社会治安等相关工作。在物业管理区域内业主大会、业主委员会应当积极配合相关居民委员会依法履行自治管理职责，支持居民委员会开展工作，并接受其指导和监督。住宅小区的业主大会、业主委员会作出的决定，应当告知相关的居民委员会，并认真听取居民委员会的建议。

4.4.3 业主委员会与居民委员会的关系

根据两个主体的不同功用和定位，业主委员会的目标服务群体是住宅小区的业主，维护小区业主的利益；而居民委员会的服务对象是全体社区居民（含业主），保障全体社区居民的利益。两者都围绕构建和谐社会、推进城市建设、创建优美居住环境、塑造文明社区、提高居民生活质量开展工作，均是居民（业主）利益的代表，维护着居民的合法权益。①

（1）居民委员会与业主委员会的区别

①两者的权力基础不同。居民委员会是居民自我管理、自我教育、自我服务的基层群众性自治组织。业主委员会自治的基础是物业所有权，其委员由业主大会选举产生，业主委员会的设立、撤销等由业主大会决定，并报有关部门备案。

②两者的性质不同。居民委员会有明确的法律地位，实质上是一种半行政性的基层自治组织，社区建设是基层政权建设的有效途径。业主委员会在法律上地位不明确，有时连诉讼主体的资格都没有，是一种特殊的基层自治组织。

③两者的经费来源不同。居民委员会的经费由政府财政拨款；业主委员会的经费取决于业主大会的决定，由业主自行解决。

④两者对组织成员的要求不同。居民委员会的工作人员不管由居民选举产生，还是由上级地方政府指派，多数都是专职的，上为政府分忧，下为百姓解愁；业主委员会的成员，大部分是兼职的，他们对业主负责，基本上都可以认为是有爱心的志愿者。

⑤两者工作的侧重点不同。居民委员会的工作包括宣传教育、社会福利、治安保卫、文教卫生、调解民间纠纷、就业等多项工作，其侧重于社会政治稳定；业主委员会的工作范围仅限于五大类，公共服务项目及公共卫生和公共秩序管理，绿化管理，车辆交通管理，公共部位，公共设备设施的管理和其他居住环境管理，其侧重于业主的经济利益。

---

① 袁继红. 社区管理实务（第2版）[M]. 北京：电子工业出版社，2015：56.

⑥两者的办公用房不同。居民委员会的办公用房，由当地人民政府统筹解决，不一定在物业管理区域内，有的是好几个小区才共同设立一个居民委员会；业主委员会的办公用房应设在物业管理区域内，由建设单位和公房出售单位免费提供。

（2）居民委员会与业主委员会的联系

①居民委员会和业主委员会都属于社区管理的范畴，都是基层的自治组织。在社区组织中，居民委员会和业主委员会是居民和业主的自治组织，和业主的利益是一致的，它们理应维护居民和业主的合法权益。

②大多数居民同时也是业主，而业主大多数也是居民。居民委员会和业主委员会的工作各有其侧重点，但也有相互重复的地方，它们在很多领域有着共同的合作空间，况且两者有很多相同的服务对象，所以它们应该开展广泛的合作。

③居民委员会和业主委员会在民事关系上是一种平等的关系。居民委员会和业主委员会都是依法组建的基层群众性自治组织，理应是平等的关系，居民委员会要支持业主委员会，维护业主权益的工作，业主委员会也要积极配合居民委员会开展社区自治工作。

④居民委员会对业主委员会有指导和监督的义务，业主委员会在讨论小区重大事务及组织召开业主大会时，应该通知居民委员会参加中华人民共和国住房和城乡建设部关于印发《业主大会规程》的通知规定，业主大会、业主委员会应当配合公安机关与居民委员会相互协作，共同做好维护物业管理区域内的社会治安等相关工作。① 在物业管理区域内业主大会、业主委员会应当积极配合相关居民委员会，依法履行自治管理职责，支持居民委员会开展工作，并接受其指导和监督。住宅小区的业主大会、业主委员会作出的决定，应当告知相关的居民委员会，并听取居民委员会的建议。

（3）居民委员会与业主委员会的矛盾

在实际操作中，由于缺乏具体的责任分工，业主委员会与居民委员会在许多职能上存在重合之处，就在无形中为业主委员会的独立发展设置了障碍。

当业主与物业服务公司发生矛盾时，从职能上区分，业主委员会与居民委员会都有权介入协调，这就容易出现以下三种情况。

第一，双方均推脱，不予承担这项责任，出现推诿现象，导致社区事务陷入拖沓处理阶段。

---

①　袁继红．社区管理实务（第 2 版）[M]．北京：电子工业出版社，2015：58.

第二，双方都介入其中，但未能把握好各自工作的侧重点，缺乏交流，进而产生内耗，浪费资源，却事倍功半。

第三，双方均介入其中，但是对于问题的解决效果存在差异，居民委员会和业主委员会中的一方在处理这一问题上具备较高的能力，另一方则处于弱势，久而久之，业主便会较为信任强势方，而忽视弱势方绩效的差异，容易导致双方产生矛盾。

尤其当居民委员会承接了许多街道办下派的任务，较难为业主的利益奔波往来时，业主委员会与居民（业主）之间的关系紧密度就会优于居民委员会，业主委员会便能够获取较多的社会资本。一旦业主委员会成员强势武断，在一些问题上与居民委员会意见不统一时，他们便能依靠业主的支持，赢得更多的话语权，给居民委员会施加一定程度的压力，这类业主委员会与居民委员会之间的关系，便与法律所赋予居民委员会的优先权有所冲突。

此外，当业主委员会与物业服务企业出现摩擦时，居民委员会应当协调双方关系，化解矛盾，努力促成两者达成共识。但是如果在居民委员会的协调下，仍然无法促使业主委员会与物业服务企业达成和解，则居民委员会在社区治理中将处于较为尴尬的状态。

4.4.4 居民委员会与物业服务企业的关系

居民委员会和物业服务企业是城市建设管理的最基本单位，是城市管理工作的重要组成部分。它们既是住宅小区居民日常生活迫切需要的服务部门，又是政府联系群众的桥梁和纽带，在相当程度上影响着整个城市三个文明建设工作的顺利开展，因此理顺居民委员会和物业服务企业的关系，也是当前社区建设的一个重要研究课题。

(1) 居民委员会和物业服务企业的矛盾

目前，居民委员会和物业服务企业在小区日常管理中存在着不同程度的矛盾。

①有的物业服务企业与居民委员会会因职责分工不明确，出现了经济利益之争、工作职责之争、服务设施之争，导致关系不够协调。有的小区还出现“有利的事抢着做，麻烦的事无人做，遇见责任‘踢皮球’”的现象，使小区的管理职责得不到有效的落实，引发各种各样的问题和矛盾。

目前法律法规对居民委员会的服务内容还不够明确，两者服务管理的内容存在交叉重叠。一般而言，居民委员会承担着社区服务、卫生、教育、文化、治安、环境等管理工作，而物业服务企业的管理内容也包括保安、交通、绿化、卫生和物业（指小区建筑及公共设施设备）的使用管理、维护、更新，以及按照使用人要求，及时提供全方位的服务。

②各职能部门从自身需要出发，把工作任务和要求下达给街道办事处，而街道办事处只好把各项任务层层分解给居民委员会去完成，居民委员会变成了街道办事处的“派出机构”和上级政府的“腿”，造成居民委员会“上面千条线，下面一根针”“横不到边、纵不到底”的状况。有的政府部门的行政性收费落到居民委员会头上，据不完全统计，仅上级传达由居民委员会负责征收的税费就有11项，如民兵预备役训练统筹费、环境卫生有偿服务费、群防群治服务费、义务植树代植费、劳动就业调节费、暂住人口费、房产租赁税、自行车使用税、除“四害”药品费、垃圾袋费等。居民委员会为了达到上级部门收费之目的，就不得不要求物业服务企业予以配合。而根据企业法和委托合同，物业服务企业没有此职责，有的不予配合，两者之间就容易产生矛盾。

③居民委员会虽然是群众性自治组织，却是以户数多少为主划分组建的，涉及多种物业管理模式和多家物业服务企业；小区住户人员繁杂，往往一栋楼或一个楼梯，属于不同单位，人员来自五湖四海；“各人自扫门前雪，莫管他人瓦上霜”，社区建设缺乏地缘、人缘基础，居民之间缺乏心理利益上的认同感和归属感，很难调动居民群众共同参与社区建设的积极性，这成为居民委员会和物业服务企业理顺关系的盲点。

④建设单位和开发商遗留问题。居民委员会和物业服务企业关系不够协调，这与住宅小区各项配套设施不完善及功能残缺有很大关系。20世纪90年代以前开发和建设的住宅小区，基本上没有考虑给小区居民委员会和物业服务企业建设办公用房，其他的服务配套用房就更不用说了，而且国家的法律法规也没有这方面的条文，这就给日后居民委员会和小区物业服务企业关系不协调留下了“后遗症”。①

（2）如何处理居民委员会与物业服务企业的关系

处理好居民委员会与物业服务企业的关系，必须着重解决好以下几个问题：

①明确职责分工。要用法律法规来明确居民委员会和物业服务企业的职责，指导和规范其工作，这是避免两者产生矛盾的前提条件。

②规范社区运作。依据小区具体情况，整合社区，组建社区党支部，实行

① 袁继红．社区管理实务（第2版）［M］．北京：电子工业出版社，2015：58.

社区居民委员会、物业服务企业、业主委员会“三位一体”的新型管理机制。

③加强沟通协调。居民委员会和物业服务企业要加强沟通，通过来访、召开座谈会、经验交流会等形式联络感情，联手举办丰富多彩的社区文化、娱乐和联谊活动，促使广大居民支持和配合自己开展社区工作。

④把住规划源头。新批准建设的住宅小区，从规划源头上严格把关，按照要求留足各种配套设施，如社区物业管理和社区居民委员会办公用房、会议室、老人活动室、文化室、医疗服务和适当用于兴办社区服务业的经营用房等，由开发建设单位无偿提供并给予办理产权，为日后社区居民委员会和物业服务企业实施管理创造良好条件。建设管理部门在进行住宅小区竣工综合验收时，要按照社区建设要求把好关，确保各种配套设施的完善。

4.4.5 业主委员会与物业服务企业的关系

两者均属于物业管理机构，实行专业化管理与业主自治相结合的管理体制，共同管理一定范围内的物业。物业服务企业由业主大会选聘，与业主委员会订立书面的物业服务合同，对业主提供相应的服务。

物权法赋予业主对物业管理方式的选择权，确立了业主在物业管理活动中的主导地位，也就是说，业主是物业的“主人”，物业服务企业及其工作人员是为业主服务的，业主与物业服务企业之间是一种合同关系。常说的“物业管理公司”中的“管”不是管业主，而是受业主委托管理好该小区的物业，当好管家，使物业的使用寿命延长，并保值升值。

①从法律上看，业主委员会与物业服务企业的关系是委托和受托的关系，是聘用和受聘的关系，业主委员会有委托聘用和不委托不聘用的权力，物业服务企业也有接受或者不接受该委托聘用的权力，两者是平等的关系，不具有隶属和领导的关系。

物业服务企业承接物业时，应当与业主委员会办理物业验收手续，业主委员会应当向物业服务企业移交下列资料：一是竣工总平面图，单体建筑、结构、设备竣工图、配套设施、地下管网工程竣工图等竣工验收资料；二是设施设备的安装，使用和维护保养等技术资料；三是物业质量保修文件和物业使用说明文件；四是物业管理所必需的其他资料。当物业服务合同终止时，物业服务企业应将这些资料交还给业主委员会。

②在服务费用上，根据双方合同的约定，遵循合理、公开及费用与服务水平相适应的原则，区别不同物业的性质和特点，由业主和物业服务企业按照国务院价格主管部门会同国务院建设行政主管部门制定的物业服务收费办法，由

物业服务企业向业主按月收取物业管理费用。业主有义务根据物业服务合同的约定交纳物业服务费用。①

③存在的主要问题：在实际生活中，千差万别的社区自身条件使业主对物业服务具有不同的需求度和满意度，同时业主委员会与物业服务企业的各自行为逻辑，也为这两个主体的有效配合造成一定的障碍，这主要表现在以下几个方面：

第一，现实情况中，物业服务企业很少由业主委员会选聘，这使得物业合同有时很难有效地约束物业服务企业，削弱了业主委员会的监督效力。法律规定，在业主、业主大会选聘物业服务企业之前，房地产开发建设单位可以选聘物业服务企业，并与其签订书面的前期物业服务合同，称之为前期物业管理。而前期物业服务企业基本上都会直接转化为正式的物业服务企业。在这种情况下，业主委员会常常对物业服务企业形成不了约束力。

第二，当物业服务难以满足业主需求时，业主委员会便陷入两难窘境。当物业服务质量欠佳时，业主委员会有权解聘物业服务企业，解聘之后，原物业服务企业无需继续为物业治理区域提供服务，所以在业主委员会寻找新的物业服务企业期间，社区会出现一段物业治理真空期，业主的物业需求完全被搁置，造成比原物业服务企业负责提供服务时更糟糕的状态，这就迫使业主委员会对物业服务企业做出妥协与让步。

第三，个别业主委员会过分挑剔物业服务企业。一些业主委员会成员对物业服务提出了过高的要求，令市场化运营的物业服务企业承受较重的经济负担，导致两者难以有效合作。

第四，业主委员会与物业服务企业串谋，侵吞物业维修基金。业主委员会与物业服务企业由个体组成，经济人趋利避害的本性会驱使一些成员合谋骗取物业维修基金，损害业主的权益。

造成这些问题的很大一部分原因来自我国对业主委员会和物业服务企业及其关系的法律定位有所欠缺。例如业主委员会被认为是业主自治组织，但因为他在法律上的法人主体地位不明确，一旦发生纠纷，便很难实现其代表和维护物业管理区域内全体业主在物业管理活动中的合法权益。解决这些问题，需要我国进一步对《物业管理条例》进行完善，既切实保障广大业主的合法权益，又充分保护物业服务企业的合法权益，促进小区和谐发展。

---

① 袁继红．社区管理实务（第 2 版）［M］．北京：电子工业出版社，2015：59.

4.4.6 改善居民委员会、业主委员会与物业服务企业之间的关系

为了改进居民委员会、业主委员会与物业服务企业三者之间的关系，应该寻找一种合作共治的社区组织关系，建立基于制度式伙伴关系的社区共治。

（1）以业主委员会为核心，建立治理主体间的协商会议制度

西方学者在20世纪80年代提出了协商民主的概念，其核心在于理性的公共协商及利用公共理性，通过讨论、对话和沟通，从而实现立法和决策的共识。我国在协商民主方面有着丰厚的实践基础，在社区工作方面也是如此。因此，建立在协商民主基础上的协商会议制度，在我国当前的社区管理中具有优良的传统和成熟的条件，只要架构精良、运行有序，这一治理方式就可以发挥巨大的能量。

在业主委员会与居民委员会之间，当业主针对物业治理内容的事宜向居民委员会提出投诉时，居民委员会可以与业主委员会进行协商，将物业治理的投诉交由业主委员会加以处理。当业主委员会与居民委员会在工作上出现重叠和矛盾时，两者可以通过协商明确各自的分工和责任，有序而高效地开展社区共治。

业主委员会与物业服务企业之间应当定期举行协商会议，或者在特殊时期召开协商会议。在会议上，业主委员会可以根据合同条款和业主的需求，对物业服务企业提出要求，物业服务企业应当提供物业维修预算及维修基金的运作情况，并且向业主委员会提出一定的要求，如果协商会议无法促使业主委员会与物业服务企业达成共识，就可以召开业主大会，交由全体业主表决。

业主委员会与业主之间除了定期召开业主大会之外，业主委员会委员应充分了解业主对物业服务的反馈信息，明确业主的新需求，公示维修基金的阶段性运作情况，接受业主的监督。

（2）培养并加强业主的民主意识

根据社区共治和业主委员会稳健运行的要求，业主必须强化选举意识，明确选举的程序和方式，提高业主委员会成员的代表性；业主须在各类协商中有序地表述自身需求，遵守民主的规则；业主应当具备民主决策意识，在业主大会或者业主委员会发起的其他需要表决的会议中，给予少部分人发言的机会，与之协商，尽量避免对少部分业主造成伤害；业主应当具备民主监督的意识，遵循监督程序规范，肩负起监督使命，业主应当主动交纳物业管理费用，履行自身义务。

对业主民主素养的培养与提升，是全社会共同的责任，需要动员各类社会

力量加以培植。素质的提升固然离不开实践，社区经常性和持续性的强化训练对此也具有极大的推动力。在社区范围内，根据五大主体的功能界定，可以由居民委员会和业主委员会开展日常活动，以强化业主民主素养。①

（3）提升业主委员会成员自身的管理能力

业主委员会成员的自身能力是当前限制业主委员会发展的一大瓶颈，因此提高业主委员会成员的管理能力刻不容缓。第一，业主委员会成员应当明确工作定位和具体内容，能够按照规章制度办事。第二，业主委员会成员应当具备经济法律理念和知识，能够与物业服务企业签订合同，细化合同的具体条款，监督物业服务企业的履行情况。第三，业主委员会成员应当具备经济财会知识与技能，能够审议物业服务企业的预算报表，审核维修基金的使用情况。第四，业主委员会成员应当树立公共精神，强化民主管理能力，能够站在公共利益的视角看待社区问题，与其他主体有效协作，完善组织内部的资源管理，真正做到为业主负责，切实维护广大业主的合法权益，构建社区建设新格局。

思考与练习

1. 填空题

（1）居民委员会是居民自我________、自我________、自我________、自我________的基层群众性自治组织。

（2）________是房屋的所有权人。同一个物业管理区域内的业主，应当在物业所在地的区、县人民政府________行政主管部门或者街道办事处、乡镇人民政府的指导下成立业主大会，并选举产生________。

2. 名词解释

（1）居民委员会

（2）社区中介组织

（3）社区民间组织

（4）业主委员会

（5）物业服务企业

3. 简答题

（1）社区党组织在社区管理中的主要职责是什么？

（2）居民委员会的性质是什么？在社区管理中它主要承担什么任务和职能？

---

① 袁继红．社区管理实务（第 2 版）[M]．北京：电子工业出版社，2015：61.

(3) 居民委员会与业主委员会的区别有哪些?
(4) 社区民间组织的作用是什么?
(5) 如何发挥社区中介组织在社区治理中的作用?
(6) 如何改善居民委员会、业主委员会与物业服务企业之间的关系?

推荐读物

1. 袁继红:《社区管理实务》(第2版),电子工业出版社。

推荐理由: 本书详细介绍了社区组织管理、社区文化与教育管理、社区治安管理、社区卫生与环境管理、社区工作者及人力资源管理、社区民主政治建设、社区宣传与档案管理、社区规划管理和社区管理绩效评估等社区管理基本概念和方法,为学生步入工作岗位提供必要的方法和技能。本书立足于高职高专学生的特点及未来从业的实际需要,每章均以引言、学习目标、学习导航、学习活动和复习题等模块构建框架,深入浅出、一目了然,突出实践性和可操作性。

2. 李翠玲:《社区归来——一个珠三角村庄的公共生活与社区再造》,中国社会科学出版社。

推荐理由: 如何在都市化过程中实现"私·个人"与"公·集体"之间的平衡,并保持社区共同体特有的人情味和传统文化韵味,已经成为沿海发达地区乡村面临的重要问题。本书从公共生活这一独特视角出发,对珠三角一个村庄的社区共同体再造进行了民族志考察。研究表明,在工业化、都市化背景下,社区共同体、村落传统和社会团结并不一定会消失,依托积极活跃的公共生活,社区共同体不但能够得以存续,而且能够更加充满活力。

3. 马国芳,等:《社区组织发展实证研究:基于社区治理的视野》,社会科学文献出版社。

推荐理由: 在日益壮大的社会组织大军中,地方社会组织所占比重越来越大。虽然它们的活动领域没有全国性社会组织那样广泛,社会影响力也相对较弱,但因密切联系基层,能够根据地方实际开展活动等,对地方乃至整个经济社会发展都具有重要作用。本书基于社会治理的视角,通过1篇总报告和10篇子报告,着重分析了云南省社会组织发展的现状以及面临的挑战和要求,并结合其他国家或其他省份的成功经验,提出了促进云南省社会组织发展的对策建议。

4. 赵勤、周良才:《社区管理》(第二版),中国劳动社会保障出版社。

推荐理由: 本书将理论和实践相结合,本着便于操作的原则,按照管理工作的基本流程，阐述社区管理的基本内容。具体包括：我国社区管理现有的几种模式及未来发展趋势、社区管理组织、社区管理者、社区规划、社区管理的各种实践活动（包括社区环境管理、社区文化管理、社区治安管理、社区卫生管理等）、社区管理信息化、社区管理绩效评估、社区管理伦理以及社区管理工作方法。本书作为普通高等教育“十一五”规划教材，可供社区管理、物业管理、房地产开发、社会工作等专业的专科生、本科生学习与参考，同时也可作为相关主管部门、街道、社区以及工会、共青团、妇联等部门工作人员的培训教材及民政系统各种社会保障、社会福利部门从业人员进行系统培训的参考书籍。

第5章　社区治理的内容

内容提要

社区是社会的基本单元，社区治理是社会治理的重要基础，也是国家治理的重要基础。社区治理的效果和水平，事关社会和谐稳定和国家长治久安，事关全面深化改革总目标、推进国家治理体系和治理能力现代化的顺利实现。那社区治理具体包含哪些工作内容呢？社区治理的内容涵盖的层面比较广泛，本章将社区治理内容概括为社区资源与规划、社区治安与服务、社区环境与卫生以及社区文化与教育四个方面，对每个方面的基本含义、具体内容等进行剖析。

引导案例

“我爱我楼、楼栋自管”公益服务项目①

1. 项目背景

黄石市胜利路社区是一个典型的城市老旧社区。社区内多数居民楼有30余年的历史、小户型、单户面积均在50平方米左右，房改房占90%以上，住户以老年家庭为主，有500户农转非居民；杂居楼栋多，居民一般互不往来，有的甚至结怨已久；基本没有院落小区，区间道路四通八达，不利于引进物业管理，居民楼栋物业、环境卫生管理滞后。

其中，最为突出的问题表现在三个方面。第一，老人们勤俭节约，一些旧物舍不得丢弃，有的还捡柴火、拾废品堆放到楼道间，加之少数居民自律意识差，居民楼道乱堆放现象较多，导致楼道杂乱无章、通行不畅。第二，单位改制后，原有单位供电、维修的楼道灯全部停电和失修。社区楼道无照明，夜间出入困难。第三，社区无物业管理公司，门栋无人管理，楼道卫生无人打扫，卫生状况较差。

---

① 柳学军，袁方成．社区治理与服务创新案例分析：“我爱我楼”［J］．住宅与房地产，2016（6）：66-68.

2. 项目目标

“我爱我楼”门栋自管组紧紧围绕“创建一个组织、形成一种理念、解决一个问题、建立社团自治机制”的总体目标，由社区牵头培育居民组成的社区公益服务组织，从而改善社区楼道环境，推动社区居民自我管理和自我服务。

项目的具体目标是：清理楼道杂物，保持楼道通畅，方便出入；安装声光控楼道照明灯；方便居民夜间出行；将轮流打扫楼道常态化，及时清除小广告；最为重要的是，成立楼栋自管小组，进行日常管理维护，实现楼栋物业自管，保持楼道整洁，消除安全隐患。最终实现以居民楼为自治单位，实现楼栋自管，享受城市文明。

3. 项目点评

该项目的实施，居民参与行动积极，目前已完成60个单元的治理整治工作，成立了16个楼栋自管组。社区已整治的门栋楼道畅通、整洁、干净，无“六乱”现象，实现楼道夜间照明。环境卫生得到了极大改善，满足了居民的需求。居民自管意识增强，楼栋居民更加文明和谐。有效地解决了“居干干、居民看”的被动局面，为社区治理打下了良好的基础。

综上，胜利路社区以“黄石市创建全国社会治理和创新服务实验区”为载体，以培育“门栋自管组”为抓手，以创新老旧社区门栋自治为突破口，乘势而上，运用新理念、新技术，启动了以“我爱我楼、楼栋自管”为主题的公益服务项目。在项目推进过程中，社区强力支持，两委班子成员领衔示范；社工耐心引导，深入居民楼栋，召开“我爱我楼”开放空间会议，努力使居民表达需求、讨论问题、治理事务。为了实现长效管理，社区还及时组织居民楼长现场参观“我爱我楼”示范楼栋，形成自我管理、自我教育、自我服务、自我监督的楼栋自治模式，取得了满意的效果，赢得了居民的一致好评。

5.1　社区资源与规划

5.1.1　社区资源概述

(1) 社区资源的含义

社区资源（Community Resources）是指社区内外所有可以动员，并且有助于解决社区问题、满足社区需求、促进社区成长与达成社区目标的力量的总称。社区资源是社区赖以存在和发展的物质资源和社会资源的统称，包括为社区居民服务的一切人力、物力、财力、文化和组织资源。它是实现满足社区需求、解决社区问题、培育社区自组织、促进社区自治、实现社区发展等目标的有效工具。

（2）社区资源的内容

①人力资源。居民能够提供知识、技能、经验，或奉献自己的时间、体力为其他社区居民服务，包括社区居委会成员、社区骨干、社区志愿者、居住在社区的知名人士等。

②物力资源。社区内有助于开展社区服务、能够促进社区发展的物质资源，包括室内外活动场地、活动设备、器材、工具等。

③财力资源。可以用于开展社区服务或活动的经费，包括政府购买服务的经费、辖区内的企事业单位赞助经费、各种社会捐赠以及活动的经费。

④文化资源。社区中既有的典籍、古迹、文物等文化遗产以及民俗、艺术等其他有助于促进精神文明的文化活动。

⑤组织资源。可以推动社区服务和促进社区发展的各类组织或机构，包括基层政府、辖区内的企事业单位，社会团体，各类自助、互助小组等。

5.1.2 社区规划概述

在我国，城市规划专业对于社区规划的研究和实践相对社会学晚了几十年。我国城市中的社区自20世纪50—70年代在权力高度集中的计划经济体制下逐步形成了具有自身特色的形式。在计划经济制度下的社区带有明显的单位属性，处于“亚社区”状态①，其社区功能是所属单位功能高度行政化的延伸，社区成员间的耦合表现在单位内部、同事之间，而非表现在社区中。因此，社区规划在计划体制下，国家和政府的调控占绝对主导地位，市场与民间力量几乎没有发挥作用，社区缺乏应有的社会基础和相应的体制支撑，城市规划中的住区规划也是囿于高度行政化的理念，这是城市规划专业自身难以解决的问题。所以从某种意义上说，这段时期城市规划中没有完整意义上的社区规划。②

在计划经济逐步向市场经济过渡时期（20世纪70年代末到20世纪90年代初），单位制度依然起着稳定社会的作用，人们对政府和单位的依赖有着很

① 周俭．城市住宅区规划原理［M］．上海：同济大学出版社，1999：5.

② 王民．城乡规划［M］．北京：中国地图出版社，2014：89.

大的惯性，但市场的力量已随着改革的深入而逐步渗透到社会的各个方面，包括城市住房制度的改革、服务业的迅速发展等。对社区的发展而言，经济体制改革意味着市场力量成为政府力量之外的新生力量介入社区，居民对居住地的选择不再拘泥于单位福利分房的有限范围，对社区的服务及中介机构也有了一定程度的选择性。但直至20世纪90年代中后期，这种变革还不具有较普遍的社会意义。因为在这段时期，住区的建设或更新完善是建立在开发主体利益最大化基础上的。① 表现在城市规划中，仍然没有完整意义上的社区规划。

（1）社区规划的含义

社区规划（Community Planning）是对一定时期内社区发展目标、实现手段以及人力资源的总体部署。② 具体而言，社区规划是为了有效地利用社区资源，合理配置生产力和城乡居民点，提高社会经济效益，保持良好的生态环境，促进社区开发与建设，从而制定比较全面的发展计划。

（2）社区规划的内容

①徐震的“三体”。徐震在《社区与社区发展》一书中，将社区规划内容概括为“三体”。硬体：社区内有形物的建设，如社区的地理环境、天然资源、道路交通、贸易市场、集会场所、学校、医院、教堂、绿地及其他公共设施与建筑等情况。软体：无形的资源，如社区的文化传统、历史渊源、风俗习惯、理想信念、合作精神、群体认同、宗教信仰及其他所有的社区规范与控制力量。韧体：是内在的关系，包括社区内私立机构、各行各业中正式的与非正式的组织、社区内各层级民众的团体组织等。③

②唐忠新的“四个方面”。唐忠新在《中国城市社区建设概论》一书中认为社区规划的内容有四个方面：一是社区现状分析；二是社区建设的总体目标规划；三是社区建设各主要部分的规划；四是社区建设的发展条件与支持保障系统。④

③其他学者的“六方面”。也有学者认为，社区规划的内容主要涉及以下六个方面：第一，制定本社区经济发展的目标和各项政策；第二，制定文化、

---

① 王民．城乡规划［M］．北京：中国地图出版社，2014：89.

② 袁媛，柳叶，林静．国外社区规划近十五年研究进展——基于Citesace软件的可视化分析［J］．上海城市规划，2015（4）：26.

③ 徐震．社区与社区发展［M］．台北：正中书局，1980：36.

④ 唐忠新．中国城市社区建设概论［M］．天津：天津人民出版社，2000：62.

教育、卫生等组织的发展目标和具体改革措施，以及新增组织与群体的政策规定；第三，根据社区人口增减、流动变化趋势，以及人口变化所引起的对社区各种设施的需求，确定本社区的规模、性质和居民点的布局，保护和治理生态环境、保护文物、改善和美化生活环境；第四，对社区内各种经济实体、居民点、商业网点、文化娱乐场所、绿化点进行合理布局，对各种能源、生活服务基础设施的地理分布及社区交通线路、运输工具进行合理规划；第五，设计与社区发展总目标一致的社会舆论导向，开展精神文明建设，改变陈规陋习，树立新风尚、新观念、新道德，拟定社区规划中各项指标完成所需的法律、法规、方针和政策；第六，协调好社区内各单位、组织、个人之间的关系，以及本社区与其他社区在经济、文化、社会发展各方面的关系。

（3）社区规划的特征

由于社区规划是以社区为单位的规划，是对社区的整体部署与设计，这就决定了它具有以下几个方面的特征。

①规划结构的整体性。社区规划并非社区某一方面的发展部署和安排，而是对社区全方位建设作出的结构上具有整体性特征的战略部署，是一个完整的社区发展计划体系。它区别于社区单项发展规划和社区建设计划的地方还在于，社区规划并非社区各主要部分发展规划或社区建设各项计划的简单相加，而是具有自身的结构性和系统性的整体规划结构。社区规划结构的整体性特征是社区规划功能的集中体现，也是社区作为相对完整的社会实体的一种反映。

②规划地域的特殊性。社区建设具有突出的地域性特征和明显的地方性色彩，因此社区规划也有明显的地域的特殊性。不同的社区具有不同的地域特征和资源条件，那么不同社区的社区规划也就具有各自不同的目标定位，确立各自不同的重点内容，选择各自不同的落实方案。例如：一个城市的社区规划与一个农村的社区规划显然有所不同；一个北方农村的社区规划与一个南方农村的社区规划也会存在某种差异。

③规划方案的预设性。社区规划是对社区未来发展的一种设想、设计和设定。首先，社区规划是在对社区未来发展进行预测的基础上而预设的一种发展目标，它的实现需要以规划的落实为保障；其次，社区规划的成果分为社区规划方案和规划实施成效两种，不能以规划方案本身代替规划实施成效；最后，社区规划必须为社区的未来发展指明方向，要预见到可能会影响社区发展的优势和不足。

④规划体系的开放性。规划体系的开放性是指社区规划的体系应该是一个

开放的体系，而不是一个封闭的体系。一方面，社区规划所涉及的各项社区要素均处于动态发展之中，在快速社会转型时期更是如此；另一方面，社区规划需要吸收各种外部资源和外部力量，规划才能更加科学、合理。因此，在社区规划中，一是要注意对多种社区发展影响因素的考虑；二是应充分吸收各种社会力量，利用各种外部资源，全面提升社区规划的品位。

⑤规划过程的动态性。社区规划过程应该是与时俱进的。只有紧跟社会发展的步伐，不断更新社区规划，才能保证社区规划的恰当性。因此，在社区规划中，不仅要编制整体性规划，而且要编制阶段性规划，阶段性规划得到落实后，还要编制下一阶段的社区规划。还要注意，对于某一阶段的社区规划，还要根据社会发展的要求和社区发展的需要适时进行修编。

（4）社区规划的原则

①人本性原则。它是指以人的需要、人的利益、人的发展作为社区规划的出发点和归宿点的原则。

②系统性原则。社会是一个大系统，社区是这个大系统的微缩形态。

③协调性原则。它是指社区规划要重视各种关系的有效处理和各种矛盾的有效化解。

④先进性原则。社区规划必须具备先进性，否则就失去规划的价值。

⑤发展性原则。当代社会是一个快速变迁的社会，社区规划所规范的各项社区要素均处于发展变化之中。

⑥可行性原则。所谓可行性，就是社区规划能够付诸实施，从而有效实现规划目标的特性。

⑦参与性原则。即发动社区居民积极参与。社区资源是社区建设的重要力量，是拉动社区建设的优势潜力。社区建设需要团结一切可以团结的力量，社区内部蕴含着巨大的内生资源，社区居民、辖区单位、社会力量等是促进社区建设的重要力量，这些力量不是孤立的，而是与社区建设共生的，需要尽最大的努力把这些力量凝聚起来，形成强大的合力，共同推进社区建设。

5.2　社区治安与服务

5.2.1　社区治安概念

社区治安是指社区政府和自治组织依靠社区群众，协同公安、司法机关，对涉及社区的社会秩序和人民群众的生命财产安全依法进行治理的公务活动。①

根据管理主体和和智能划分的不同，社区治安有狭义和广义之分。

狭义的社区治安，主要是指管辖本地区治安的公安机关及其派出机构的警务以及相关的管理活动；广义的社区治安，是指包括公安机关以及与治安工作相关的城市街道办事处、居民委员会、小区业主委员会、物业管理委员会和社区其他企事业单位保卫部门等社会治安综合治理。

5.2.2 社区治安管理

（1）社区治安管理的内容

①人口管理：包括户口管理、居民身份证管理、人口调查、常住人口管理、暂住人口管理、特殊控制人口管理等。

②危险物品管理：包括枪支管理、管制刀具管理、爆炸物品管理、剧毒物品管理等。

③社区治安秩序管理：包括特种行业治安管理、公共场所治安管理、企事业单位安全防范工作的指导、查禁社会丑恶现象。

④交通道路管理：包括车辆管理、机动车驾驶员管理、交通安全设施管理等。

⑤消防安全管理：包括制定消防规则、办法和技术规范，开展消防安全宣传，做好消防队伍的思想、组织、业务建设，指挥火灾扑救工作等。

（2）社区治安管理的特点

①区域性。社区治安的区域性是指社区治安是在一定的地域范围内的治安活动。社区是地域性的社会，具有一定的边界和范围，不同的社区有不同的地理位置、地理环境、人口密度、人口素质、职业结构、生活方式和社会心理。因此，不同社区的治安工作的内容和重点是不同的。城市社区人口密集、工业发达、交通便利，使城市社区的社区治安管理具有广泛性和复杂性。

②法律性。社区治安的法律性是指社区治安活动是在一定区域内进行的行政执法活动。社区治安管理活动是以社区治安的法律、法规为依据的，有关社区治安的一系列法律、法规明确规定了社区治安管理机构和部门的职责和权力，规定了社区治安的职能、任务、手段和作用，规定了社区治安管理的职责

---

① 汪大海，等．社区管理（第三版）［M］．中国人民大学出版社，2012：165.

范围、管理对象、管理方式，规定了治安处罚的程序、种类和条件，还规定了人民群众在社会治安中的权利和义务以及行为规范。社区治安实质上是对法律、法规的贯彻和执行，社区中治安的职权是国家授予并以法律的形式规定的。同时，社区治安部门及公安干警在实施管理活动时，也必须用法律、法规来约束自己的行为。

③综合性。社区治安的综合性是指社区治安的领导力量、治理手段和方法都具有综合多样性。社区治安的综合性要求在党委、政府的统一领导下，把公安派出所、街道办事处、居委会、企事业单位的保卫部门以及群众自治组织的力量结合起来，综合运用政治、经济、法律、文化、教育等多种手段，综合发挥打击、预防、教育、管理、建设和改造等六项措施的作用，实现社区治安的综合治理。

④大众性。社区治安的群众性是指社区治安工作对社区居民的依赖，离不开社区居民的积极参与。群众自治组织是社区治安主体的重要组成部分，发动、组织、依靠群众参与社区治安建设，是搞好社区治安工作的重要手段。社区治安秩序的好坏也是以社区居民的满意为标准的，社区治安主体职能的发挥离不开社区居民的大力支持。

（3）社区治安管理的组织机构

城市社区中，与社区治安直接相关的组织机构主要有公安派出所、街道办事处、居民委员会、物业管理公司以及企事业单位的保卫部门。

公安派出所的基本任务是，依据法律法规，通过公开的行政手段，管理辖区的治安秩序，包括公共场所、特种行业、民用危险品、违禁品、治安案件以及办理户口和居民身份证；积极采取措施，预防违法犯罪行为、治安灾害事件和群众性治安案件的发生；通过各种治安管理手段和某些侦查手段打击犯罪；主动为民排忧解难，解决居民群众的实际困难。

街道办事处对辖区的城市管理全面负责，对辖区的社区治安综合治理工作行使组织、领导、协调、监督和检查的职能，在社区治安中的责任主要包括：宣传、贯彻有关城市管理的法律法规，制定并组织实施辖区的治安管理工作计划，减少治安案件和刑事案件的发生；加强社区治安综合治理，发展社区服务，维护市场秩序，动员群众积极参与社区治安活动，组建群防群治队伍；执行综合执法，对辖区内各专业管理机构的工作行使监督权。

居委会在社区治安方面的责任是：宣传法律法规，教育群众，维护居民的合法权益；向居民会议报告社区治安工作，组织居民维护社区治安；及时调节民间纠纷，化解社区矛盾；协助人民政府和它的派出机构做好社会治安、流动人口、社会救济、青少年保护、公共卫生管理工作，及时向有关部门反映社区群众关于治安方面的意见、建议和要求；配合有关部门做好社区矫正对象的管理、教育工作；教育居民遵守居民公约和居民会议决定，开展社区服务，为居民创设安居乐业的环境。

物业管理公司要承担起防盗、防破坏、防爆炸、防自然灾害等治安管理活动，保证所辖的物业区域内的居民财产、人身不受损害，居民的工作、生活秩序不受干扰。在社区治安管理工作中，物业管理公司具体应该做的是：建立健全保卫组织机构，配备充足的保安人员；制定完善有关治安管理制度，如保安员岗位责任制及交接班制度、出入登记制度、车辆和大件物品出入管理制度等；负责维护辖区的治安，预防和查处治安事件；积极配合公安部门打击辖区内及周边地区的违法犯罪活动；对社区加强巡视值班；加强社区内的车辆管理，做好车辆停放和保管工作，确保辖区内道路通畅，保证交通安全；发动辖区内的用户，做好群防群治工作，强化用户的安全防范意识，采取治安防范措施。

5.2.3 社区服务概述

(1) 社区服务的内涵

社区服务是指政府、社区居委会、志愿者、商圈等其他各方面力量直接为社区成员提供的公共服务，包括物质、精神、文化、生活等方面的服务。

当前，随着我国经济快速发展，生活方式、社会组织形式和就业形式日益多样化，越来越多的“单位人”转为“社会人”，大量退休人员、下岗失业人员和流动人员进入社区，社区居民群众的物质、文化、生活需求日益呈现出多样化、多层次的趋势，经济社会的发展和居民群众的多方面需要给社区服务提出了新的更高的要求。① 加强和改进社区服务工作有利于扩大党的执政基础、体现政府的施政宗旨；有利于扩大就业、解决社会问题、化解社会矛盾、促进社会和谐；有利于不断满足居民群众需求、提高人民生活质量、促进人的全面发展。

(2) 社区服务的发展现状

自 1986 年民政部倡导社区服务以来，社区服务不断向社会生活更广泛的

---

① 高层关注社区服务，厘定发展方向，努力破解问题 [EB/OL]. [2006-11-05]. http://politics.eole.com.cn/GB/30178/4373084.html.

领域拓展和延伸，这对于促进经济发展、社会安定和人民生活质量的提高，发挥了重要作用。

第一，社区服务范围和内容得到拓展。目前，社区服务的项目和内容已基本涵盖广大居民物质生活和精神生活的各个领域，服务内容由 10 多项发展到 200 多项，包括妇女、儿童、老年人、残疾人、青壮年人和优抚对象、驻社区单位等各类群体，社区卫生、社区文化、社区环境、社区治安、社区保障等服务项目普遍展开，多种便民生活服务圈不断涌现，社区居民需求得到不同程度的满足。尤其是伴随着市场经济体制的建立，一些社区服务企业开始为社区内居民和单位提供送餐、存车、物业管理等后勤服务，开辟了社区服务业发展的新领域。目前初步构筑起以社会救助为基础的集家政服务、物业管理、职业中介、心理咨询、健康保健等内容于一体的综合服务体系。

第二，服务设施和网络初具规模。目前，我国有城区 852 个，街道 6152 个，社区 79947 个。各城区、街道普遍建立了社区服务中心，各居民委员会大多建立了社区服务站，形成了区、街道、居委会三级社区服务网络，极大地方便了居民生活。目前，我国已建成社区服务中心 8479 个，各类社区服务设施 19. 5 万个，便民利民网点 66. 5 万个。2001 年至 2003 年，各级民政部门通过实施“星光计划”，筹集 134. 8 亿元在全国城镇建立起了 3. 2 万个老年活动之家，有效改善了服务条件。目前全国 40%的社区组织服务用房已达到 100 平方米以上，87%的社区有社区服务中心（站），93%的社区有劳动保障所（站），80%的社区有警务室，85%的社区建有卫生服务站（点），70%的社区有图书室。① 初步形成了以社区服务中心为纽带，广泛联系各类社区服务企业、服务人员的社区服务网络。

第三，吸纳就业和维护社会稳定作用突出。各城区、街道和社区以社区服务为载体，认真做好社区就业岗位开发、社区再就业服务和城市居民最低生活保障工作，加快社区服务业的发展，推动社区再就业工作融入到社区，服务到社区，落实到社区，促进社区再就业工作与社区建设同步发展。积极拓宽社区就业门路，引导和帮助更多的下岗失业人员在社区服务领域实现再就业。据相关统计，2005 年年底，我国有社区服务从业人员 357. 8 万人，其中安置下岗失业人员 138. 8 万人。特别是一批大中型工业企业通过剥离后

① 我国社区服务发展现状［EB/OL］.［2011-11-16］. http：//www. 47365. com/2011/11/3b94ec5a7b554828. html.

勤服务、利用闲置资源、兴办社区服务实体等，实现了人员分流，增加了职工收入，极大地促进了社会稳定。

第四，社区服务方式和方法得到改进。全国许多地方在街道层面开展“一站式”服务，为居民提供便捷优质的办事服务。一些地方还加大了政府购买服务的力度，在社区配备了劳动保障、卫生保洁、社会治安等协管员，使社区服务的社会效益明显增强。许多城市社区还建立了阳光超市、慈善超市、扶贫超市等，积极为社区困难群体排忧解难。一些地方已经开始把计算机信息网络技术应用于社区服务，一些地方的城区和街道普遍建立了信息网络平台，并与社区居委会的社区服务站实现联网，为广大社区居民提供优质快捷的服务。目前，全国60%的城区建有社区管理服务信息网络，例如太原市庙前街社区创建的“社区服务网”，在方便社区居民随时获取社区服务信息的同时，促进社区服务效率和质量的提高。

(3) 社区服务的内容

社区服务是我国改革开放以来探索的一条贴近基层、服务居民的社会化服务新路子。社区服务内容要以满足居民的需要为目的，居民需要什么服务就提供什么服务。主要包括：

①老年服务。开办老年大学，开展各种有利于老年健康的文体活动，兴办社会福利机构，如福利院、老年公寓、老年婚介所、老年心理健康咨询中心等，为提高老年人的生活质量提供各种服务项目。

②社会保障服务。对社区低收入家庭，根据国家政策提供社会保障和救助，落实低保政策。建立再就业基地，加强下岗职工再就业能力的培训。

③优抚服务。主要协助政府落实优抚政策，做好退伍安置工作，开展拥军优属服务，为军人家属和伤残人员的生活提供便利的条件。

④残疾人服务。为残疾人提供就业安置服务、医疗康复服务、基本生活服务及婚介服务等。

⑤安全防范服务。社区居委会可以根据需要建造社区安全防范设施，如电子防盗监控系统、楼宇对讲系统等。此外，社区还可以成立由社区志愿者组成的治安巡逻队。

⑥卫生保健服务。办好社区卫生保健室，开展对常见病的康复医疗服务。宣传健康防病知识，提高全民健康意识。

⑦青少年服务。为青少年提供各种健康有益的文体建康活动场所，组织开展各种健康有益的活动。

⑧家政服务。为居民家庭介绍家政服务员，如婴儿保姆、家教辅导员、清洁工、修理工、接送服务人员等。

⑨中介、信息服务。逐步建立区域性求助网络体系，实现社区服务现代化、网络化，发放求助服务卡，公开服务项目、收费标准、联系方式和服务承诺等。

（4）社区服务的特征与作用

①社区服务的特征：

第一，社区服务不只是一些社会自发性和志愿性的服务活动，而是有指导、有组织、有系统的服务体系。

第二，社区服务不是一般的社会服务产业，它与经营性的社会服务业是有区别的。

第三，社区服务不是仅由少数人参与的为其他人提供服务的社会活动，它是以社区全体居民的参与为基础，自助与互助相结合的社会公益活动。

②社区服务的作用：

第一，对社区物质文明与精神文明建设有着很大的推动作用。

第二，可以使社区成员拥有更多的公共服务、社会福利和闲暇时间，让人们从沉重的家务劳动中解放出来，提高人们的生活质量。

第三，可以使人们更加集中精力地从事生产劳动和其他社会活动，创造出更多社会财富。

第四，通过广泛群众参与，可以培养一种高尚的社会道德与社会风气。

第五，有利于早期人们的主体意识、协作意识、法纪意识和文化意识，有利于提高人的素质。

5.3　社区环境与卫生

5.3.1　社区环境概述

（1）社区环境的内涵

社区环境是指社区主体赖以生存及社区活动产生所需要的自然条件、社会条件、人文条件和经济条件的总和。它可理解为承载社区主体赖以生存及社会活动得以产生的各种条件的空间场所的总和，属于物质空间的范畴。

从考察角度和范围的不同，我们可以将社区环境分为广义的社区环境和狭义的社区环境。广义的社区环境也可以称为一般意义上的社区环境，即把社区作为主体，研究社区的外部环境状况对社区的影响。狭义的社区环境也可以称为特殊意义上的社区环境，即把居住在某一特定社区的居民作为主体，研究社区范围内一切与居民生活密切相关的各种环境因素对社区的影响。

（2）社区环境的构成要素

社区环境既包括最基础的硬件设施，也包括必要的软件因素，如邻里关系等。根据一些学者对社区环境要素所作的各种解释，我们可以把社区环境的要素归纳为以下六个方面。

①空间要素。社区环境的空间要素主要表现在主观要素和客观要素两个方面。主观要素指社区自身建设方面，如社区的整体建筑风格、社区内路面的宽窄、社区居民的休闲娱乐空间的大小、停车位的多少等。客观要素指社区所处的地理空间环境，如社区的交通是否便利、附近是否有商圈、子女上学是否容易等。

②居住生活环境要素。居住生活环境要素主要从六个方面对城市生活空间产生影响：

第一，居住条件对城市生活空间和居民生活质量的影响。

第二，居住生活单元、居住小区和居住区环境对城市生活空间以及城市社区空间持续发展的影响。

第三，公共绿地和专用绿地对城市生活空间以及净化空气的影响。

第四，娱乐设施和卫生保健对城市生活空间质量的影响。

第五，社区氛围对城市生活空间质量的影响。

第六，居住生活环境要素协调持续发展对城市社区可持续发展的影响。

③社区自然生态环境要素。社区由于所处的地理位置不同，会呈现出不同的生态环境，比如空气质量、气候条件、日照时间、绿地范围以及饮用水质等，这些因素构成了社区环境的生态要素。

④社会环境要素。基础设施环境要素主要包括供水、供电、供气、供热、道路、通信等硬件设施，不仅影响城市生活空间的规模，而且直接影响城市生活空间的质量。

⑤社区人际环境要素。社区人际环境要素指社区人文环境要素和社区交际环境要素。社区的人文环境要素表现为社区居民的整体文化层次和社区经常性的文化娱乐活动。社区的交际环境要素除了相关的自然生态环境要素外，还包括出行设施、通信设施、互联网、文化设施、集会场所、文化活动等。

⑥社区环境的管理要素。社区环境的管理要素在主体上包括各类组织，这些组织有的属于党的组织，有的属于政权组织，有的是群众自治组织和宗教组

织。在管理的客体上涉及诸如卫生、交通、电力、居民的人身和财产安全管理等社区物业管理，也包括社区的管理机制、管理模式以及管理人员的素质等方面。

(3) 社区环境的分类

在广义的社区环境和狭义的社区环境下，社区环境还可以继续进行相应的分类。

从广义和狭义的社区环境来看，我们可以把社区环境分为：自然环境、经济环境/社会环境、文化环境/人文环境。

①自然环境。从广义的社区环境来看，构成社区自然环境的基本要素包括气候、地形、地貌、水文、土壤和动植物。

从狭义的社区环境来看，自然环境主要是指社区的区位、规划的范围、社区内的绿化、净化和美化状况。

②经济环境/社会环境。从广义的社区环境来看，社区的经济环境主要包括生产力发展水平、社会经济体制、技术经济条件、制度和国民经济结构等因素。

从狭义的社区环境来看，社会环境主要是指社区的生活环境、消费状况和治安状况。

③文化环境/人文环境。从广义的社区环境来看，影响社区存在与发展的各种非经济因素构成了社区的文化环境。这些文化环境包括社会的性质与制度、行政体制的变动、传统的道德观念与风俗习惯。

从狭义的社区环境来看，人文环境主要是指社区的文化环境、生活习惯和人际关系状况。

5.3.2　社区环境管理

社区环境管理就是指社区中的所有单位和居民通过多种手段来防治社区的环境污染和破坏，保护和改善社区居民生活环境的过程。要想全面、准确地理解社区环境管理的定义，需要注意管理手段的多样性、观念的整体性、时间的持久性、主体的多元性。

社区环境管理的目标就是要提高社区居民的环保意识，保障社区居民合法的环境权益；保护社区环境卫生，建设绿色、生态、低碳化的美好社区；建设现代化的社区环境文明，建成环境优美、生活舒适的现代化新型文明社区。

(1) 社区环境管理的原则

第一，环境价值原则，即充分了解环境对于人类生活的重要意义，不断发现、保障和提升环境的价值，为社区环境管理奠定理论基础。

第二，全局和整体效益最优原则，即将社区环境作为一个整体来对待，其管理目标的制订应当着眼于社区、社会环境的全局和整体效益。

第三，综合平衡原则，即在社区环境管理过程中，平衡各主体的利益，不得牺牲某个环境主体的利益来获取暂时的发展，尤其应注重保护社区居民的环境权益不受侵犯。

第四，持续发展原则。这是社区环境管理的重要目标原则，即在社区环境管理过程中，协调人、自然、社会的关系，做到人与自然、社会的和谐共处和可持续发展。

第五，政府干预和公众参与相结合的原则。社区环境管理是政府、社区及公众的共同事业。社区应当在政府指引下，充分发挥公众的积极性和创造性，共同参与到社区的环境管理事务中。①

(2) 社区环境管理的意义和功能

随着城市经济社会的发展，居民对环境的要求越来越高，客观上要求创造一种能充分融合人和自然的清洁、优美的环境，既能客观展现社会的文明程度，同时又能潜移默化地影响、规范人的行为，这对提高人们的思想道德修养和身心健康，创造高品位的生活质量起着极其重要的作用。因此，社区环境管理发挥着极其重要的功能，包括提高居民的生活质量、满足人们的心理需求、促进“单位人”向“社会人”转变、改善城市风貌以及增强社区凝聚力等。

社区环境管理的意义在于，其一，社区环境管理是社区管理的重要组成部分，良好的社区环境管理能够提升社区形象。其二，社区环境管理能够为社区居民创设一个良好的生活环境，保障居民的环境权益，提高生活品质。其三，社区环境管理有利于从基层做起，保护环境，防治污染。其四，社区环境管理有利于提升居民的环境意识，建设生态文明。其五，社区环境管理作为社会环境管理的基点，其发展进程和相应成效能够为城市、社会的环境管理提供预见性启示。②

①提高居民的生活质量。人的一生，大部分时间在社区内度过，作为最重要的生活空间，社区环境质量直接影响着居民的生活质量，关系到人民生活水平的改善和提高。如今随着现代生活节奏的加快，人们已不再单纯地追求住房质量，同时要求居住安全、环境宜人、文化益智。帕森斯的“社会行动理论”告诉我们，“家”在社会系统中承担着模式维持和调停紧张的功能，即一方面家庭要按照社会的文化、价值观念教育自己的子女，为社会培养和输送合格的

① 孙录宝．城市社区管理知识读本［M］．济南：山东人民出版社，2012：126.

② 孙录宝．城市社区管理知识读本［M］．济南：山东人民出版社，2012：126.

劳动力，使社会系统得以正常运转，发挥社会化的作用；另一方面，家庭有着休息、娱乐、亲和的作用，能满足人们情感的需要。由此可见，高质量的环境不仅能维持人们的衣食住行等基本生活需要，而且还能满足人们对安全的需求，对人际关系的向往以及高品质生活的需求。

②满足人们的心理需求。清洁、优雅的社区环境和花草树木给人以美的视觉效果，使人倍感温馨亲切，是现代人向往的生活环境。现代城市人长时间处于不大透气的室内环境中，渴望接触室外的自然环境，于是社区的绿地、广场成为人们户外活动的主要去处，步入其中有回归自然之感。优美的环境能够陶冶人的情操、规范人的品行，成功的环境管理，会使人感到精神愉快、心情舒畅，促进工作和学习，推动和谐社区的构建。

③促进“单位人”向“社会人”转变。过去我们沿袭的是以单位为主要形式的工作模式，单位几乎承担了社会的全部职能。随着政府职能的快速转变、现代企业制度的建立和人口老龄化的到来，外来人口、下岗失业职工、自由职业者以及“SOHO”一族的增多，社区正逐步取代单位成为居民生活中最重要的场所，人们对社区的依赖程度明显增强。如今，人们可以不再一成不变地从属于某一个固定的单位，但他们的生活却相对无法离开特定的社区。因此，充分发挥社区优势，顺应社会结构变化的新趋势，不仅有利于扭转单位办社会、企业办社会的局面，减轻企事业单位负担，而且有利于加速政府职能的全面转变，最终实现由“单位人”向“社会人”的转变。

④改善城市风貌。社区是城市居民的聚集点，也是构成整个城市政治、经济、文化的基本社会单元，与整个城市形成整体与局部的关系。只有社区环境得到有效管理，整个城市风貌才得以最终改观。要提升城市总体环境质量水平，必须从改善社区环境入手，良好的社区环境管理是优秀城市环境风貌的重要基石所在。

⑤增强社区凝聚力。当前，社区环境已不仅仅是有形的客观物质环境，而且包括人们感觉到的邻里关系、精神风貌、道德修养等精神方面的内容。优美舒适的居住环境，在满足居民基本生活需求以后，还可以满足更深层次的交往需求和娱乐需求。居民是社区建设的主体，居民的积极参与是社区环境建设和管理的基础。从社区环境这一全体居民的共同利益和共同需求出发，能充分调动广大居民积极参与社区建设的积极性，巩固和发展社区新型和谐的人际关系，强化群众对社区的认同感和归属感，从而增强社区凝聚力。①

① 顾建键．现代社区管理概论［M］．上海：上海人民出版社，2007：225.

5.3.3 社区环境管理的要求和措施

（1）社区环境管理的要求

社区环境管理的要求根据社区的具体情况存在差异，但总体而言都包括了以下几个方面的内容：

一是建立完善的环境管理体系。环境管理体系是社区全面管理体系的组成部分，包括制定、实施、实现、评审和保持环境方针所需的组织机构、规划活动、机构职责、惯例、程序、过程和资源，还包括组织的环境方针、目标和指标等管理方面的内容。总的来说，社区环境管理体系旨在帮助社区实现自身所设定的环境水平，并不断改进环境行为，达到更好水平的社区管理工具。

二是确立专门的环境管理方针。社区环境管理方针对社区自身的环境目标和指标作出基础性框架，包括预防污染和持续改进，并符合法律法规等内容。社区环境管理方针是社区在环境保护和管理方面总的指导方向和行动原则，对于加强管理、改进环境具有重要的指导意义。一个完整的环境管理方针往往包括长远规划、特定目标、环境保护、权益保护等方面的内容。环境管理方针应当在社区内公开公布，并采取必要措施保证实施。随着社区实际情况的变化和环境的持续改进，环境管理方针也应作出必要的调整。

三是制定专业的环境管理方案。根据社区内环境工作者队伍的构成情况，制定出每个有关职能为实现环境目标指标而应履行的职责和实现的时间，以使社区的环境方针付诸实践，使环境目标得以逐步实现。环境管理方案的制订使得社区的环境管理工作有章可循，将责任落实到人，是环境管理体系中的重要环节，对于实现环境管理目标具有重要作用。

四是构建环境管理监测体系。社区的环境管理是业主委员会、上级环境管理组织、开发商、物业管理机构等共同参与的管理事务，需要一个完备的监测体系。四个相关组织都应该抽调专职或兼职人员组成监测小组，定期向管理者提交环境监测报告，揭示社区环境管理中存在的问题，必要时提出改进意见。

（2）社区环境管理的措施

①完善社区环境机制，明确社区环境整治责任。各级人民政府应强化社区环境管理，落实以环境保护目标责任制、社区环境综合整治定量考核为核心的各项制度，加强社区建设和环境管理的法制建设，根据具体情况，制定切实可行的社区环境综合整治管理办法。各级政府应把社区环境综合整治工作作为政府的一项重要职责，形成和完善统一领导下的有关部门分工负责、广大群众积极参与的社区环境综合整治管理机制，及时解决工作中的重大问题。

②制定社区环境综合整治规划，确立社区环境保护目标。各级政府应组织有关部门，根据各地总体规划及国民经济和社会发展规划的要求，制定和完善社区环境综合整治规划，在规划大气、水域和噪声功能区的基础上，着重保护好集中式饮用水源地，提高居民文教区和风景名胜区的环境质量。

③结合调整社区产业结构和企业技术改造，为提高社区环境质量创造条件。各级人民政府和国务院各有关部门应根据国家产业政策，科学、合理地调整产业结构、产品结构、能源结构和原材料结构。采取措施逐步淘汰原材料消耗高、耗能高、污染严重的工艺与设备，停止生产污染严重的产品。环境污染严重的城市，应逐步实行排放污染物总量控制，新增的污染物应在企业或城市区域内等量削减，在基本建设和技术改造中，应采取“以新带老”“以大带小”和“工民互带”等措施。

④积极推行污染集中控制，提高防治效益。社区环境综合整治必须从社区的总体效益出发，打破行业和部门界限，积极推行对污染的集中控制。对过于分散的污染源和不宜集中处理的特殊污染物，应进行单独处理或者预处理。各级人民政府和有关部门应改变社区燃料构成和供热方式，控制大气污染，综合利用能源。煤炭、石油、化工、冶金等部门，应优化能源利用，将适合民用的煤炭、可燃气及余热资源优先供应城市民用，发展城市燃气和集中供热，替代燃煤民用炉灶和分散供热锅炉。对造纸制浆、电镀、热处理等污染严重的行业，应逐步实行相对集中的专业化生产，并对排放的污染物进行集中处理。企业排放固体废物应根据“减量化、资源化、无害化”的原则，做好综合利用和集中处理、处置工作。

⑤加强社区基础设施建设，提高综合防治污染能力。应加强社区供排水、公共交通、污染治理等公用设施的建设，进一步提高社区环境质量。有计划地建设污水处理厂，采用科学措施解决污水排放问题，集中力量整治城区内不符合功能区水质要求的江、河段，以及沟、渠、湖、塘。要逐步实行垃圾收集容器化和密闭运输，以高温堆肥和卫生填埋等方式进行处理，改善城郊环境卫生状况，减少农田占用面积，鼓励垃圾综合利用，减少垃圾量。控制交通噪声和机动车辆尾气污染，加强以绿化为主的城市生态环境建设，覆盖城市街道两旁的裸露地面，并逐步建立一批立体绿化和楼顶花园的示范工程，提高城市绿化覆盖率。

⑥疏通、拓宽资金渠道，扩大社区环境的资金来源。各级人民政府应按照“谁开发谁保护，谁破坏谁恢复，谁利用谁补偿”和“谁污染，谁治理”的方针，实行有利于环境综合整治的经济政策，开辟各种资金渠道。城市人民政府

和有关部门对国家已经规定用于环境保护和城市建设的资金，要落实来源并合理安排使用，要管好、用好城市维护建设的资金、环境保护补助资金，并适当增加预算内的环境保护资金；利润留成应当用于治理工业“三废”；土地使用权有偿转让；收入应重点用于城市建设和土地开发等。

⑦加强社区环境管理，健全监督执法队伍。各级人民政府环境保护行政主管部门，应依据《中华人民共和国环境保护法》，对环境保护实施统一监督管理；各级建设行政主管部门对社区建设实行统一监督管理；公安、交通、土地等部门，也应依据有关法律规定和职责分工做好监督管理工作。城市人民政府应积极组织开展创建“烟尘控制区”“城市环境噪声达标区”的活动，评选城市环境综合整治优秀项目，推动环境综合整治工作的深入开展。城市建设监察和环境保护监督执法人员应统一标志，持证进行监督检查。对于监督人员，应组织开展业务培训，建立考核制度，提高监督执法人员的素质，以适应城市建设和环境管理工作的需要。

⑧以社区可持续发展为导向，发展社区环境教育。环境教育作为社区环境可持续发展的重要内容，应与社区发展的长远规划有机结合起来，使环境教育和社区本身发展产生互动效应。在社区环境教育中，必须以社区作为大课堂、实验室，共同参与、设计、描绘和创建这个大环境，建立社区环境宣传教育网，开展各种形式、层次的宣传教育。如在社区学校、街区、村庄、商业中心、工厂等建立宣传基地，开展与社区有关的各种宣传教育。而且可以利用各种宣传媒介和现代宣传策划的管理手段，建立全民参与环境保护建设的社区新形象，增加环境教育的宣传效果。①

5.4 社区文化与教育

5.4.1 社区文化概述

(1) 社区文化的内涵

社区文化（Community Culture），群体组织文化之一。社区内物质、制度及心理文化的统称。范围甚广，从最小的邻里到大城市都可包括在内。社区环境影响着每一个人，从而影响各种人文文化，影响各类设施，也影响学生的成就与行为；每个人长期在社区中生活，将受社区影响所形成的价值观及行为带

① 张苏辉，苏学愚. 社区管理［M］. 北京：中央文献出版社，2009：120.

入社会，影响民族文化的性质。教育方针、内容、措施、行为及方法等，都受社区文化环境的影响，好的文化为社区培养人才，对社区文化产生良好影响。①

社区文化是社区的地域特点、人口特性以及居民长期共同的经济和社会生活的反映，实质上是地方文化的具体表现。表现为不同社区的人们具有多种多样的服饰、饮食习惯等的差异。同时，社区文化又是某一特定区域内各种文化的融合。最突出的是城乡社区文化的差异。一般来说，以自然经济为主体的传统乡村社区中，居民有着大体一致的信仰、生活方式、价值观、行为规范等。居民的思想观念和文化观念倾向于保守。建立在商品经济基础上的城镇社区，特别是大中城市社区居民之间的信仰、价值观、行为规范、生活方式等往往呈现多种多样的差异，较易接受先进的思想和现代的文化观念。在社区控制方面，传统的乡村社区能以非正式的规范来控制成员的行为。城市社区则采取正式的规范并通过专门机构来约束越轨行为。

社区文化的定义因文化外延的不同也有很多说法。吴文藻先生认为：文化的简单的定义，可以说是某一社区内的居住所形成的生活方式……也可以说是一个民族应付环境——物质的、象征的、社会的和精神的环境的总成绩。

马林洪斯基认为，文化从功能的角度来考察，包括经济、教育、政治、法律与秩序、知识、巫术、宗教、艺术及娱乐八个方面。桑佳斯论述的社区文化的外延更小，包括语言文字、公共象征、知识信仰、价值体系以及有关行为程序中的惯例、规则与特定方式。

本书认为，社区文化是指在一定的区域范围内，在一定的社会历史条件下，社区成员在社区社会实践中共同创造的具有本社区特色的精神财富及其物质形态。社区文化本质上是一种家园文化，具有社会性、开放性和群众性等特点。

（2）社区文化的内容

社区文化不可能离开一定的形态而存在，这种形态既可以是物质的、精神的，也可以是物质与精神的结合。具体来说，社区文化包括环境文化、行为文化、制度文化和精神文化四个方面的内容。

①环境文化。社区环境是社区文化的第一个层面。它是由社区成员共同创造、维护的自然环境与人文环境的结合，是社区精神物质化、对象化的具体体现。它主要包括社区容貌、休闲娱乐环境、文化设施、生活环境等。通过社区

---

① 顾明远．教育大辞典［M］．上海：上海教育出版社，1998：725.

环境，可以感知社区成员理想、价值观、精神面貌等外在形象。

如残疾人无障碍通道设施可以充分体现社区关怀、尊重生命、以人为本的社区理念。当然，怡人的绿化园林、舒心的休闲布局、写意的小品园艺等都可以营造出理想的环境文化氛围。现在很多社区积极导入环境识别系统（CIS），用意也基于此。

②行为文化。行为文化也称为活动文化，是社区成员在交往、娱乐、生活、学习、经营等过程中产生的活动文化。通常所说的社区文化都是指这一类的社区文化活动。这些活动实际上反映出社区的风尚、精神面貌、人际关系范式等文化特征。

如“中国城市文明第一村”深圳市莲花北村的物业管理者——万厦居业公司，自1994年以来，在该小区组织开展了300多场大中型社区文化活动，涉及娱乐、健身等各个方面，如广场交响音乐会、元旦千人舞会、重阳节文艺汇演、趣味家庭运动会、游泳比赛、新春长跑，等等。

③制度文化。制度文化是社区成员在生活、娱乐、交往、学习等活动过程中形成的，与社区精神、社区价值观、社区理想等相适应的规章制度、组织机构等。它们对保障社区文化持久、健康地开展具有一定的约束力和控制力。制度文化可以粗略地分为两大类：一类是物业管理企业的各种规章制度；另一类是社区的公共制度。企业的规章制度和社区的公共制度都可以反映出社区价值观、社区道德准则、生活准则等。

④精神文化。精神文化是社区文化的核心，是社区独具特征的意识形态和文化观念，包括社区精神、社区道德、价值观念、社区理想、行为准则等。这是社区成员价值观、道德观生成的主要途径。

5.4.2 社区文化建设的功能和意义

(1) 社区文化建设的功能

当代社会，社区居民和物业公司越来越重视社区文化的建设，因其具有引导、约束、凝聚、娱乐、激励、改造等一些特殊功能。

①引导功能。社区文化的引导功能是指社区文化对社区成员的思想和行为的取向具有引导作用，使之符合社区理想和目标。社区文化的引导功能既表现为对社区成员个体的思想行为的引导作用，同时也表现为对社区整体的价值取向和行为起导向作用。这种导向作用之所以能够实现，是因为一个社区的社区文化一旦形成，它就会建立起自身系统的价值和规范标准。如果社区成员在价值取向和行为取向上出现与这一标准不符的情况，社区文化将发挥引导作用，

使之与标准相符合。当然，这种导向是潜移默化和自觉自愿的，是主动认同基础上的接受和融洽。

②约束功能。约束功能是指社区文化对社区成员的思想、心理和行为具有约束和规范的作用，主要表现在社区文化中的制度文化建设上。为了加强对社区文化工作的管理，必须建立和健全各项规章制度。通过营造社区特有的文化氛围，制订行为规范和行为准则来维持社区秩序，调整人与人之间的社会关系，使社区居民产生一种自我约束作用，从而保证社区文化健康、稳定地发展。

③凝聚功能。凝聚功能是指社区成员在共同目标、利益和信念的基础上，通过共建机制，使社区各种力量相互作用、相互吸引，从而形成一种特有的集聚、凝结的社区合力和整体效应。社区文化犹如粘合剂，把社区内的成员“粘合”在一起，社区通过多种文化活动吸引居民参与，使他们从生疏到认识，从认识到熟悉，增加认同感和归属感，从而产生一种凝聚力，形成共同的理想和希望。

④娱乐功能。娱乐功能是指社区文化能起到给人们的消遣提供一种轻松、舒适的环境的功能。随着改革开放和社会主义现代化建设的不断发展，人们生活水平不断提高，人们对精神生活有了更高的需求，而社区文化恰恰在很大的程度上满足了人们对精神生活的需求。

⑤激励功能。社区文化能使社区成员从内心产生一种积极向上和进取的精神。这种激励表现在正面的引导上，而不是消极地满足需求，表现在内在的引导上，而不是表面地推动。

⑥改造功能。社区文化的改造功能最直接的表现是解决精神方面的社会问题。当前，我国社会主义市场经济新体制必然伴随拜金主义、以权谋私、道德滑坡等社会问题，造成社会环境的污染。加强社区文化，开展各种文化活动，能够净化社会环境，改善社区居民的精神风貌，为社会主义现代化建设创造更加有利的社会环境。

（2）开展社区文化的意义

社区文化的开展和营造对于物业管理工作有着十分重要的意义，主要体现在：

①社区文化的开展有利于形成一种和睦、融洽的气氛。良好的社区人文环境是建立在相同的品位、相同的社会地位之上的和睦的社区人际关系，邻里之间守望相助、互相友爱、健康向上，现代人由此可以从普遍存在的压抑感和不安全感中解放出来，社区文化建设工作有助于这样一种和谐邻里关系

的形成。

②通过开展社区活动，有利于加强社区居民与物业公司的沟通，化解矛盾。目前，在房地产投诉中，有相当一部分是对物业管理方面的投诉。一方面，个别物业管理公司自身的管理上存在一定的问题；另一方面，管理公司和社区居民之间缺乏有效的沟通。

③社区工作的开展有利于唤起全体业主的荣誉感，制造名牌效应。社区文化的开展，对培养用户的忠诚度起着十分重要的作用。良好的社区文化活动的组织，往往会使业主有一种自豪感。有了自豪感，自然增加了忠诚度。这就是为什么众多的白领甘愿每天上下班花费很长时间、每月的生活成本居高不下而矢志不移地居住在具有优秀物业管理水平的小区的原因之一。

④通过开展社区文化，宣传社会主义法制和精神文明建设，保证了小区的安全文明，为社会的稳定和发展奠定了良好的基础。

⑤社区文化活动的组织，对于营造社区高雅的文化艺术氛围，形成小区的独特风格有相当重要的作用。

5.4.3 社区教育概述

(1) 社区教育的内涵

社区教育是社会发展和时代变革的产物。我国的社区教育起步于20世纪80年代初期，是在国家实行改革开放后，总结原有学校教育、家庭教育、社会教育相结合经验的基础上，借鉴国外社区教育的经验，从国内不同地域的实际出发，通过试点逐步发展起来的。进入20世纪90年代后，社区教育组织自觉认识到社区教育持续稳定发展的重要作用，进一步加强了制度建设，各级社区教育管理机构制定的“章程”“暂行规定”等纷纷出台，为社区教育走上规范化道路奠定了初步的基础。随着社会主义市场经济体制的建立，中国工业化、城市化进程的明显加快，社区教育正在不断发展并逐步走向成熟。一方面，社区居民逐渐认识到社区教育的价值，产生了一定的参与要求。另一方面，城市在发展过程中出现了许多需要解决的问题，如不断膨胀的城市人口、农村剩余劳动力不断涌入城市，形成流动人口浪潮；21世纪，中国大部分城市将进入老龄化社会，人口老龄化现象日益严重；不合理的城市布局与窘迫的生存环境；人际关系的隔阂与淡化，等等。对此，仅仅依赖以协调管理为特性的社区组织形式以及学校教育来解决上述社会问题是远远不够的。国际国内社区教育实践经验已清楚地表明，只有实施面向社区成员，以促进人的发展为原则的各种各样的社区教育，才能满足和解决人们各种各样的教育需求和社会问题。

2006 年，国家标准化管理委员会将社区教育定义为：在社区中，开发、利用各种教育资源，以社区全体成员为对象，开展旨在提高成员素质和生活质量，促进成员全面发展和社区可持续发展的教育活动。

（2）社区教育的主要功能

社区教育所形成的集管理、服务、文化活动为一体的大教育格局，是对单一学校教育的突破、拓展和延伸。它的主要功能大致有以下六个方面：

①向社区居民开放办学，教育的设施、场地为社区居民共享。

②社区成人教育机构是社区的文化活动中心，其举办各类文化活动，提高社区居民文化水平。

③传播知识和科学技术，提高社区居民素质，承担社区通用性培训工作。

④帮助社区提高精神文明建设的水平，改善社区环境。

⑤推动各类教育发展，实现学校、社会、家庭的教育一体化。

⑥参与企业教育，共同建设和发展企业社区环境。

（3）社区教育的作用

社区教育在教育连续性、社会适应性、教育手段多样性，以及教育与社会各部门的合作方面都较好地适应了这些原则要求，在构建终身教育体系中具有不可低估的重要作用。从幼儿教育到老年教育，从文化教育到职业教育，社区教育在其中的作用是不可替代的。

①满足基本的学习需要。社区教育在满足市民基本学习需要方面将发挥重要作用。基本学习需要主要包括："基本的学习内容和基本的学习手段，这些内容和手段是人们为能生存下去，充分发展自己的能力，有尊严地生活和工作，充分地参与发展，改善自己的生活质量，明智地作出决策等所必需的。"①

②创造新的学习环境。作为当代高新技术核心的信息技术为社区教育的未来拓展了新的发展前景。ISDN（综合业务数字网）技术的出现，使越来越多的人可以在家里通过电脑方便地进入国际互联网获取信息，学习网络课程。ATM（异步传输方式）作为一种宽带交换技术，可以把计算机、电话和有线电视统一起来，从而可以在更大范围和程度上共享资源；远程视频、交互式电视、视频点播（Videoon Demand）等无不对社区教育具有极大的启发意义和应用价值，并使其发展空间不断扩大，从而体现出技术在创造新的学习环境中的

---

① 焦莉．探索文化信息共享工程支中心发展的新思路——以全国文化信息资源共享工程玄武区少年儿童图书馆支中心建设为例［J］．剧影月报，2013（1）：139-140.

作用。

③发展教育。社区教育的灵活性、适应性，在教育现代化，推进普通教育的进步与普及，发展高等教育并使更多的人有机会接受高等教育，发展职业教育、转岗培训等方面，已经显示了所具有的优势，并得到了人们的认可。

④满足外来人口、失业人口的教育需求。外来人口是社区教育对象中庞大的一群，他们的文化素质、职业技能有待提高，对城市生活的知识有待于更多的了解，使之成为合格的公民，社区教育在这一方面可以做许多工作。在企业改革不断深入，越来越多的下岗人员急需工作岗位，新的劳动人口不断涌入劳动力市场，全社会就业压力日趋严重的情况面前，社区教育对调整待业者的心理，加强职业技能培训，增加就业人员的竞争能力等方面发挥了很大的作用。

5.4.4 国外的社区教育

(1) 国外的社区教育概况

严格的“社区教育”一词是20世纪初美国人杜威（Dewey）提出的，美国作为世界上最发达的国家之一，有着完善的社区学院系统，凝结着其社区教育的基本特色，建立了充满生机和活力的人才机制。社区学院有着与传统的正规大学不同的教育职能，它是一种非正规社会教育服务，其最根本的责任在于根据国家经济和社会发展趋势对劳动力市场和技能开发的需要作出反应，是工作场所人力资源的主要提供者。

北欧民众教育即社区教育，北欧地区（包括冰岛、丹麦、挪威、瑞典和芬兰五国）既是世界上经济高度发达的地区之一，也是最早开展社区教育的地区，强调通过教育的力量，使社区民众自觉、自主地参与改善社区政治、经济、文化生活的过程。丹麦民众教育家柯隆威于1844年在丹麦名叫罗亭（Rodding）的乡村成立了世界上第一所民众中学，他提出用教育的力量来激发民族精神，促进民族自强，进而达到改善人民生活的目的，用人文主义的精神生活来弥补人民受教育太少的缺陷，强调把民众中学办成“面向生活的学校”，他的办学思想和传统深刻影响了北欧教育发展进程。

日本社会教育与“社区教育”的概念相似，它是将其作为终身教育的主要方式来认识界定的。1949年日本颁布的《社会教育法》把社会教育定义为：除《学校教育法》所规定的学校教育活动之外，面对社会上全体成员所实施的有组织的教育活动。实际上它是以终身教育为宗旨，按成人早期、成人期、高龄期划分，在不同时期，通过社会教育产生多种教育机能的渗透影响作用；以推进国民的社会教育活动为目的设置教育机构，依托各种专门设施开展一切有组织有计划的学习活动及广播电视教育活动。

（2）国外社区教育的主要形式

国外社区教育的主要组织形式有北欧的民众学校和学习小组，美国的社区学院，日本的“公民馆”，等等。民众学校分为民众中学和民众大学，民众中学是一种实施成人普通文化教育的机构，包括成人中等普通教育、成人中等职业教育，以及少量的中学后成人教育，无需入学资格证明，不设入学和结业考试，学生最终可获得继续升入高等学校深造的资格。民众大学是以实施成人高等教育为主，兼施成人普通教育的社区成人教育机构。学习小组是一个自主学习单位，拥有自己的教师和领导，采取自学和研讨的学习方式，自定科目、内容和教材，无统一模式，并可申请政府补贴。

美国社区学院面对的是社区各界立体式的教育需求，普遍具备职业技术教育、补偿教育、非学历教育、大学转学教育和普通教育五大职能。职业技术教育比重最大，主修职业技术学科的学生约占全体社区学院学生的一半以上；补偿教育在提高成人基础文化程度、扫除功能性文盲方面起着重要作用；大学转学教育是为有志进大学深造成才者开辟通道；社区非学历教育是指那些不计学分、不发文凭、不授学位的教育服务，内容包罗万象；普通教育的目标主要是使学生获得行使公民权利与义务的能力，培养独立思考、解决问题的能力。

社区教育是适应社区管理体制改革需要建立的独立自主的，管理、协调、服务一体化的合作体制。因此，社区教育应该是社区范围内的整体教育。它包含两个部分，一是社会成员教育体系，这是大教育的概念，对社区所有成员进行终身教育，其中最为重要的是建立社区精神、社区文化、社区生活圈所需要的教育。二是职业教育体系，即包括职前、职后教育以及不断适应企业结构变化需要的就业和再就业教育。社区成人教育机构可以对本社区的资源、产业结构、职业结构、劳动力的文化、技术构成以及人才流向趋势作出具体的规划和预测。根据社会对教育的需求为社区决策和其他有关部门提供咨询及必要的帮助。社区教育必须从地方教育那种“升学教育”模式的恶性循环圈中跳出来，发挥其对整体教育乃至整个社会的先导作用。以文化知识、科学技术为工具，以培养自主、职业、创造意识和能力为主线，努力提高企业劳动者的整体文化素质，培养技艺高超和具有高尚情操的社区优秀人才。

综上所述，社区治理是社会治理的关键环节。党中央和习近平总书记高度重视社区治理体系建设。继党的十九大提出要建立共建共治共享的社会治理格局之后，党的十九届四中全会又将推进国家治理体系和治理能力现代化作为一项重要议程。习近平总书记关于社区的重要论述，突出了城乡社区治理在党和国家战略全局中的重要地位，并要求我们把社区工作者队伍建设摆在城乡社区治理的突出位置。社区治理专业化的程度是衡量一个地区社会服务和社会治理水平的重要指标，而社区治理专业化靠的是高素质的专业化人才队伍，因此培养一支数量充足、结构合理、素质优良的社会工作专业人才队伍刻不容缓，是重中之重。

思考与练习

1. 如何挖掘社区资源？
2. 如何做好社区规划？
3. 如何理解社区资源和社区规划的关系？
4. 简述社区治安的重要性。
5. 简述社区服务的产生背景。
6. 简述社区服务在当下社会的功能。
7. 如何发动社区居民参与社区环境管理？
8. 社区环境管理的原则有哪些？
9. 社区文化节的特点有哪些？
10. 如何发动社区居民积极参与社区文化建设？
11. 社区教育需要研究解决哪些问题？

推荐读物

1. 陆军，等：《营建新型共同体：中国城市社区治理研究》，北京大学出版社 2019 年版。

推荐理由：该书以中国城市基层社区治理为对象，从当前现状、存在的问题、根源追溯等几个角度，深入分析中国基层社区治理状况。同时，基于发达国家的有益经验，通过比较研究总结经验并为我所用，深入论证中国城市基层社区治理的定位、目标、内容重点、主要途径和核心措施等。本书依托于中国多省份的基层社会调查经历，对中国城市社区的发展规划具有很强的参考价值和政策启发意义。

2. 张永和、吴钰鸿、肖武，等：《渝北社区治理》，法律出版社 2016 年版。

推荐理由：随着社会转型和城镇化进程的加速，社区数量逐年增多，社区治理中的各类问题也不断涌现，将更多目光投向作为社会窗口的社区显得尤为迫切和必要。该书以重庆市渝北区为样本，以经验研究为基础，透过 3000 多份对社区居民和居委会工作人员的问卷调查结果，呈现社区治理的真实现状。研究内容涵盖了社区治安防控、社区矛盾纠纷化解、政府在社区治理中的作用、民间组织在社区治理中的作用，以及社区流动人口和特殊人群管理等问题。在实证研究的基础上，该书将社区治理中的问题提升到理论层面，剖析相应的理论和机制建设，对社区治理中存在的问题提出制度性建议。

第 6 章　社区治理发展的趋势及展望

内容提要

我国社区的发展经历了从“管理”到“治理”的转向，一字之差，却深刻地体现着治国理政方略的重大转变，凸显了政府、市场与社会之间的关系在社区层面的转型：从权威的“管”到疏导的“治”、从“强政府—弱社会”向“强政府—强市场—强社会”发展、从一元全能政府管理向多元协作治理转型的新格局。

中华人民共和国成立之初，国家管理经验不足，社会处于秩序恢复阶段，国家力量、市场力量、公民力量都相对较弱，随着国家政体与社会日趋稳定，“后发优势”① 使得国家层面学习发达国家、借鉴发达国家经验，国家力量快速强大，然而居民的市民化程度相对较低，计划经济体制也使得经济力量投射着浓重的政治痕迹，此时，是“强国家—弱市场—弱社会”的格局，全能型政府包办着居民生活的方方面面，市场力量与公民力量的成长受到了限制。其后，改革开放政策带来了市场的开放与蓬勃发展，随着我国现代化的逐渐实现、人民生活水平不断提高，公民力量也随之不断提升，而不断刷新的城镇化率也将原本乡村的治理难题带到了城市空间，社会的多样性与复杂性不断增强，国家对社会尤其是对城市社区微观而全面的管理难以维系：一是多样性与复杂性高的事实，使得一刀切的政策难以推行；二是国家力量的有限性，无法继续推行全能政府。此时，“治理”的理念顺势而出——在市场力量深度嵌入社区生活、社会力量得到较好的培育与发展的条件下，在社区层面形成“强国家、强市场、强社会”的多元协作治理，三大主体各谋其政、各行其是，

---

① 美国社会学家 M. 列维认为“后发优势”有五点内容：①后发国对现代化的认识要比先发国在自己开始现代化时对现代化的认识丰富得多；②后发国可以大量采用和借鉴先发国成熟的计划、技术、设备以及与其相适应的组织结构；③后发国可以越过先发国的一些必经发展阶段，特别是在技术方面；④由于先发国的发展水平已达到较高阶段，可使后发国对自己的现代化前景有一定的预测；⑤先发国可以在资本和技术上对后发国提供帮助。

是我国社区治理发展的必然趋势：

第一，国家力量逐渐退出居民的日常生活，转向高屋建瓴的调动资源、整合资源，让居民有安全感。

第二，市场力量在国家监管下蓬勃发展，提供丰富多样的商品与服务，提高居民生活质量，丰富居民生活形态，让居民有幸福感。

第三，社会力量在国家支持下精耕细作，为居民提供丰富的社会支持网络、形成社区生命共同体，让居民有归属感。

本章将重点分析在“强国家—强市场—强社会”的复合协作新框架下社区治理各方面的发展趋势，并从理论与实践的角度提出新的展望，希望能使读者在面对当下社区治理中的问题与现象时，有更宏观的视角与更前瞻的眼光。

引导案例

案例 1

大部分居委会工作人员的工资、日常工作和活动经费的主要来源都是财政拨款，仅有少数的居委会依靠其他经济来源。目前大多数社区居委会少有其他经济来源，自身缺乏经营社区的能力，意味着大多数社区没有建立一个多元化的资金投入机制，因此居委会资金来源大部分仅能依靠当地政府下拨办公经费、各种活动创建经费、评比奖金等勉强维持运转，建设资金投入与需求缺口大的问题进一步凸显。

当前，居委会工作人员工资收入低的问题虽然有所改善，但与当前城镇物价水平、社区居委会承担的繁重工作任务相比，居委会工作人员的工资收入依然不具有竞争力。这导致社区居委会很难建立起一支较稳定的、素质较高的队伍，难以吸引公共管理、社会工作、医疗护理等方面的专业人才，以提升基层社区服务管理水平。如何保证居委会工作人员合理的工资收入，仍是未来需要解决的问题。另外，各地都在提倡建立信息化居委会，信息化建设不仅需要大量的资金投入，后期也需要专业的人才来使其功能得到充分的发挥，这些也都需要建立完善的人才培养和保障机制。①

◎ **讨论：**

1. 社区管理服务经费来源能够反映社区管理体制吗？

---

① 赵春飞．我国社区治理现状、问题与对策［EB/OL］．［2019-11-12］．http：//www.china-reform.org/？content_633.html.

2. 现在的经费来源体现着何种体制?
3. 这种体制适应社会结构现状吗?适应或不适应体现在哪些方面?

案例 2

在西泠印社复合主体建立前,西泠印社已经存在超过一百年,是一个具有悠久历史和深远影响的民间组织。但是这一组织在市场经济发展中没有找准定位,公益性文化事业与经营性文化产业混在一起,运作方式和管理模式僵化。为了改变这种状况,2002 年起,西泠印社以百年品牌为核心和纽带,通过注册国家级社团、成立市属西泠印社蛇舞委员会、培育新兴产业发展主体——西泠印社集团有限公司,构建了社团法人、国有事业法人和企业法人和谐创业的"三位一体"社会复合主体架构。新型社会复合主体的成效突出:2006 年,西泠印社"金石篆刻"被列入国家首批"非物质文化遗产"保护项目;2007 年,西泠印社产业总体销售收入达到 6597.8 万元,利润 2882.1 万元。①

◎ 讨论:

1. 西泠印社的案例是否属于社区治理的范畴?为什么?
2. 案例 2 中体现着怎样的社区治理机制?
3. 西泠印社复合主体中有哪些力量的参与?
4. 你还知道哪些类似的案例吗?

案例 3

《她》是一部讲述在不远的未来人与人工智能相爱的科幻爱情电影。主人公西奥多(Joaquin Phoenix 饰)是一位信件撰写人,心思细腻而深邃,能写出最感人肺腑的信件。他刚结束与妻子凯瑟琳(Rooney Mara 饰)的婚姻,还没走出心碎的阴影。一次偶然机会让他接触到最新的人工智能系统 OS1,它的化身萨曼莎(Scarlett Johansson 饰)拥有迷人的声线,既温柔体贴又幽默风趣。西奥多与萨曼莎很快发现他们如此的投缘,而且存在双向的需求与欲望,人机友谊最终发展成为一段不被世俗理解的

① 郭道久."强国家—强社会" 我国社会组织发展的政治分析[M].天津:天津人民出版社,2017:120-121.

奇异爱情……

《她》主要在中国上海取景，由美国导演斯派克·琼斯历时3年筹备拍摄。电影融合了新奇的科幻设定与传统的浪漫气息，真人与人工智能共同谱写出温暖治愈的恋曲。导演表示，这是一部探讨“亲密关系”的电影，因人类都渴望亲密关系，但是又对它感到害怕和抗拒；科技为沟通提供了便利，但也让人们躲在它的后面，逃避真正的情感接触。《她》直接脱去科技冰冷的面纱，赋予它高度人性化和活色生香的情趣，让一段人机对话变成情人絮语。①

◎ **讨论：**

1. 虚拟社区是什么？
2. 你是否加入过虚拟社区？你有怎样的感受？
3. 网络是否重新构建了我们的生活？为什么？
4. 新科技是“需要驯化的野兽”还是“提供便利的利刃”？

6.1　社区治理的宏观发展趋势

作为社会管理的最小单元，社区治理的宏观发展中投射着社会结构的变化。本节我们将关注社区治理体制与政策的发展趋势。体制是有关组织形式的制度，它决定着治理机制、治理方法以及微观治理层面的方方面面，是各治理主体协作的前提条件。全面深化社区治理的体制改革，必须建立适合的政策，只有“定人、定责、定权”，使得人力、物力、财力各尽其责、各安其分，才能确立多元协调治理体制的合法性，保障多元协调治理机制的有效运行。

6.1.1　社区治理体制的发展趋势

社区是社会的最小单元，提高社区治理水平，创新基层社会管理体制，构建社区多元协作治理结构，能够有助于缓和社会矛盾，维持基层稳定，提高基层各主体协商能力，构建社区生命共同体，提高居民安全感、幸福感、获得感。

当前发展社区多元协作治理发展面临的最核心问题，就是目前社区治理体

① [EB/OL]. [2019-12-01]. https://movie.douban.com/subject/6722879/.

制的行政化和一元化。社区居委会及党组织作为社区唯一的“家长”，承受了过重的行政负担，全面而细致地管理着社区居民生活的方方面面。导致这一现状的原因是多方面的：首先，我国社区的形成，就是以行政方式划分而成的社会管理单位，是行政力量自上而下作用的结果，这与以美国为代表的自主构建、自治主导型社区在形成路径上就有天然的不同，我国社区天生带着行政的烙印；其次，处于转型期的我国社会流动性高、变化性大，基层社区形态多样且多变（例如：老旧社区、商品房小区、流动人口聚居区、单位集资修建小区等），聚集着大量不断发展变化的社会事务和社会问题，必须有一个强势而稳定的官方机构来管理和协调。

在这种现状下，要促使社区居委会向居民自治组织转向，行政力量在逐步放权的同时，必须兼顾行政事务的有效承接、社会矛盾的有效缓和与基层稳定的有效维持。

让专业的人来做专业的事，通过各种途径引入专业人员来承接社区居委会的相关事务，是目前社区向多元治理模式转向的一个现实途径。近年来，社区的社会服务项目购买如火如荼，社区通过将公共服务内容进行任务分包，以合同化、项目化的方式，发包给专业的社会组织与市场商业服务提供者，将社会组织、市场经济力量逐步规范地引入到社区，通过制定目标、划定权责的项目引入机制，政治力量不断从社区具体事务中解脱出来，同时不断提高社会组织与市场经济在社区公共服务中所占比例，不断提高社区公共服务的专业化、职业化水平。随着多元治理格局的进一步深化，社区治理在党委领导、政府负责、社会协同、市场参与和法治保障这一具有中国特色的合作治理格局框架下，更需要明确如何实现政府与市场、社会的协同互动。

政府需要规范抽象的、具体的行政行为，依法依规治理社区，保障基层社会治安与社区居民的基本福利。应该大力支持和提升包括民主思维、社区动员、项目管理、组织发展等自治组织的民主管理能力。同时，还需要鼓励和支持在社区内成立各种各样的民间公益组织，使之成为协同政府与社会的重要桥梁与核心纽带，并建立健全公民参与渠道以及激励公民有序参与的动员机制，形成政府、社区自治组织、社会组织与社区公众有序参与的多元协作治理体制。①

---

① 张海冰，蔡小慎．我国城市社区治理模式创新研究［M］．北京：人民出版社，2016：155-160.

如表 6-1 所示，为了实现多元主体合作治理的社区制，有学者提出社区事务分类治理的办法，以落实社区事务分工的新体制：不同业务由不同组织负责，不同职能由不同组织履行，不同服务由不同组织提供。并根据事务属性、责任主体和相近事务合并的原则，将社区公共事务细分为社区行政事务、社区公共服务和社区自治事务三大类，并进一步细分为八个小类。通过社区事务的分类，搭建社区治理的结构框架，划定治理主体之间的功能边界、权责边界，并进一步考察不同类型的公共事务的治理机制，让行政的归行政、市场的归市场、社会的归社会。他们指出，将社区公共事务区分为这三类具有重要价值：

第一，它为实现城市政府职能根本转变，重塑政府角色和功能提供了实现路径。社区公共事务三分开意味着政府应实现“管干分离”，把公共服务的供应与生产分开，专司承担社区行政事务。

第二，它为解决社区居民委员会“大包大揽”、社区行政化提供了理论与实践依据。随着社区行政事务、社区公共服务的剥离，社区居民委员会能真正回归法定的社区自治性。

第三，它为培育和发展社区非营利组织和社区民间组织留下了充足的空间、资源和机会。随着社区公共服务和社区邻里事务从基层政府组织、社区居民委员会身上剥离，社区非营利组织和社区民间组织将获得独立存在的理由。总而言之，对社区公共事务的“三分法”为介入社区公共事务的各类社会组织角色和功能的重塑提供了一个理论模型，为推进各类组织的功能分化提供了改革思路。①

表 6-1　**社区公共事务治理机制表**

大类	小类	责任主体	安排者	生产者	运行机制
社区行政事务	社区行政管理事务	政府组织	政府	区政府部门	行政机制
	社区行政执法事务		政府	区政府部门	行政机制
	公共信息采集事务		政府	街区综合执法中心	行政机制

① 邱梦华，秦莉，李晗，孙莉莉．城市社区治理［M］. 北京：清华大学出版社，2013：201-219.

续表

<table>
<tr><th>大类</th><th colspan="2">小类</th><th>责任主体</th><th>安排者</th><th>生产者</th><th>运行机制</th></tr>
<tr><td rowspan="5">社区公共服务</td><td colspan="2">特定人群服务</td><td rowspan="5">其他社会组织</td><td>政府</td><td>街区综合执法中心</td><td>准市场机制</td></tr>
<tr><td colspan="2">市政服务</td><td>政府</td><td>公营独立事业单位</td><td>准市场机制</td></tr>
<tr><td rowspan="3">物业服务</td><td>未建成社区物业服务</td><td>政府</td><td>街区物业服务中心</td><td>准市场机制</td></tr>
<tr><td>单位型社区物业服务</td><td>企事业单位</td><td>企事业单位</td><td>内部生产</td></tr>
<tr><td>商品房小区物业服务</td><td>业主委员会</td><td>物业服务公司</td><td>准市场机制</td></tr>
<tr><td rowspan="2">社区自治事务</td><td colspan="2">社区法定组织事务</td><td rowspan="2">社区组织</td><td>社区法定组织
(居民委员会)</td><td>社区法定组织
(居民委员会)</td><td>自治机制</td></tr>
<tr><td colspan="2">邻里互助事务</td><td>社区民间组织</td><td>社区民间组织</td><td>自治机制、志愿机制</td></tr>
</table>

6.1.2 社区治理政策的发展趋势

随着市场力量与社会力量的不断发展，国家力量需要同步发展才能与之协调，若故步自封、固守传统，行政过度或行政不足，都存在行政被表面化的风险，使国家力量失去控制地位。对于现代国家的特征，吉登斯提出了“反思性监控”，以剖析现代国家对于传统国家有限行政权威的突破。通过反思性监控，现代国家实现了自上而下对社会的全面介入，在面对新的经济系统与社会系统结构时，政治力量能做出相应的角色调整来与之相协调。而这种角色的调整，需要依靠具体政策和实际措施来落实和实施。社区多元协作治理的发展趋势中，国家力量调整的一个核心就是政府角色的转型：由“管理”到“治理”，这要求政府力量主动退出对居民日常生活的微观控制，将治理的主体地位让渡出一部分给经济力量与社会力量，从亲力亲为的“包办”到“袖手远观”的指导，将资源分配的职能转变为资源整合的职能，将市场力量与社会力量合法、合宜地引导到社区治理中来。

要实现这一转向，就需要在多元协作治理的宏观愿景下建立健全相应的政策，使得人力、物力、财力各尽其责、各安其分，通过制定政策、明确职责、厘清关系、划定界限、设定机制，维护多元协调治理模式的有效运行。目前，我国已基本形成包括《中华人民共和国宪法》《中华人民共和国城市居民委员会组织法》和《物业管理条例》等有关社区治理的制度体系和各省区市相继颁布的规章和相关政策措施。但由于关于社区治理的一些法律法规颁布的时间较早，存在着滞后于城市社区治理转型的现实困境的问题，因此亟待完善。①我们在前人研究的基础上，提出了政策方案设计的几点内容：

①规范社区服务站建设，实现社区公共服务的有效承接。

②规范社区工作职能，实现社区治理主体的适度分化。

③规范社区运行机制，实现社区治理关系的有效互动。

④规范社区志愿服务，实现志愿服务的常态化。

⑤规范社区工作者管理，实现社区工作队伍的职业化、专业化。

⑥规范社区基础设施配置，实现社区硬件建设水平的提高。

⑦规范社区经费投入，实现社区建设资金保障的制度化。

⑧确定社区的功能定位，社区是政府、市场、社会三者实现共同治理的重要平台，是城乡居民的基层生活共同体。

⑨设置社区机构，设定职能职责。

⑩重新定位社区党组织，政策推动党政分开、政社分开、党社分开。

⑪规范社区公共权力行使和公共资源配置。

⑫强化社区自组织能力，引入市场力量，通过多元协作治理改善社区生态。

⑬不管提高社区规划、维护和管理能力，实现社区管理的精细化。②

6.2　社区治理的中观发展趋势

一定的体制只有依赖与之相适应的运行机制与实施方法才能实现。随着社区治理体制向多元与协作的转向，治理过程中具体的运行机制与实施方法出现了相应的调整。本节我们将关注具体的运行机制如何将多个主体链接到一起，又通过怎样的具体方法使各主体达成共识，从而协作治理。

6.2.1　社区治理机制的发展趋势

提供公共服务是政府承担的基本职能，尤其在我国社区公共服务主体一元

① 张海冰，蔡小慎．我国城市社区治理模式创新研究［M］．北京：人民出版社，2016：201-219.

② 吴群刚，孙志祥．中国式社区治理：基层社会服务管理创新的探索与实践［M］．北京：中国社会出版社，2011：215-225；张林江．走向“社区+”时代——当代中国社区治理转型［M］．北京：社会科学文献出版社，2015：161-162.

化与行政化的背景下，社区公共服务往往是由政府一方来提供的。然而，随着社会公众对公共服务需求的不断增长，其弊端也逐渐展现出来：缺少动力和创造力，效率也不高，导致公共服务质量不好、实施效果不佳。然而，如果全盘效仿西方通过市场化的方式提供公共服务，在市场经济监管体制并不完备的当下，难以避免走向单纯逐利的结局，而这与公共服务的宗旨相悖。为保障多元主体治理体制的运行，构建一套包含优势互补机制、竞争机制以及监督机制等的完整机制，具有非常重要的理论意义和实践价值。政府、市场和社会组织在公共服务供给主体多元发展中，只有按照内在机制进行公共服务的供给设计与具体运行，构建公共服务供给主体才能真正实现公共服务供给的互补、竞争、有序。

有学者指出，“根据国内外的实践，在公共服务供给主体多元发展的具体运作中，具体的技术方法包括：市场竞争、合同外包、特许经营、用者付费、凭单制等手段。通过这些手段和方式，能够实现本由政府直接生产的公共服务可以向私人部门和社会组织的转移，从而达到提高公共服务的质量与效率的目标，也实现了市场和社会对公共资源的优化配置，完成了公共部门、私人部门和社会组织在公共服务供给主体多元发展中职能上的各司其职。”①

以项目购买制为例，随着理论上将公共服务的提供过程区分为供应和生产两个环节，政府向包括社会组织在内的其他主体购买公共服务具备了实践与理论上的可行性。这种项目购买制，是目前最为大行其道的社区治理的创新机制。它以项目为纽带，融合各种主体共同建设的复合主体形式，能够有效解决单一主体项目制的弊端。项目就是复合主体的“标的”，各个主体都围绕项目而开展活动，以更好地建设项目为共同目标。②

近年来，各地政府越来越多地向社会组织购买包括养老、助残、文体科普、妇幼保护、法律服务、医疗卫生、教育培训、环境保护、社区服务、专业帮教等在内的公共服务。政府购买社会组织服务也被视为转变政府职能、创新社会治理、增强民生保障的重要抓手。十八届三中全会通过的《中共中央关于全面深化改革若干重大问题的决定》强调，推广政府购买服务，要求适合由社会组织提供的公共服务交由社会组织承担。2013 年 9 月，国务院办公厅

---

① 郑晓燕．中国公共服务供给主体多元发展研究［M］．上海：上海人民出版社，2012：161-162.

② 郭道久．“强国家—强社会” 我国社会组织发展的政治分析［M］．天津：天津人民出版社，2017：120.

颁布《国务院办公厅关于政府向社会力量购买服务的指导意见》，明确将政府购买社会组织服务作为推进政府职能转变和社会治理创新的重要抓手予以强调。①

虽然社会组织具有的目标公益性和服务专业性使其在特定公共服务的生产方面具有优势，但在市场力量更强、社区治理机制改革更活跃的地区，纳入市场力量的项目制，在以更灵活的方式丰富着社区治理机制。郭道久通过总结杭州市社区治理的经验，提出了复合主体的概念，这样的复合主体，可以看作是项目购买制的升级形态：

> 在有些复合主体中，核心主体此前已经存在，只是由于各种原因，该主体并没有获得发展，更没有以此为基础形成利益综合体。在城市发展、社会管理等新的需求下，这些主体找到了新的生长点，并围绕共同的利益、连接相关主体创造新的复合主体。
>
> 在一些复合主体中，原来已经存在一个或者几个与此相关的主体或者要素，由于城市发展的需要，一些新主体出现，新旧主体基于共同的目标和利益而结合起来，从而形成了新的复合主体。②

任何制度总是有利有弊的，随着行政、市场、社会三方力量的不断发展成熟，应充分根据社区的差异性，因地制宜、因势利导、因类设计，政府主体与市场主体、社会主体进行充分协商，充分发挥每一种主体的治理优势，在相互竞争、相互监督的机制框架中，形成不拘泥主次、不强求一致的治理机制，更好地提供社区公共服务。

6.2.2　社区治理方法的发展趋势

要实现公共服务最优供给，就必须与公众的需求有机结合起来。公共服务的供给决策是一个各种利益主体的利益博弈过程，博弈的结果和参与博弈方的力量对比存在较大的关系。任何形式的人类集体生活，都必须解决决策机制，解决如何达成集体选择的问题。公共服务供给决策应该和基层民主建设统一起来，实现从“为民决策”到“与民决策”和“让民决策”的转变。公共服务

---

① 易承志．完善政府购买社会组织服务制度［J］．中国社会科学报，2017：21.

② 郭道久．“强国家—强社会”　我国社会组织发展的政治分析［M］．天津：天津人民出版社，2017：120-121.

供给主体多元发展是以公众需求为导向的公共服务提供机制，而传统政府公共服务供给的一个主要特征，就是以行政计划替代公众意愿，以精英设计替代公众参与，忽视公众的需求和偏好。如在许多地方，从公共项目建设安排到公共服务提供，都是由政府部门说了算，公众对公共服务决策的影响非常有限。建立以公众需求为导向的公共服务供给机制，就是使公共服务供给从政府本位、官本位向社会本位、民本位转变，这也是社会主义市场经济条件下政府与社会之间正确关系的体现。实现以公众需求为导向的主要途径，就是扩大政府决策的公众参与度。① 在现代社会中，投票民主和市场机制已经成为人类社会两个主要的制度化决策机制。但是从政治实践来看，代议民主和市场也具有其内在的缺陷。基于个人利益的判断如何真正达成相互理解，增强社会的内部凝聚力；如何在新的政治、经济环境中实现民主的深化；如何在代议民主和市场机制都很难发挥作用的空间（例如远离国家的社区），促进公民对公共生活的参与，推进共同体的发育和成熟，促进公民对公共生活的参与，推进共同体的发育和成熟，这些问题都是传统的投票民主和市场机制无法解决的。

在此背景下，作为一种新的决策方式，公民商议的重要性开始凸显。商议与民主投票和市场选择的最大区别在于，他认为权力的分配不能仅仅通过民主投票来实现，还需要通过平等参与，使个人具有影响决策和集体判断的能力。商议的根本原则不是各种利益的对抗，而是通过各种形式的沟通，例如辩论、演说、谈判、劝说等方式，在此过程中，人们形成观点、达成理解。因此，美国政治学者马克华伦认为，应促使个人对自身的判断进行审慎的斟酌，澄清自己的要求，理解他人的要求。②

6.3 社区治理的微观发展趋势

这一小节，我们将在微观层面考察社区治理的发展机理，各主体正发生着什么样的嬗变：传统乡土中国的熟人社会如何逐步被陌生化；政府力量以怎样的角色和方式实现社会控制，又将何去何从；市场经济的力量如何从被压抑到野蛮生长，在社区中攻城略地；社会公众的力量又是如何崛起，公民社会在怎

① 郑晓燕. 中国公共服务供给主体多元发展研究 [M]. 上海：上海人民出版社，2012：164.

② 彭勃. 路径依赖与治理选择：当代中国城市社区变革 [M]. 北京：中国社会出版社，2007：177.

样的土壤中萌芽；新兴科技带来了怎样的社区新现象。

6.3.1　党政力量

虽然在微观层面，社区治理的主体日趋多元，但全国大多数的社区依然是在城—区—街道—社区的行政制度下运行，而社区居委会虽然是一个居民自我管理、自我教育、自我服务的基层群众性自治组织，但在居委会中的中坚力量，却是社区党组织。作为社区中唯一的官方正式党政机构，党组织才是真正的核心。要在微观层面考察我国社区治理的发展趋势，就必须要把考察党政力量在社区中的布局与作用放在首位。

如果对社区党组织工作职责有所了解或在社区有过一定生活经验，就不难发现，党政力量在社区治理中唱主角，引导着社区居委会承担微观层面的居民管理与提供公共服务这两大职能。

中华人民共和国成立伊始，国家通过“单位制”与“街居制”，分别管理着居民的劳动场域与生活场域，此时，单位制是主角，街居制是配角。城市职工的生产与生活都和单位息息相关，生活的细节中处处渗透着单位的影子，单位中甚至有工会、妇联等负责管理和推动职工的文娱生活与家庭生活。随着单位制的逐渐解体、市场化的进一步深化，在劳动场域实现对居民的微观管理的难度加大，生产灵活性与流动性的提高、生活场域的内容与维度日趋复杂，推动着国家对能在生活场域中实现微观社会管理功能的街居制的重视达到前所未有的高度，街居制的最小单位——“社区”被寄予了政治厚望。居（村）委会的基本职责中，包括：

> “协助人民政府及其派出机关做好与居民利益有关的民事调解、社会治安、劳动就业、卫生医疗、计划生育、优质救济、青少年教育、外来人口管理等工作，确保政府各项工作在社区的顺利开展。”①

在传统社区中，街居制对居民生活的微观管理，从居委会对居民生产生活信息的实时全面把握就可见一斑。笔者在某地级市郊区的传统社区调研中发现，若需要了解某一社区居民的具体生活情况，只要问该社区居委会资深的工作人员就可知悉：家里有几口人、就业情况、经济状况、夫妻感情、受教育情

---

① 城北街道 2018 年下属单位设置及职能情况［EB/OL］.［2018-01-01］. http://www.jiangcheng.gov.cn/yjjccb/gkmlpt/content/0/367/mpost_367303.html#3855.

况、思想态度等。街居制形成了一种介于“熟人社会”与“陌生人社会”之间的形态，实现了社区对居民生活细节的全方位把握。然而，这种日常生活中的细节管理，在逐渐市场化、原子化的现代社区中越发难以推行。

在公共服务提供的职能方面，社区承担着日趋繁重而又权责失序的公共服务职责。所谓“上面千条线，下面一根针”，每个社区都对接着各级各类行政机关的具体事务，例如：社会保障部门牵头的失业人口登记、再就业服务；民政部门牵头的老年人服务、残障人群服务、流动人口服务、计划生育服务；公安司法部门负责的维持稳定、社区矫正、人口登记服务；还有社区卫生、垃圾分类、社区文化建设、防灾减灾等工作的具体实施，不少落到了社会管理的最后一层——社区居委会。工作内容不断膨胀、服务项目不断增加的居委会，实质上是社会行政的最基层单位，但在法律上却是基层群众性自治组织，这种权责的不对等和不断膨胀的工作内容，使居委会工作的难度不断加大。简政放权，是党政力量在社区治理的未来发展中不断实现的目标。

6.3.2 市场力量

改革开放带来的重大变革之一，是对市场力量的引入，改革开放的40多年，是市场力量蓬勃发展的40多年。而随着社区逐渐成为人们生活的主要空间，其巨大的商业潜力吸引着市场力量入场角逐，使得社区治理中原本“国家—社会”的二元主体格局，逐渐变成了“国家—市场—社会”的多元主体格局。而这样的多元主体格局，也是不少发达国家社区治理的现状。《未来的社区》一书在扉页引用了美国著名管理学家德鲁克的断言：“一个健康的社会要由三个重要的部分组成：卓有成效的政府、卓有成效的企业和卓有成效的社区组织”①。

对社区治理影响最宏观的市场力量是房产的商品化。在“单位制”时期，一个单位的员工大多居住在一个职工大院，社区间异质化程度高，社区内同质化程度高，同时，业缘协同地缘，使得社区治理相对较为简单。然而，随着商业房产的蓬勃发展，城镇的居住格局被竞价制的商品化房产重构，通过居民的购买力与偏好，城市社区被划分为棚户区、普通住房社区、中档商品房社区、高档商品房社区等。毗邻而居者除了购房意愿或购房能力相当外，其他方面可

① [美] 德鲁克基金，弗朗西斯·赫塞尔本，马歇尔·戈德史密斯，理查德·贝克哈德，理查德·舒伯特. 未来的社区 [M]. 魏青江，等，译. 北京：中国人民大学出版社，2005：1.

能千差万别。虽然随着社会阶层流动速度的放缓、社区资源的逐渐稳定，社区中的同质性在逐渐提高，但这种通过购房消费实现的社区重构所带来的社区内较高的异质性，对社区治理提出了不小的挑战。

社区治理中另一类不容小觑的市场力量是商品与服务市场。城市居民日常生活的主要空间，除了工作空间就是闲暇与居住空间，闲暇的市场化不是本书的讨论范围，我们所关注的作为居住空间的社区，已然成为商家竞相角逐的最后一片处女地。随着国力的强盛、人均收入的大幅提高，社会形态从生产型向生活型转向，我国居民的消费能力和消费意愿都有了很大的提升，“消费升级”的不仅有吃穿用度的商品，还有各种生活服务，最常见的家政、外卖、快递、维修、产妇照料、儿童看护、老人照料等，以往属于私人生活领域的各项生活劳动，都成为可供购买的服务类商品，这些商品与服务围绕社区，形成了一个个以社区为圆心的生活类商圈。部分学者对此提出了担忧，认为市场在社区中的强势地位、对私人生活领域的“包揽”，会使个体更加原子化——可以在家中就方便地获得生活所需一切的城市人，其社会交往的需求可能会进一步降低。

另一个新兴的市场力量，就是互联网。互联网不仅重构了人们的商品购买方式，还重构着人们的生活方式。网络社区的出现和兴盛，使人们的生活出现了虚、实两重特点——现实中平凡的产业工人，可能在网络的虚拟社区中是一个人气极高的意见领袖。开放的市场如同打开的潘多拉盒子，日益复杂多维的社区形态，对治理提出了更高的要求。

6.3.3　群众力量

随着社会变迁，社区中个体互动方式发生着巨大的变化。我国具有悠长的农耕文明史，在传统的农业社会，人们精耕细作、安土重迁，在一个以复杂交错的血缘、亲缘、宗缘、地缘等社会关系网络构成的熟人社区中守望相助，无论是红白喜事、人情往来的经济互助，还是宗族孝悌、养老扶幼的文化训育，乡土中国的农业社区都有高度的互动、紧密的联系。在著名学者费孝通（《乡土中国》，2007）和黄宗智（《华北的小农经济与社会变迁》，2000）的眼中，中国传统的自然村落是一个生活共同体，在这里人们守望相助、患难相惜、互通有无，充满着人情味，远远不同于近代工业社会里淡漠的人际关系。

随着农业文明向工业文明的发展，生产方式从群体变为个体，乡土社会中原本紧密联系的个体被逐渐的原子化，虽然具有体制特色的“单位制”使人们的生产生活保持了短暂的新型联结，但随着市场化的逐渐加深、单位制的逐渐解体、生产区域与生活区域的进一步分离，城市社区成为一个完全的陌生人社区——邻里不相识、对社区事务不关心，这样的社区生活让习惯了农耕时代守望相助、高度互动的人们对社区中的人情冷漠十分担忧。

如果我们用社会学的眼光分析人们的担忧与学者的怀古，可以发现：让人们担忧和产生对传统社区人情怀缅的原因，是在社区治理模式转型期，传统乡土治理格局被破坏，而新的治理格局尚未健全，存在一定程度的治理失序与制度真空，人们在失序的不安中产生对新制度的担忧和对过去习惯的旧制度诗意的怀缅。

具体来看，乡土中国的生产与生活合一、人情与治理合一，是一个人情与利益高度盘根错节的社区，依据人与人之间结成的“关系”① 来进行社区治理。

但是如传统农耕社会被破坏，大量农业劳动力转变为工业劳动力，人们以原子化的方式，根据个体生产能力的特征进入产业化生产的工厂，社区从血缘人情的熟人社会，变成了地缘、业缘的生人社会，西方业已成熟的一套通过正式的程序与组织结构开展治理的观念和模式，无疑更适应工业化时期的生产力与生产关系。

这种正式制度形成的治理逻辑就会使得人情冷漠、社区共同体解体吗？其实不然。例如在现代城市社区中，能够让担忧者宽慰并为未来社区生活方式注入希望的是，一种情感连接的共同体的新趋势正在萌芽：

近年来，一些城市社区出现了新的互动渠道和模式：养狗遛狗而结成的“狗群”“狗友”，拼车上下班的“车友”，团购生活用品、粮油瓜果的“拼友”，接送孩子的“家长会”，跳广场舞的“舞友”，打牌下棋的“牌友”，唱歌听戏的“票友”，社区的交往开始突破以往的传统链条，通过全新的互动方式产生新的联结、形成新的共同体（community）。如学者徐前进对小区陌生感的观察：

> 这是一个“我”和“我们”的转变过程，从集体主义时代的“我们”转变为改革开放后的“我”，而一个个关联度不高的独立个体不能构

① 关于“关系”的解读，可以参考 Mark Grannovette 教授与边燕杰教授对“关系”的研究。Mark Grannovette 提出了强关系和弱关系理论，并认为弱关系在美国社会有独特的意义。而边燕杰教授重点研究了中国的关系，将中国人的关系分为 5 种：联系的纽带、情感的纽带、情感驱动的工具性纽带、工具性的纽带以及权力和金钱交换的义务纽带。他认为，厘清这 5 种关系，有助于理解中国快速变化的社会。参见：Bian，Y. The Revalence and the Increasing Significance of Guanxi［J］. The China Quarterly，2018：1-25.

建现代公共空间，所以化解陌生人社会的方法是构建现代意义的“我们”，用共同体冲散小空间里的陌生感。①

我们可以看到，人们的人情诉求并没有在正式制度的治理逻辑中被压抑，相反，理性的治理与感性的人情相剥离，使得治理与人情逻辑都更加简单。

而随着市民社会的逐渐形成，个体参与日常生活构建的愿望不断增强，自下而上的自发组织、自我治理的力量不断形成，群众的力量在社区治理中将会产生不容小觑的影响。城市社区中除了日渐丰富的兴趣团体，还逐渐发展出了志愿团体、维权团体，以及农村社区发展起来的新型经济合作社，城市社区中的业主委员会等自治组织也从无人问津到逐渐被关注，业主委员会状告物业管理公司的事件时有发生，甚至有学者断言“业主委员会是社区未来的变革性力量”。这些社区群众力量的新动态都说明群众自治的力量越来越大。

我们应该更清醒地认识到：过去的社区并非那么美好，人们对传统社区进行浪漫乌托邦式的神话化，不应该成为阻挡制度对生产力进一步适应的力：制度只是为我所用的工具，随着生产力的发展，制度必然需要发展。而如何在新的制度中去实现人的幸福生活，才是我们应该思考的问题。

思考与练习

1. 多元协作社区治理模式的发展中，行政、市场和社会，哪一个主体最重要？为什么？

2. 体制与机制有什么区别？二者是什么关系？

3. 生产关系对生产力的适应是如何在社区层面体现的？

4. 谈一谈你对人类生产发展、劳动方式的设想，并以此设想一下未来的社区。

推荐读物

1. 郭道久：《“强国家—强社会”　我国社会组织发展的政治分析》，天津人民出版社 2017 年版。

推荐理由：该书从政治学角度分析社会组织的发展，提供了一个不同于社会学、组织学的分析视角，思路新颖，能让人更全面地了解社区多元协作治理

① 徐前进．社区里的陌生人社会［J］．社会，2018（8）：151-159.

的发展逻辑。

2. 曾凡木、赖敬予：《睦邻·自治·社区治理》，社会科学文献出版社 2017 年版。

推荐理由：该书内容通俗易懂，用具体的案例呈现了社区自治中运行机制的细节与机理，其独特的协商制也具有很强的引领性。

3. ［美］德鲁克基金会、弗朗西斯·赫塞尔本、马歇尔·戈德史密斯、理查德·贝克哈德、理查德·舒伯特：《未来的社区》，魏青江，等译，中国人民大学出版社 2005 年版。

推荐理由：这本 1998 年出版的书极具前瞻性地洞察到了社区发展的潮流，20 年后来看，书中的许多预言都已成现实，不得不令人感慨其高瞻远瞩、见微知著。

参考文献

[1] [德] 斐迪南·滕尼斯. 共同体与社会 [M]. 林荣远，译. 上海：商务印书馆，1999.

[2] [美] R. E. 帕克，E. N. 伯吉斯，R. D. 麦肯齐. 城市社会学 [M]. 宋俊岭，吴建华，王登斌，译. 北京：华夏出版社，1987.

[3] 徐永祥. 社区工作 [M]. 北京：高等教育出版社，2004.

[4] 刘建军. 单位中国：社会调控体系重构中的个人、组织与国家 [M]. 天津：天津人民出版社，2000.

[5] 孙立平. 转型与断裂：改革以来中国社会结构的变迁 [M]. 北京：清华大学出版社，2004.

[6] 王青山，刘继同. 中国社区建设模式研究 [M]. 北京：中国社会科学出版社，2004.

[7] 黄晓春，周黎安. 政府治理机制转型与社会组织发展 [J]. 中国社会科学，2017（11）.

[8] 潘小娟. 中国基层社会重构——社区治理研究 [M]. 北京：中国法制出版社，2004.

[9] 潘小娟，等. 城市基层权力重组 [M]. 北京：中国社会科学出版社，2006.

[10] 唐忠新. 中国城市社区建设概论 [M]. 天津：天津人民出版社，2000.

[11] 童星. 社会管理学概论 [M]. 南京：南京大学出版社，2004.

[12] 郭道久. "强国家—强社会"　我国社会组织发展的政治分析 [M]. 天津：天津人民出版社，2017.

[13] [美] 德鲁克基金会、弗朗西斯·赫塞尔本、马歇尔·戈德史密斯、理查德·贝克哈德、理查德·舒伯特. 未来的社区 [M]. 魏青江，等，译. 北京：中国人民大学出版社，2005.

[14] 陆军，等. 营建新型共同体：中国城市社区治理研究 [M]. 北京：北京大学出版社，2019.

[15] 李翠玲．社区归来——一个珠三角村庄的公共生活与社区再造［M］．北京：中国社会科学出版社，2015.
[16] 魏娜．社区组织与社区发展［M］．北京：红旗出版社，2003.
[17] 魏娜．我国城市社区治理模式：发展演变与制度创新［J］．中国人民大学学报，2003（1）.
[18] 徐勇．论城市社区建设中的社区居民自治［J］．华中师范大学学报（人文社会科学版），2001（3）.
[19] 冯玲．治理理论视角中的我国城市社区自治［J］．海南大学学报（人文社会科学版），2002（2）.
[20] 杨爱杰，李强．包容性发展理念下社会基层治理的创新策略［J］．学术论坛，2012，35（9）.
[21] 张静．法团主义［M］．北京：中国社会科学出版社，2008.
[22]［英］格里·斯托克．作为理论的治理［J］．国际社会科学杂志（中文版），1999（1）.
[23] 刘玉东．体系、结构与功能——新中国城市社区治理转型研究［M］．北京：人民出版社，2017.
[24] 刘林平．社会组织的基本矛盾和组织社会学的内在逻辑［J］．中山大学学报论丛，1997（6）.
[25] 俞可平．治理与善治［M］．北京：社会科学文献出版社，2000.
[26]［美］斯蒂芬·P. 罗宾斯，玛丽·库尔特．管理学［M］．孙健敏，黄卫伟，王凤彬，焦叔斌，杨军，译．北京：中国人民大学出版社，2004.
[27] 周三多，陈传明，刘子馨，贾良定．管理学：原理与方法［M］．上海：复旦大学出版社，2005.
[28] 陈振明．公共管理学［M］．北京：中国人民大学出版社，2005.
[29] 娄成武．行政管理学［M］．沈阳：东北大学出版社，2003.
[30]［美］罗宾斯．组织行为学［M］．孙健敏，李原，译．北京：中国人民大学出版社，2005.
[31] 张德．组织行为学［M］．北京：清华大学出版社，2001.
[32] 竺乾威，邱柏生，顾丽梅．组织行为学［M］．上海：复旦大学出版社，2002.
[33] 费孝通．江村经济——中国农民的生活［M］．南京：江苏人民出版社，1986.
[34] 张堃，何云峰．社区管理概论［M］．上海：上海三联书店，2000.

[35] 汪大海，魏娜，郇建立．社区管理［M］．北京：中国人民大学出版社，2005.
[36] 黎熙元．现代社区概论［M］．广州：中山大学出版社，2007.
[37] 胡绳．中国共产党的七十年［M］．北京：中共党史出版社，1991.
[38] 康少邦，张宁．城市社会学［M］．杭州：浙江人民出版社，1986.
[39] 侯钧生，陈钟林．发达国家与地区社区发展经验［M］．北京：机械工业出版社，2006.
[40] ［美］杜赞奇．文化、权力与国家［M］．王福明，译．南京：江苏人民出版社，凤凰出版传媒集团，1994.
[41] 黎熙元，童晓频，蒋廉雄．社区建设——理念、实践与模式比较［M］．上海：商务印书馆，2006.
[42] 刘继同．中国社区工作［M］．北京：中国社会出版社，1995.
[43] 谭均乐，游艳玲，张兴杰．农村社区建设与管理研究［M］．广州：华南理工大学出版社，2007.
[44] 贺雪峰．新乡土中国——转型期乡村社会调查笔记［M］．桂林：广西师范大学出版社，2003.
[45] 周俭．城市住宅区规划原理［M］．上海：同济大学出版社，1999.
[46] 张永和，吴钰鸿，肖武，等．渝北社区治理［M］．北京：法律出版社，2016.
[47] 张苏辉，苏学愚．社区管理［M］．北京：中央文献出版社，2009.
[48] ［美］詹姆斯·N. 罗西瑙．没有政府统治的治理［M］．张胜军，刘小林，等，译．南昌：江西人民出版社，1995.
[49] 陶铁胜．社区管理概论［M］．上海：上海三联书店，2000.
[50] 徐永祥．社区发展论［M］．上海：华东理工大学出版，2002.
[51] 王青山，刘继同．中国社区建设模式研究［M］．北京：中国社会科学出版社，2004.
[52] 毛泽东选集（第1卷）［M］．北京：人民出版社，1991.
[53] 陈钟林．社区工作方法与技巧［M］．北京：机械工业出版社，2005.
[54] 周沛．社区社会工作［M］．北京：社会科学文献出版社，2002.
[55] 苏景辉．社区工作：理论与实践［M］．台北：台湾巨流图书公司，1997.
[56] 李增禄．社会工作概论［M］．台北：台湾巨流图书公司，1989.
[57] 陈辉．建国初期城市基层治理的结构研究［J］．南京社会科学，2014

(11).
[58] 吴光芸．利益相关者合作逻辑下的我国城市社区治理结构［J］．城市发展研究，2007（1）.
[59] 张汉．统合主义与中国国家-社会关系研究——理论视野、经验观察与政治选择［J］．人文杂志，2014（1）.
[60] 杨艳文．社会组织与城市社会基层治理转型研究［D］．上海：上海大学，2015.
[61] 胡羽．城市社区治理模式研究——基于三个典型社区治理模式的比较分析［J］．理论界，2014（12）.
[62] 郭风英．建国以来我国城市社会管理体制演变与发展研究［D］．武汉：华中师范大学，2011.
[63] 刘功润．作为共同体的城市社区自治问题研究［D］．上海：复旦大学，2012
[64] 曹海军，文长春．"统合主义"政府：一种新型的政府治理模式［J］．理论探讨，2006（4）.
[65] 李晓露．社工机构参与社区治理的角色定位研究［D］．北京：首都经济贸易大学，2018.
[66] 俞可平．治理和善治：一种新的政治分析框架［J］．南京社会科学，2001（9）.
[67] ［美］理查德·C. 博克斯．公民治理：引领 21 世纪的美国社区［M］．北京：中国人民大学出版社，2005.
[68] ［英］格里·斯托克．新地方主义、参与及网络化社区治理［J］．国家行政学院学报，2006（3）.
[69] ［英］格里·斯托克．作为理论的治理：五个论点［J］．国际社会科学（中文版），1999（1）.
[70] 向德平，华汛子．中国社区建设的历程、演进与展望［J］．中共中央党校（国家行政学院）学报，2019（5）.
[71] 袁继红．社区管理实务（第 2 版）［M］．北京：电子工业出版社，2015.
[72] 高飞．"三元化社区"治理张力及其消解——广东省南海区的经验表达［D］．武汉：华中师范大学，2015.
[73] 谢蕴枰．国家与社会互动视角下的社区治理——"乌当社区"研究［D］．北京：清华大学，2016.
[74] 梅俐．合作共生．社区基金会参与社区治理研究［D］．上海：华东师范

大学，2018:
[75] 郭文明，刘瑞芬．新时期农村基层社会控制的变迁［J］．探索与求是，2001（6）.
[76] 李慧凤．社区治理与社会管理体制创新［D］．杭州：浙江大学，2011.
[77] 孙铁坤．我国社区管理模式研究综述［J］．经济师，2016（2）.
[78] 何海兵．我国城市基层社会管理体制的变迁：从单位制、街居制到社区制［J］．管理世界，2003（6）.
[79] 卢梦翔．1949 年以来中国乡村社区治理的历史演变与现实创新——公民社会的理论视角［D］．苏州：苏州大学，2015.
[80] 寇晓东．从碎片化到网络化：城市社区治理转型的驱动模式研究［D］．上海：上海师范大学，2015.
[81] 王瑜．城市社区治理研究［D］．重庆：重庆大学，2007.
[82] 黄燕．我国城市社区管理模式研究［D］．成都：电子科技大学，2006.
[83] 杨楠．论我国城市社区建设中的政府职能转变［D］．长春：吉林大学，2009.
[84] 裴蓉．中外城市社区治理模式比较研究［D］．成都：电子科技大学，2006.
[85] 董婉秋．成都市武侯区社区管理体制改革研究［D］．成都：西南交通大学，2017.
[86] 汪菲．我国城市社区自治中存在的问题及其对策研究［D］．苏州：苏州大学，2012.
[87] 唐朝．居委会自治发展的研究：协同机制视角［D］．上海：上海交通大学，2009.
[88] 金津．城市社区治理结构研究［D］．合肥：安徽大学，2007.

后　记

本教材是乐山师范学院重点课题与教材建设项目，并结合社会工作本科专业综合改革项目和特色专业建设规划编写而成。四川省 2018—2020 年高等教育人才培养质量和教学改革项目课题“认同与开拓：TPR 视域下地方高校社会工作人才培养探索研究”（JG2018-715）与教材立项后，课题组结合新国标要求以及培养实务人才需求，一方面查阅大量与社区治理相关的教材、研究成果及社区治理实务总结；另一方面对校内外的专业师生就社区治理的专业知识、专业技能、专业标准、培养中存在的问题及提升人才培养路径进行广泛的调研与座谈。通过这些途径明确了编写的重点与内容，为本教材编写提供了方向。

另外，编写组结合了我校其他相关社会工作专业师生参与的系列教改课题与项目成果：乐山市社区福利院 5 年老年社会工作项目，桂花楼社区新村社区肖坝社区的老年、儿童及社区实务社工作项目，峨眉山市民政局中心购买 3 年的社区社会工作专业服项目，井研县留守儿童关爱暨特殊儿童治疗项目，井研县困境未成年人心理咨询社会工作服务项目，乐山市团委“关爱聚力 温情暖冬”关爱留守儿童服务项目，乐山市救助站“共享爱的阳光”服务项目，成都市猛追湾街道社会工作者特殊老人评估服务与研究项目，社会工作在肢障儿童心理健康中运用等。

本教材结合专业教学与专业社区实务实践，吸收了相关专家学者的研究成果与实务经验总结，是集体智慧的成果。教材编写由乐山师范学院政法学院程勇教授主持，负责教材项目规划、组织实施专业实务、组织编写组、教材大纲等。具体分工如下：程勇、张洁编写第一、第二章；曾薇编写第三章；马丹编写第四章；刘旭君编写第五章；周球璐编写第六章。

当前，我国进入新时代，处于社会大变革时间，正在“打造共建共治共享的社会治理格局”，社会治理重点在基层社区；我国开展社区治理的时间还不长，加上各地异质强，社区治理处于不断探索阶段，需要通过更长时间摸索与积累符合我国国情的社区治理理论知识与经验；加之本教材编写组成员个人水平和专业背景的局限，导致本教材在广度与深度上还不尽人意。我们敬请广大专家学者及读者多提宝贵意见与建议，以便不断完善本教材。

在编写本教材过程中，编写组得到了乐山师范学院党政领导、教学部、学科部政法学院等部门和同仁的关心与支持。在成书过程中参阅了专家学者们的研究成果，在此一并致谢！

编写组

2019 年 10 月